成人高等法学教育通用教材

公司法教程

（第三版）

司法部法学教材编辑部　审定

史际春　肖　竹　著

中国政法大学出版社

2013·北京

图书在版编目（CIP）数据

公司法教程 / 史际春，肖竹著.—3版.—北京：中国政法大学出版社，2013.7
ISBN 978-7-5620-4895-4

Ⅰ.①公... Ⅱ.①史...②肖... Ⅲ.①公司法-中国-教材 Ⅳ.①D922.291.91

中国版本图书馆CIP数据核字(2013)第159557号

出版发行	中国政法大学出版社
经　　销	全国各地新华书店
承　　印	固安华明印业有限公司

720mm×960mm　　16开本　　17.5印张　　320千字
2013年8月第3版　2019年8月第3次印刷
ISBN 978-7-5620-4895-4/D·4855
印　　数：4 001-6 000　　定　价：32.00元

社　　址	北京市海淀区西土城路25号
电　　话	(010)58908435(教材编辑部)　58908325（发行部）　58908334(邮购部)
通信地址	北京100088信箱8034分箱　邮政编码 100088
电子信箱	fada.jc@sohu.com
网　　址	http://www.cuplpress.com　(网络实名：中国政法大学出版社)

第三版说明

　　《中华人民共和国公司法》于1993颁布、2005年全面修订。"大修"之后的《公司法》不经意间又施行了7年有余，但见中国的公司治理水平不断提升，文本的规则渐成现实，标志着中国公司法日趋成熟，实令人欣慰。

　　本次例行修订，主旨就是应国内外公司法实践的发展，对我国公司法的制度和规则作更为准确的把握和解读。果如此，作者即可如愿了。

　　本版教程仍由史际春和肖竹共同修订，尚祈各位读者不吝批评指正。

著　者

2013 年 4 月

第二版说明

《公司法教程》第一版主要是根据1993年《中华人民共和国公司法》编写的。十多年来，随着社会主义市场经济的发展和法治的逐步完善，这部《公司法》已经不敷实践的需要，2005年第十届全国人大常委会第十八次会议通过了对它的全面修订；其间相关的"三资"企业法、证券法等也都作了多次修改。

本版《公司法教程》根据此次修订后的《公司法》，以及相关法律法规、部门规章和司法解释等的最新内容，对第一版作了全面修订。首先，取材务求其新，能够全面反映和准确阐释我国公司法制的当前面貌。特别是针对《公司法》中的重要变更，作了重点的理论剖析和实务评价。同时，注意参照借鉴国外公司法律制度的发展，用比较方法分析公司法的相关法律制度，望能加深读者对该法律制度的认识和理解。最后，注重理论与实践的结合，增强了本教程的实践操作的指导意义。

本版《公司法教程》在体例上删减、增添及调整了原版部分章节的内容和顺序；并力求语言精炼、结构紧凑、内容简明、脉络清晰，使读者能够较容易地掌握公司法的基本概念、原理和知识。

本版教程由史际春和肖竹共同修订编写。由于时间和篇幅所限，不足之处在所难免，欢迎各位读者批评指正。

著　者

2007年1月

说　明

　　为了适应社会主义市场经济体制对法学教育的要求，提高和规范成人高等法学教育人才培养的质量和规格，根据成人法律本、专科教学方案和教学大纲的要求，我们组织有关法学教授、专家和实际部门通知编写了法律专业和经济法专业基础课和主干课的二十多种教材。这批教材 1994 年已陆续出版，供成人法学教育教学使用，也可供普通高校本科和电大、函授选用和参考。

　　这批教材以邓小平同志建设有中国特色的社会主义理论和党的十四大精神为指导，作者在编写时力求完整、准确地阐述基本概念、基本原理和基础知识，努力做到科学性、系统性和应用性的统一。由于编写时间短促，不足之处在所难免，欢迎读者批评指正。

　　《公司法教程》是这批教材中的一种，由史际春任主编并负责统稿、定稿。各章撰稿人分工如下：

　　史际春：第一章，第二章第一～六节、第八节；

　　刘大洪：第三、八章；

　　张刚：第四、六章，第二章第七节；

　　王美娟：第五章；

　　陆介雄：第七、九章；

　　张桂龙：第十章。

　　责任编辑：徐景和。

司法部法学教材编辑部

1995 年 6 月

目　　录

第一章 公司法概述

第一节 公司的概念和特征

公司法的各种规定都涉及公司，所以，学习和研究公司法，首先必须明确公司的概念。

《中华人民共和国公司法》（简称《公司法》）第2条规定："本法所称公司是指依照本法在中国境内设立的有限责任公司和股份有限公司。"因此，我国《公司法》对公司并没有概括的定义，只是规定它调整两种形式的公司。

公司的概念较为复杂，具有很强的包容性。

一、公司的基本含义和本质特征

（一）公司的语源和基本含义

"公司"一词及其概念，非我国所固有。[1]在汉语中，"公"含有无私、共同的意思；"司"则是指主持、管理。二者合在一起就是众人无私地从事及处理其共同事务的意思。

目前所知，文献中最早出现的"公司"字样，是1684年福建总督王国安上奏康熙皇帝，报告在厦门扣押了原反清的郑成功政权属下要员刘国轩和洪磊的两艘大船，内载"公司货物"若干；[2]至于"公司货物"是指某种组织的财产，抑或指某种公共财产或共有财产，尚不清楚。有学者认为，此处的"公司"，可能是郑成功时期为翻译荷兰东印度公司的名称，吸收"公司"一词的拉丁文字头"com"（含有公共、共同的意思）的含义，创造的一个中文新词；而且郑成功地方政权在与荷兰东印度公司的武装冲突和贸易竞争中，也可能对

---

〔1〕 有的公司法著作称，"公司"一词语出自庄子，但经查并无原文依据。
〔2〕 罗炤："寻找'公司'的源头"，载《中华工商时报》1995年8月11日。

其加以借鉴，建立了以公司为名的贸易组织或民间会社。[1]后来，"公司"之名由发源于闽南、台湾的天地会传承，如乾隆时天地会在婆罗洲创建了"兰芳公司"，新加坡的天地会组织称为"义兴公司"，太平天国时闽南和上海的小刀会（天地会的支流）都打出了"义兴公司"的旗号。[2]

19 世纪上半叶，华夏的门户被打开，西方国民涌入中国经商，国人则逐渐在商事组织的意义上来使用"公司"一词。对此所作的解释，目前所见最早系出自清代学者魏源（1794 ~ 1857）对西洋人的"公司"所作的描述。他生动地写道："西洋互市广东者十余国，皆散商无公司，惟英吉利有之。公司者，数十商辗资营运，出则通力合作，归则计本均分，其局大而联。"[3]而此前 1770 年英国东印度公司设于广州的常驻机构，以及荷兰东印度公司在雅加达的办事处，均名为"公班衙"，是为英语 company 和荷语 compagnie 之音、义结合的译名。它既与西语"公司"的发音相似，而当时中国人称西洋商船的货长和东印度公司的官员（亦为货长出身）为"大班"，故其又有"大班之衙门"的意思。

我国早年的公司法著作，亦对公司作了与魏源类似的表述："公司者，多数之人以共同经营营利事业之目的，凑集资本，协同劳力，互相团结之组织体也。"[4]

公司概念的最基本的含义，正是指不同利益主体为了实现其共同目的及从事共同事业而依法结成的团体或组织。

（二）公司的基本特征

由公司的这一基本含义，可以引出公司的如下基本特征：

1. 公司是一种团体或组织。无论从公司在西欧中世纪和古罗马的萌芽，还是从近现代公司制度的形成和现状来看，公司本质上都是一种相对于自然人的团体或组织体。

（1）公司一般是由两个或两个以上具有不同利益的主体联合而成的。由单个利益主体设立或控制的组织，晚近在各国法律上也允许其采取公司形式，我国《公司法》也对一人有限责任公司和国有独资公司作了规定。这些公司的股东虽然是单一的，但公司作为组织体，有一定的财产、组织机构、人员、固定的住所等特征，并没有被否定；而且，现代公司的资本或股份的流动性趋于增

---

〔1〕 罗炤："寻找'公司'的源头"，载《中华工商时报》1995 年 8 月 11 日。

〔2〕 罗炤："寻找'公司'的源头"，载《中华工商时报》1995 年 8 月 11 日。

〔3〕 魏源：《筹海篇四》。

〔4〕 王孝通：《公司法》，商务印书馆 1912 年版，第 1 页。

强，在这种流动中，公司的单一股东随时可能变为多数股东。

（2）公司的人格和财产在不同程度上同其成员的人格和财产相分离。就股份有限公司这种高级的公司而言，公司的人格和财产同其成员的人格和财产在形式上和原则上是分离的，公司与其股东互不承受他方的权利义务。在无限公司和两合公司等较低级的公司形式中，这种分离是相对的，在公司资产不足以清偿债务时，无限责任股东必须就公司的债务承担责任。

（3）公司具有"永续"性。在符合法律规定条件的前提下，公司成员的变更不影响公司的存在和活动，即它的存续不受自然人生命和能力的限制，具有所谓"永续"性，这也是公司作为组织体的一种反映。

2. 公司必须依法设立。在现代社会，公司都是依法设立即依照法律规定的条件和程序设立的，历史上允许自由设立公司的情形已不复存在。

（1）公司依法设立的含义。在我国，公司通常是依《公司法》设立的。在民商法分立的大陆法系国家，公司通常是依商法典或单行的公司法设立的；在民商法合一的大陆法系国家或地区，公司通常是依民法典或单行的公司法设立的。

公司除了依"公司法"（在国外或者依商法典或民法典）设立外，还有两种依法设立的情形：一种情形是，依照或主要依照特别法或行政命令而设立。如我国20世纪90年代末设立四大资产管理公司及其之后的商业化改制、地方政府设立开发区公司等，依据的是国务院或地方政府的行政行为和专门规章；日本的电信电话股份公司、英国广播公司（BBC）等，也都是依专门的法律或特别规章设立并运作的，它们在组织上不受或主要不受"公司法"或民商法的调整。另一种情形是，公司的设立及运作必须同时适用《公司法》和其他的企业法或行业管理法。在我国，设立商业银行，应同时适用《公司法》和《中华人民共和国商业银行法》（简称《商业银行法》）；设立普通保险公司，则应同时适用《公司法》和《中华人民共和国保险法》（简称《保险法》）。在国外，以公司形式设立银行、保险公司等金融企业，新闻、出版、广播电视组织和学校、医院等，首先也必须适用银行法、保险法、新闻出版法等法规，其次才适用"公司法"或民商法典。

（2）公司必须遵守法定的组织形式。投资者设立公司时，可以在法律规定的公司形式中任选其一，但不得采取法律没有规定的公司形式或自行创设某种公司形式。变通或规避法律也只能在既定的公司形式下进行，否则公司的法律地位就不确定，不受法律保护，甚至构成不法行为。

（3）公司依法设立而获得独立或相对独立的法律人格。公司依法设立后，法律承认其具有独立或相对独立的人格。我国《公司法》第3条规定："公司是企业法人……"也就是说，依该法设立的公司都是经营性的法人，具有独立于股东的人格，仅以公司资产对公司债务承担有限责任。在其他国家和地区，公司也可能是股东须对公司债务负无限责任的法人。如日本和我国台湾地区的"公司法"，都明文规定公司是法人，因此，其无限公司（日本称为"合名公司"）和两合公司（日本称为"合资公司"）也都是法人，但这种法人的人格与股东的人格和财产不能截然区分。同时，承担有限责任的公司法人可能因股东不法操纵而被否定人格或揭掉其法律的"面纱"，显现其人格也具有相对独立的一面。

3. 公司必须在既定的合法目的之下从事活动。公司是为了一定的合法目的而设立的组织体，其权利能力须受法律许可的公司目的及范围的限制，否则其行为或组织本身构成不法，如从事走私活动、未经许可制售枪械弹药等，公司或相关行为人须依法承担责任，乃至依法解散公司。

我国《公司法》将公司界定为企业法人，依该法设立的公司具有经营性，从事生产、流通、服务等企业活动。所谓经营性，包括营利性经营和政策性、公益性经营等情况，或者兼而有之，所以公司并不必然是营利性的。在我国和国外，都存在着政策性、公益性经营的公司，主要是一些特殊的国有公司、从事公用事业和公共服务的公司，如前述我国依行政命令和专门规章设立的公司、城市公共汽车公司、地铁公司、电力公司、自来水公司以及国外采取公司形式的公立医院和公共博物馆等。设立和经营这些公司的目的，主要是为了满足公众的需求和实现政府的政策，即使由于主客观条件的限制不能盈利也必须维持经营。

企业法人在大陆法系的学说上属于社团法人，社团法人是相对于财团法人而言的。社团法人是人的集合体，是以人为主导、由1人以上组成的具有法律上权利义务主体资格的社会组织。财团法人则是财产的集合体，也具有法律上的权利义务主体资格，它是以捐助或托付的财产为基础，聘请或委任人员按财产的既定目的加以经营管理的团体或组织，又称"捐助法人"或"基金法人"。社团法人中除了从事生产、流通、服务等经济事业的企业法人外，还包括政策性、公益性或兼有经营性的法人，如从事文化教育、科学研究、新闻出版等事业的法人。在发达资本主义国家，信托基金、学校、医院、会计师行和律师行等，都可以采取公司形式，如信托基金可以采取股份公司的形式，学校、医院可以采取保证责任有限公司的形式，等等。也就是说，按照国际惯例，公司可以从事各种合法事业，而不限于企业活动，我国在实践中也早已出现了非企业的足球俱乐部公司等。

二、公司与企业、事业

（一）公司与企业的关系

企业，是指经营性的从事生产、流通或服务的主体。作为主体的企业源于英语中的"enterprise"一词，原意为企图冒险从事某项事业，后来用来指经营组织或经营体。日文将其意译为"企业"，并传入中国。

我国《公司法》规定公司是企业法人，在其他国家，公司多数也是经营性的组织，因此，公司是企业的主要组成部分。

按照历史和逻辑的一致，企业的典型法律形态由低级到高级依次为个人独资企业、合伙企业和股东承担有限责任的公司企业。个人独资企业是自然人一人投资经营的企业，投资者的人格、财产与企业的人格、财产不分，投资者须对企业债务承担无限责任。合伙企业是指二人以上共同出资从事某项经营性事业的组织体，非经营性或非商事性的合伙不属于企业。合伙人的人格与企业的人格不完全分离，合伙人须对企业债务负无限责任；另有不参加经营的合伙人对企业债务负有限责任的有限合伙，以及某些合伙人不公开合伙人身份或作为事实合伙的隐名合伙。

西方国家在民商法发展主线之外产生的两种非典型企业是合作社和国有企业。合作社具有集体所有的性质，其经营不以营利为首要宗旨，而是以成员的互助合作为要旨，议决事项时贯彻"一人一票"的平等和民主原则，限制资金分红，实行按劳分配或按贡献分配。与合伙一样，非经营性的合作社如某些住宅合作社和医疗保健合作社等不具有企业的特性，不属于企业的范畴。

我国的情况与西方国家的情况相反，长期以来，国有企业和集体所有制企业是典型的企业。改革开放以后，个人独资企业，合伙企业，外商投资的中外合资、合作经营企业和外资企业（俗称"三资"企业），有限责任公司和股份有限公司也获得了广泛的发展，各种资本企业尤其是公司逐渐成为企业的典型形态。

公司与企业这两个概念的关系非常密切；在实际生活中，二者也是交融在一起的。合伙企业与公司无法截然划分，商事合伙在国外就是采取无限公司、两合公司等公司形式，法语中更以同一的société概念涵盖公司与合伙，依民法典成立的"合伙"是为民事公司。在不十分严格的场合，二者甚至是同等概念，如通俗说法将公司作为企业的同义语，香港法律上允许个人独资企业（sole proprietorship）称作公司，等等。

随着时代的发展，合作企业和国有企业也越来越多地与公司形式相结合。

在西方国家，以美国为代表推行"职工股权制"，由职工取得本公司的股权，使其成为职工集体所有或控股的公司。[1] 全球性的所谓"私有化"浪潮，实际上就是把原先作为政府附属物的国有企业，通过出售股份或出租、承包的方法，将其转化为按私营部门的行为方式来运作的国有公司；[2] 真正将国有企业完全出售给私人的情形，在私有化中所占的比重并不大。我国在改革中，许多国有企业和集体所有制企业也通过"股份制"改造，转化成了公司企业。

我国的"三资"企业通常都是有限公司；国内自然人投资经营的私营企业也越来越多地采取有限公司的形式。所以，公司和企业的概念在外延上是交叉的。公司的多数是企业，而公司未必都是企业，企业也不都是公司。

然而，公司和企业的根本区别，不在于其外延上的差别，而在于二者是从不同的角度来描述某一团体或组织的特性。公司的概念着重反映某一组织的民事法律地位及其成员和资本的联合性，较具有法律性。人们从"××公司"的名称，即可知晓其一般具有主体和资本的联合性，并可了解其成员承担民事责任的方式。企业的概念则是着重反映某一主体具有经营的性质，因而较具有经济性。人们从"××企业"的名称，可以了解该主体须进行经济核算，关注投入产出，但无从了解其民事法律地位。因此，如将这两个概念结合起来，则可较为全面地反映某一社会组织的性质。

（二）公司与事业的关系

从团体或组织体的意义上说，"事业"一词在我国有特定的含义。它是指与企业相区别的非经营性组织，特点是不以营利为目的，经费可能不来源于自身经营，通常是由中央或地方政府的预算提供经费、从事教科文卫等非直接经济活动，或者兼有经营性或企业性的组织，如学校、研究院所、广播电视台、报刊、出版社、政府设立从事特定活动的非政府机构等，都被称为事业单位。但在日本和我国台湾地区，从团体和组织的意义上说，"事业"等于企业，是指各种经营性的主体（包括个体经营）；概念使用上的细微差别是：企业是指营利性的事业；政策性、公益性经营的国有企业和其他非营利性的企业，则称为事业。但这种区别并不十分严格，事业也可以采取公司的组织形式。

随着我国市场化改革的深化及进一步与国际接轨，从事各种活动的组织，尤其是可以实行企业化经营的非经济组织（多为"事业"单位），将越来越多地采取公司的组织形式。我国一些中央部门和地方政府派驻港澳的办事机构，

---

〔1〕　史际春：《集体所有权研究》，湖南师范大学出版社1994年版，第46～49页。
〔2〕　史际春：《国有资产管理国际惯例》，海南出版社1993年版，第743～752页。

一直以来也都依当地法律登记为公司，如司法部与中国国际贸易促进会在香港设立了行政性的"中国法律服务（香港）有限公司"。

三、公司与法人

我国《公司法》规定，公司是企业法人。从我国的立法、司法和法学界通行的理论来看，这一规定意味着，凡在我国合法登记为法人的公司，其经营管理和财产责任是完全独立的，可以不受他人干预而自主经营，并以公司资产对公司债务承担有限责任。然而，从中外法人制度的实际情况看，公司与法人的关系是比较复杂的。

1. 法人制度的性质和作用。法人制度的实质和根本作用，在于赋予一定的组织、机构以不同于其成员的人格，如某公司法人、某地方政府、国务院、国家主席、女王等，以方便其从事活动、参加法律关系，充当管理或被管理以及参加诉讼的主体资格，以免其成员以各自的名义从事活动而造成角色混乱和行为不便。至于法人的外部支配关系、内部的组织和运作方式、其财产的独立性和财产权的行使机制，是不受一般法人制度调整的。例如，依《中华人民共和国民法通则》（简称《民法通则》），国家机关也是民法上的法人，而实际上，每一个具有法人资格的国家机关都不是独立的，它们依法处于一定的权力支配体系中，其活动经费或财产则不足以对其行为造成的各种后果承担全部民事责任。在国外，如前所述，公司与其成员不完全分离的无限公司、两合公司等，也可以具有法人地位，之所以如此，是为了方便其参与民事流转、接受政府管理和承担民事责任，而非使之摆脱股东的控制。

2. 公司与法人的关系。从公司和法人的关系来看，公司概念反映的是公司内部的组织关系；法人概念则是外在的，它是从形式上、从外部赋予公司或其他组织以某种独立的名义。换言之，在内部组织和财产关系上，千差万别的公司和组织都可以具有法人地位；而法人资格并不能、也不在于为某一公司或组织谋取其内部组织关系上的自主权和独立的财产责任。例如，依我国《公司法》和国际惯例，母公司与子公司、孙公司之间虽然存在着支配或控制关系，但并不妨碍它们在民事流转中是平等的法人，通俗地说就是"二级法人"或"多级法人"。对于国有的企业和公司来说，则法人制度只能解决其以自己的名义参加民事流转和承担民事责任的问题，而不能解决行政机关和控制股东对其不恰当干预的问题。因此，正确地把握公司与法人的关系，有助于我们参考国际上通行的做法，包括借鉴无限责任法人的概念和制度，来解决市场经济中出现的种种实际问题。

四、公司概念的引申含义和特殊用法

公司概念的复杂性还表现在，在法律上和实践中，往往引申其基本含义而使用这一概念。公司概念的扩大使用是客观事实，但这不应被普遍化，否则公司和公司制度就会失去应有的规定性，从而丧失其意义。

（一）基于公司是不同主体和资本联合性的组织，将其引申为具有某种类似的权益制衡机制或组织机构的组织

如单纯的国有企业，尤其是一个财政主体投资设立的企业，其股东只有一个，本不符合公司的基本规定性，但通过引进董事会、监事会或某种委员会的集体决策机制，就将其称为公司或国有独资公司。又如，国际上通行的公司设立全资子公司的做法，子公司的股东实际上只有母公司一家，而且它在经营上必须服从母公司的政策乃至母公司对某项交易的具体指示，但由于它是按公司法设立和运作的，在形式上也可能将母公司的几个股东登记为自己的股东，故而各国法律通常都认可其为公司。进一步地发展，则是允许自然人一人依公司法设立有限公司或股份公司。

（二）由于多数公司的企业性或经营性，将"公司"引申为企业的同义语

这种引申一般表现在市场经济发达社会的日常用语和法学著作中。在市场经济发达的国家和地区，普通合伙、有限合伙、隐名合伙、合作社等各种企业，乃至自然人的独资企业和非企业团体，都可以称为"公司"，无论在大陆法系或英美法系地区，都是如此。[1]香港甚至在法律上允许自然人的独资企业和合伙商号的名称中含有"公司"或"company"的字样，只是不允许其含有"有限"的字样。

五、小结

综上所述，公司的概念将性质迥异的企业和组织囊括其中，并可在许多引申的意义上使用；而通常所称公司，是指依形式意义上的公司法设立和运作的企业组织。本书论述的公司法具体内容，主要涉及《公司法》及相关法规调整的作为企业法人的公司，以及类似于发达国家的私法或民商法上的公司。但由于公有制在我国经济中占有重要地位，国有和集体所有财产的投资经营和公司治理受公有财产和政府运行规律的制约，形成了特有的机制，故而不能将我国的普通竞争性公司等同于发达国家的商事公司。

---

〔1〕 范健：《德国商法》，中国大百科全书出版社1993年版，第85～86页；《牛津法律大辞典》，光明日报出版社1988年版，第188页。

第二节　公司的种类

按照法律的规定或学理的标准，可以将公司分为不同的种类。各种划分在理论和实践上都具有一定的意义。

一、以公司适用法律的性质和范围为标准的分类

这是对公司的最基本的分类，是按照公司适用法律的性质和范围，将公司分为依《公司法》及其相关法规设立的公司和依特别法或行政命令设立的公司。前者一般而言为私法或民商法上的公司，或称商事公司、普通公司，因为这类公司依法需要登记注册，故而在英国和我国香港地区又称为注册公司。后者则为特殊公司，具有经济法及公法的性质。

（一）由《公司法》及相关法规调整的公司

这类公司的特征是具有商事性，需要进行工商登记管理。按公司资本的结构和股东对公司债务承担责任的方式，可将该类公司分为若干种，在我国只有有限责任公司和股份有限公司两种。依大陆法系国家的传统，除了这两种公司之外，还有无限公司、两合公司和股份两合公司。英国的制定法将注册公司分为无限责任公司、股份责任有限公司和保证责任有限公司三种，其中股份责任有限公司又有非开放性和开放性之分，[1]即所谓非开放公司和开放性公司。美国的《示范商事公司法》（Model Business Corporation Act）则对开放性公司作了规定，此外，美国也有非开放公司和无限公司等。

合作社的性质虽然与公司有很大差别，但基于多数合作社的经营性或企业性，发达国家一般也将其归为私法上的一种公司或企业。瑞士、意大利等国就把合作社规定在民法中，作为公司的一种。由于合作社的股金在社员入社或退社时会发生变动，法国法即形象地称之为"可变资本公司"（société à capital varible）。发达国家常见的相互保险公司，也是一种合作性质的公司。

（二）依特别法、专门法规或行政命令设立的公司

依特别法或行政命令设立的公司则为特殊公司，属于特殊企业的范畴，是经济法或公法上的公司。这类公司在世界上普遍存在，其数量在公司中虽不占多数，但往往具有重要地位。它们依法或经政府授权从事政策性、公益性经营活动或兼顾营利，也可能承担一定的管理职能。

---

[1]　斯蒂芬·加奇：《商法》，屈广清、陈小云译，中国政法大学出版社2004年版，第189~191页。

1. 发达国家的特殊企业概况。在发达国家和地区，特殊企业的设立、组织、经营和财务会计等通常由专门立法调整，而不适用商事企业法或注册公司法，所以在英国、新加坡和我国香港地区又称之为法定公司或法定机构，如新加坡圣淘沙发展公司（根据 Sentosa Development Corporation Act 设立），香港铁路有限公司（港铁）的前身地下铁公司也是依《地下铁路公司条例》设立的法定公司，等等。

在发达国家和地区，特殊企业通常为公共企业。公共企业除了指由中央或联邦、地方政府以及国有企业拥有或参股的企业外，还包括直接承担政策和法律规定的义务，具有一定的垄断性或非竞争性的为私人所有或控股的企业，如政府特许的交通和供电企业，它们有义务应客户的要求与之签订合同，并遵守政府特许事项（包括收费标准等）。因此，公共企业的概念强调的是企业的公共性，而不强调企业的归属，但由于公共事业主要是由政府主持兴办的，故而公共企业与国有企业的概念在外延上基本上是吻合的，它主要包括中央和地方政府所有或以控股、参股等各种方式控制的企业。值得注意的一个趋势是，自20世纪80年代开始的私有化运动以来，发达国家的特殊企业或公共企业出现了依普通企业法改制的趋势，在特殊职能基本不变的情况下，在组织上、经营上更为市场化或商业化，也蕴含着使企业的政府背景更隐蔽的动机。[1]

2. 对特殊企业的法律调整。特殊企业法是调整特殊企业的专门法规。发达国家和地区长期以来主要实行"一法一企"，即为每个企业单独立法，由某法对某企业的设立、机构和运营等作专门规定及调整，该企业不再适用"公司法"等普通企业法。如日本国铁等三大公社改革以前的《日本国有铁道公社法》、现行的《日本电信电话株式会社法》，香港特别行政区的两铁合并前的《九广铁路公司条例》和《地下铁路公司条例》，等等。此外也有适用于一类企业的特殊企业法律法规，如日本的《地方公营事业法》适用于地方政府举办的铁路、公路和铁路运输、电力、自来水、煤气等"法定事业"。鉴于特殊企业的特定性质和任务，以及各国不同的国情和传统等，特殊企业法在各国并无某种固定的模式。我国目前的特殊企业法，主要为有关国务院设立诸如政策性银行、中国投资有限责任公司、中央汇金投资有限责任公司、有关军工和航天等特殊企业的决定和规章等；《邮政法》、《铁路法》和《中华人民共和国中国人民银行法》（简称《中国人民银行法》）在一定程度上也具有特殊企业法的

---

[1] 参见林树杰："我国主权财富基金的法律治理研究"，载《经济法学评论》第11卷，中国法制出版社2011年版。

性质。

发达国家在 20 世纪 80 年代初以来的改革中，为使特殊公司或企业在市场的基础上从事活动，将其改为普通公司的形式，其特殊性就不再表现在适用法律方面，而只保留特殊的职能，"一企一法"的做法发生了变化，不再具有普遍性。在这方面，新加坡的做法比较典型。该国将诸多的法定机构改制为商事公司，如新加坡电信、新加坡港务集团、新加坡能源、新加坡传媒、新加坡工程集团等；还依公司法设立了政府控股公司，如淡马锡控股公司、新加坡科技控股公司、国家发展部控股公司、太平保健控股公司和政府投资有限公司等，参股控股各行业的国有公司、企业，后者被称为"政连公司"（Government-Linked Company，简称 GLC）。在政府控股公司中，以淡马锡公司最为著名。该公司全称淡马锡控股（非开放）有限公司〔Temasek Holdmgs（Private）Limited〕，由新加坡财政部也即政府全额出资。其董事会成员和总裁由财政部长牵头，其他政府部长和专家组成的提名委员会提名；根据 1991 年新加坡宪法修正案的规定，法定机构、政府控股公司的董事和总裁的任免都必须由总统批准。由此反映出，新加坡的政府控股公司的特殊性实质上与法定机构没有什么差异，实为形式上适用普通公司法的特殊公司或企业，其他发达国家的特殊企业在民营化、市场化改革后也大致如此。

二、以公司资本结构和股东对公司及其债务承担责任的方式为标准的分类

按此标准，形成了我国《公司法》和大陆法系民商法或私法上基本的公司法律形态，以及英美法系国家和地区对商事公司的另一种分类体系。

（一）有限责任公司

这是我国《公司法》规定的两种公司形式之一，又称有限公司。《公司法》第 3 条规定，有限责任公司的股东以其认缴的出资额为限对公司承担责任，公司以其全部财产对公司的债务承担责任。

1. 有限公司的特点。有限公司具有以下基本特点：

（1）有限公司的股东对公司债务间接地承担有限责任。这是有限公司区别于无限公司、两合公司等较低级公司的特点。有限公司的股东仅对公司负缴付出资的义务，除此之外不对公司及其债务承担财产责任。因此，股东对公司债务（也即对公司的债权人）不直接负责，而是由股东投资设立的作为独立法律主体的公司以其实际资产对公司的债务承担有限责任。

（2）有限公司由数量不多且相对稳定的若干特定股东组成。我国《公司法》规定，有限责任公司由 50 个以下股东出资设立。《中华人民共和国中外合资经营企业法》（简称《中外合资企业法》）规定中外合资经营企业是有限责任公司，但对股东人数未作具体规定，实践中通常为两三方当事人。

在其他大陆法系国家或地区，有的国家对有限公司的股东人数也不作具体规定。如德国《有限责任公司法》规定，有限公司"由一人或数人设立"。

（3）有限公司的资本可以分为均等的份额，也可以不分成均等的份额。有限公司的资本构成通常称为"出资"，即使分为均等的份额也不称为股份（无限公司亦同），股东的权利与其"出资份额"相联系，相当于日文中"持分"的概念。但如果将有限公司资本的等分称为股份，并将股东的出资称为"持股"，也并无不妥。在英美法上，公司的资本通常都分为"股份"（shares）。

（4）有限公司的筹资和经营具有"封闭性"或"非开放性"。这是有限公司区别于股份有限公司的特点。有限公司不得发行股票，股东出资的转让须受法律和公司章程的限制。鉴于其不具有"公众性"或"开放性"，法律对其设立的条件和监管相对来说也不严格。英美法上的"非开放公司"也有这个特点。

2. 英美法上的非开放公司和保证责任有限公司。在英美法系国家和地区的公司法中，没有与我国和大陆法系公司法中相同的有限责任公司形式。在筹资和经营的封闭性方面，其非开放公司与有限公司类似，另有股东对公司债务承担有限责任的保证责任有限公司。

（1）非开放公司（private company）。又称"封闭（性）公司"、"闭锁公司"、"私公司"、"私人公司"等。这里的"私公司"、"私人公司"是与"公共公司"相对应的，其意旨在于公司的封闭性与非开放性，不同于我国通常在所有制意义上理解的"私"或"私人"的概念。

非开放公司在由若干特定股东合资经营、股东转让出资须受限制、不公开招股、实行非开放性经营等方面与有限公司相同。在股东的人数上，英国和香港地区的法律规定是两人以上，其原先规定的 50 人上限已被取消；美国多数州允许设立一人公司，《示范商事公司法》对公司股东的人数也没有最高限制。

然而，非开放公司与有限公司是有实质区别的，非开放公司的概念并不强调股东的责任和公司的资本构成。如英国注册公司的三种形式（即无限责任公司、股份责任有限公司和保证责任有限公司）都可以作为非开放公司，同时股份责任有限公司也可以采取开放公司的形式；[1]换言之，在非开放公司中，既有股东承担有限责任（包括保证责任）的公司，也有股东承担无限责任的公司。

---

[1]　斯蒂芬·加奇：《商法》，屈广清、陈小云译，中国政法大学出版社 2004 年版，第 190 页。

美国的《示范商事公司法》只规定了一种有限责任的公司，其中包容了相当于我国和其他大陆法系国家的非上市的股份有限公司。这样做，从立法技术上讲有其一定的合理性。因为，大陆法系的非上市股份有限公司除了必须将资本分为等额的股份外，它在股份的流动性不强、股东具有特定性和数量不多等方面，与有限公司几乎是一样的；而且，公司法关于公司的许多共通性规定，对于各种公司都是可以适用的。

美国法上有一个 close corporation 的概念，可以直译为"封闭性公司"，意译则为"少数人控制公司"或"个人控制公司"（personal holding company）。鉴于这种公司的人合性质，法律上视股东对于公司的操控方式或程度，要求股东直接承担义务或责任。[1]《示范商事公司法》有一个附件，即《封闭性公司示范附加规定》，与其一并作为范本使用。而20世纪80年代以后，美国各州兴起了一种"有限责任公司"（Limited Liability Company，简称LLC），1994年美国全国统一州法委员会还制定了《统一有限责任公司法》（ULLCA）。这种公司干脆取消资合的性质或要求，不设董事会，股东相互代理执行公司事务，无须缴纳公司所得税，但又可享有有限责任的便利，反映了英美法的灵活性。[2]

日本于21世纪初追随美国的企业法制改革，"全面导入美国的体制"，在其2005年的《公司法》中引进LLC，将有限公司人合化，改称为"合同公司"，并使之与无限公司、两合公司为伍合称为"份额公司"。也就是说，资合或资合兼人合性质的非开放的有限公司在日本已不复存在，取而代之的是美式的有限责任公司。[3]但是日本法的形式主义不可能在一夜之间消失，合同公司既然是法人，就要缴法人所得税，这样还是达不到美式有限责任公司（LLC）避免对股东和公司重复征税的效果，于是日本又引进美国的有限责任合伙（LLP）制度，于同年制定了《有限责任事业组合契约法》，允许投资人选择采用"日本版"的LLP——有限责任事业组合，也即美式的有限责任合伙，合伙企业本身虽不是法人，无须缴纳法人所得税，但各合伙人可以其出资额为限对企业及其债务承担有限责任。[4]

〔1〕　See *Black's Law Dictionary*, Eighth Edition, West Publishing Co., P. 365, St. Paul, 2004.

〔2〕　参见虞政平编译：《美国公司法规精选》，商务印书馆2004年版，第3～6页。

〔3〕　参见日本经济产业省经济产业政策局产业组织课：《日本版LLC制度等》，载http：//www. meti. go. jp/policy/economic_ organization/llc_ seido. htm（日本经济产业省网站），2006年3月24日访问。

〔4〕　参见日本经济产业省经济产业政策局产业组织课：《有限责任事业组合（LLP）制度的创设》，载http：//www. meti. go. jp/policy/economic_ organization/llp_ seido. html（日本经济产业省网站），2006年3月24日访问。

（2）保证责任有限公司。这是指在公司章程中规定，每个股东在公司清算时对公司的债务以其所保证的金额为限承担责任的公司。股东承担保证责任的公司是英国及其前殖民地和英联邦国家注册公司中的一种，在股东责任的承担上比较特殊。在其他国家，只有保证责任的合作社，而无保证责任的公司。

在保证责任有限公司中，股东对公司承担的责任也是有限的，但这种限度不是当然的基于股东的出资，而是基于股东的允诺或担保。

与一般承担有限责任的公司不同，保证有限责任公司可以有股本，但在实践中通常没有股本，也不需要设立交易账。因为这种公司多为非营利性的团体或机构，如医院、学校、宗教或慈善组织、相互保险公司、科研机构、文艺团体、体育组织等。没有股本的这类公司在清算时，股东以章程中确定的保证金额为限，对公司债务承担责任。在有股本的保证有限责任公司中，股东除了以其出资额承担责任外，如果保证或担保的金额高于出资金额，且公司清算时的资产不足以清偿公司债务的，则股东尚须在保证的金额内负补充责任。香港的物业管理公司通常即采取有股本的保证责任有限公司的形式。

3. 有限责任公司优劣略说。有限公司是大陆法系公司制度中最晚出现的一种公司形式。它将合伙的当事人之间相互信任、企业的设立和组织简单、活动便捷等优点，与股份有限公司的股东与公司的人格分离、股东承担有限责任、股东的变动不影响企业存续等优点结合起来，成为当今适合于中小企业组织的一种企业法律形式。一人公司、合同公司、有限责任合伙等的出现，更将此发展到极致。

有限公司优点的相对面，则为其固有的弊端：它往往被人们用作投机和规避法律责任的手段。有限公司设立容易，股东又可承担有限责任，这固然可以鼓励投资，促进经济发展，但法律上对其监管不易、不严，在市场经济发达的地方，有限公司被大量用来设立"空壳"公司或"皮包公司"，甚至做一笔生意就设一个公司。自然人和大企业都可利用有限公司合法地规避法律或投机，乃至违法行骗，遇有大量负债、亏损或其他不利情形，则以有限责任规避之，从而损害交易对方的利益和整个社会的经济秩序。

（二）股份有限公司

股份有限公司又称股份公司。《公司法》第3条规定，股份有限公司的股东以其认购的股份为限对公司承担责任，公司以其全部财产对公司的债务承担责任。其中，股票在证券交易所交易的股份有限公司又称"上市公司"。

1. 股份有限公司的特点。股份公司在股东以其出资对公司债务间接地承担有限责任这一点上，与有限公司是一样的。但是股份公司与有限公司和其他公司相比，其股东人数多，公司资本须分为等额的股份，可以自由转让，也可以向公众募股，上市公司的股份还可以在交易所上市流通。随着股份的流动，股东也随时处于变动之中。因此，股份公司具有开放性乃至公众性特点。

鉴于股份公司的开放性，法律对股份公司的设立条件和监管的规定，要比有限公司和其他公司严格得多。如我国《公司法》规定，设立股份有限公司，应当有 2 人以上 200 人以下为发起人；其他国家对股份公司的股东人数也有比较高的要求，如在允许一人设立有限公司的国家，未必允许一人设立股份公司。此外，股份公司尤其是上市公司的一些足以影响他人判断其业绩、决定是否买卖其股份的信息，如会计报表、重要的商业行为等，依我国法律和国际惯例都应公开，否则公司及其有关责任人员须承担法律责任。

2. 英美法上的开放性公司。这种公司与我国和大陆法系公司法上的股份有限公司相似，又译为"公公司"、"公开公司"、"公共公司"等。开放性公司可以公开募股，股份可以自由转让。在现实中，开放性公司基本上与我国和大陆法系国家的股份公司一样，也是由有限责任股东组成的公司；但在一些英联邦国家，如澳大利亚，开放性的无限责任公司也没有完全绝迹。与非开放（封闭性）公司相比，法律对开放性公司的监管也较为严格。

3. 股份有限公司优劣略说。

（1）股份公司是一种募集、积聚资本的有效手段和途径。马克思在《资本论》中对此曾评价道："假如必须等待积累去使某些单个资本增长到能够修建铁路的程度，那么恐怕直到今天世界上还没有铁路。但是，集中通过股份公司转瞬之间就把这件事完成了。"[1] 加之股份公司的组织管理制度稳定，在现代市场经济社会中，其已成为多数大企业的组织形式，在经济中起着主导作用。世界上著名的大企业或跨国公司，如丰田汽车、松下电器、奔驰公司等，都是股份公司。

（2）股份的流动性为股份公司的经营和活动提供了一种社会评价和监督的机制。股东购买股份以后，原则上不能退股，但可以将其转让或在交易市场上出售。决定投资者是否出售或购买某一公司股份的因素，主要是由公司经营状况决定的公司盈亏水平。公司盈利水平高，购买该公司股份的人就多；反之，人们就会转让、抛售其股份，即所谓对公司的经营状况通过"用脚投票"表示意见。这种股东期望持股获利和股份流通的机制，也可起到促使公司董事和其他管理人员谨慎、勤勉地从事经营管理的功效。

---

[1]　《马克思恩格斯全集》第 23 卷，第 688 页。

股份流通的衍生物是证券市场。证券市场为企业提供了筹资、融资的渠道，股票和债券可用于企业的合并、收购和借贷抵押，是现代社会中的重要信用工具。通过证券市场的企业股权转让或收购，其价格由市场决定，可以避免估价的主观性，也容易被交易当事人和社会所接受。

（3）股份公司的弊端。在市场经济条件下，股份公司也为少数个人或企业利用公众的积蓄或小额资本来营利或投机提供了便利。设立股份公司、发行股份，可以获得创业利润甚至骗取公众钱财；在股市正常运作的情况下，分散的小股东无力、也无兴趣参与公司的决策，他们购买股票主要是为了投机，但在股票市场上却不是"大户"的对手，遭受损失在所难免。实际控制着公司的大股东，则可以按照自己的利益和愿望，来获取及利用小股东们的资金。

股份转让或交易的价格，又不直接取决于该股份公司的经营和盈利状况。某种股份的市场供求情况、银行利率的高低、银根的松紧或社会游资的多少，以及其他一切可能影响企业经营的因素对投资者或公众心理的影响以及利用这些因素进行的市场投机活动等，都会使股票的价格发生波动。持股者过高的盈利期望或股价过分地下跌，造成股价与公司的经营状况脱节，则会对公司的经营和公司经营者的心理造成人为的压力，甚至导致公司无法正常运作。

以上弊端，靠法律的规定和对公司的监管，并不能完全解决问题。美国的基金持股和日本公司寻求稳定的法人股东的做法，就是实践中发展起来的抵消股份公司弊端的机制。

（三）无限公司

无限公司又称"合名公司"，是指由两个以上的股东组成，全体股东对公司的债务承担无限连带责任的公司。

1. 无限公司的由来。从无限公司的定义，可见其就是普通商事合伙。1807年的法国商法典首创"合名公司"的名称，因为无限公司必须在公司名称中冠以一个或若干个股东的姓名。

我国近代继受了大陆法系传统，清朝于1904年颁布的《公司律》中就有无限公司的规定，当时称为"合资公司"；1914年北洋政府颁布《公司条例》，正式定名为无限公司，并为国民政府时期制定的《公司法》和我国台湾地区现行的"公司法"所沿用。我国目前因在法学和立法、司法上将法人同其自身独立承担责任及其成员的有限责任相联系，不承认无限责任法人，并认为公司都应该是法人，所以在《公司法》中没有规定无限公司，而在《中华人民共和国合伙企业法》（简称《合伙企业法》）中作了相应规定，即普通合伙企业。

2. 无限公司制度及其与合伙的异同。无限公司与合伙的区别主要在于是否为企业或是否具有商事性。如前所述，公司和合伙在法语中是同一概念，依法国法，公司（包括合伙）除隐名的之外都是法人。这样，合伙与无限公司的区别仅在于适用法律的不同：民事合伙暨公司适用民法，可能不具有商事性或不是企业；商事合伙暨公司适用商法或公司法，采取无限公司或两合公司的形式。日本和我国台湾地区的"公司法"也都规定无限公司是法人。而一些国家，如德国、瑞士等，不承认无限公司是法人，英美法系国家和地区一般也规定合伙（包括商事合伙）不是法人。

换言之，作为商事企业的合伙，与无限公司没有什么区别。它们在法律上具有法人资格，都可能须依法缴纳法人所得税或公司所得税等，不具有法人资格的，则由合伙人或股东分别作为纳税人。而在内外部组织关系和成员责任方面，具有法人资格的合伙和无限公司，在国外也只是"合名"，为维护交易安全而刻意淡化其独立名义，合伙人或股东也要承担无限连带责任；不具有法人资格的合伙和无限公司也可以其"合名"从事民事活动，乃至起诉、应诉。依《民法通则》和《合伙企业法》，我国的合伙企业可以起字号，不必采取"合名"形式，只有合伙企业的财产不足以清偿债务时，债权人方可向合伙人追索，可见其法人性并不亚于国外的无限公司。

无限公司的股东通常为若干个自然人，一般国家的法律对其股东人数不作具体限制。依我国台湾地区"公司法"第13条第1款的规定，公司不得为其他公司的无限责任股东或合伙事业的合伙人，这主要是为了防止有限责任的公司承担无限责任；学者认为公益法人依其性质也不宜充当无限公司股东，以免因无限连带清偿债务而影响自身目的的事业。[1]应当说，这样的规定和认识已不合时宜，放任自治和强化责任是当代公司法发展中表现出来的两个相向不悖的趋势。公司经由股东合法的共同意志决定对无限公司或合伙企业投资，并承担其后果，法律自不应也无法予以禁止。我国《民法通则》第52条规定，企业之间或者企业、事业单位之间联营，共同经营、不具备法人条件的，由联营各方按照出资比例或者协议的约定，以各自所有的或者经营管理的财产承担民事责任，依照法律的规定或者协议的约定负连带责任的，承担连带责任；依照《中华人民共和国中外合作经营企业法》（简称《中外合作企业法》）及相关法规的规定，不具有法人资格的中外合作企业也构成法人合伙关系。有限责任的公司或法人作为无限责任股东时，须以其全部法人财产承担责任，直至破产，在这个意义上，法人股东承担的无限责任以其自身的全部财产为限，因而又是有限的。

---

〔1〕　柯芳枝：《公司法论》，中国政法大学出版社2004年版，第76页。

因此，晚近国外由有限责任法人充当无限责任股东或合伙人的情形得到普遍发展，这不仅是市场化投资经营和交易发展的必然，且也不违背企业组织及其责任制度的基本法理。我国2006年修订后的《合伙企业法》规定，除国有独资公司、国有企业、上市公司以及公益性的事业单位、社会团体不得成为普通合伙人外，自然人、法人和其他组织都能成为普通合伙企业和有限合伙企业的合伙人。该规定即是顺应这一趋势和原理的规定。

3. 无限公司的优点。在当今社会，投资者设立中小企业固然乐于采取有限公司（包括LLC、LLP）的形式，无限公司因其股东责任过重而不受欢迎，但它在组织和经营上也有自身的优点，这些优点也是合伙相对于有限公司所具有的优点。

优点之一是，无限公司和合伙是建立在当事人相互信任基础上的，所以法律对其出资和内部组织关系不作详细规定，对公司的监管也不如有限公司严格，对于投资者来说十分便利。例如，无限公司在设立时不需验资，股东会、董事会、监事会等不是法定的应设机构，股东依法可以退股等。这也正是日本公司法将有限公司改成合同公司的重要原因之一。

另一个优点是，对小企业来说，由于企业的资产少，信用等级低，如果是有限责任公司，就难以得到外界的信任和贷款，即使相对人同意与之交易或贷款，也会要求公司提供担保或由股东作为保证人，从而使公司的"有限"责任名存实亡；如果是无限公司，由于其股东是公司债务的法定保证人，尤其是股东的财力、能力和信用卓著的公司，反而较易与他人成交或取得贷款。这是律师、会计师等专业人士执业通常依法或自行选择采取合伙或无限公司形式的一个主要原因。

（四）两合公司

两合公司是指由一个以上的无限责任股东和一个以上的有限责任股东所组成，由无限责任股东对公司债务负无限连带的清偿责任，有限责任股东仅就其出资额为限而对公司债务承担责任的公司。其中，无限责任股东是公司的实际经营管理者，有限责任股东则是不参与经营管理的出资者。所谓"两合"，就是指经营资本与经营管理劳务的结合，或者指无限责任股东与有限责任股东的结合。

1. 两合公司概述。一般认为，两合公司源于中世纪意大利的康枚达（commenda）契约。康枚达是拉丁方言，含有信用和委任的意思，即经营者依其信用由他人处获得资本，出资者将资金委托他人经营而分享利润。法国法中的两合公司，按音译即为简单"康枚达"公司（société en commandite simple）。中国在北洋政府 1914 年颁布的公司条例中，创设了两合公司的名称。英美法上没有两合公司的称谓，与之相当的是有限合伙。如前所述，我国在观念上和法律上（不是事实上）不承认无限责任法人，并认为公司都应该是法人，所以在立法技术上，也是把两合公司作为有限合伙规定在《合伙企业法》中，而不是将其纳入《公司法》。而且，在 2006 年修订《合伙企业法》时，还加入了特殊普通合伙（类似于 LLP）的规定，即各合伙人对合伙债务原则上承担无限连带责任，但这种责任仅限于合伙人本人业务范围及过错，而对其他合伙人职责范围内或过错所导致的债务不负连带责任，以适应有关专业服务机构的合伙人避免承担过度风险，利于其发展壮大和异地发展业务的要求。由于特殊普通合伙限定了合伙人对合伙企业债务承担无限责任的范围，客观上需要增加对客户和第三人的补充保护制度，为此《合伙企业法》要求这种合伙要从业务收入中提取一定比例资金，建立执业风险基金，并办理职业保险。[1]

两合公司的无限责任股东是自然人，有限责任股东则可以是法人或政府。晚近在市场经济发展中，当事人为减少或规避风险，越来越多地先成立一间有限责任公司，然后由其来充当无限责任的股东或合伙人。在由有限责任的公司或法人作为两合公司的无限责任股东（普通合伙人）的情况下，德国商法将其称为"有限责任两合公司"或"复合两合公司"（GmbH & Co. KG）。在美国，有限合伙的有限责任合伙人和无限责任合伙人都可以是法人，这样的合伙被称为"复合有限合伙"（Incorporated Limited or Limited Inc.）。这样的两合公司，既可以享受法律上对合伙要求不甚严格的便利，又可以享受有限责任的好处。

2. 两合公司制度及其与合伙的异同。在两合公司中，无限责任股东占主导地位，因此，在法律上，除涉及有限责任股东外，两合公司可以适用无限公司的规定。英美法上的有限合伙，也是由承担有限责任和无限责任的两种出资人组成，但有限合伙不是法人，两合公司则与无限公司一样，一些国家和地区规定其是法人。

隐名合伙也是从康枚达契约发展而来的，因此，它在出资和经营上与两合公司和有限合伙具有相似性。与后者一样，隐名合伙是由不参与经营管理的一方当事人向从事经营管理的另一方当事人出资，并依约分享经营的利润，对其是否应分担亏损，各国的法律规定不一。但是，隐名合伙人的存在并不反映在法律上，甚至不被人所知，也就是说，隐名合伙实际上只是一种委托经营的契约。隐名合伙的经营者一方可以是自然人，也可以是合伙或公司企业。在英美

法的普通合伙和有限合伙中，都可以有不参与经营及不公开身份的隐名合伙人。

3. 两合公司优劣略说。与无限公司相比，两合公司和隐名合伙的经营者可以从不参与经营的出资者处获得资金，从而成为私募和风险投资的一种有效法律形式。美国与高科技相关的创业资本的主要组织形式就是有限合伙。两合公司的缺点，则是出资者基于信任将资金交给经营者后，便任由经营者支配，出资者很难再加以控制或转让。

（五）股份两合公司

这是由一个以上的无限责任股东和一个以上的有限责任股东所组成，资本分为等额股份的公司。这种公司与两合公司很相似，也是以无限责任股东为主导，无限责任股东是公司的设立者和实际控制者，但公司的资本须分成等额的股份。在有限责任股东可以召开股东会、担任公司的监事等方面，它又不同于两合公司，而与股份有限公司相像。

股份两合公司发源于法国，最初是规避法律的产物。18 世纪末，在法国设立两合公司不需政府核准，设立股份有限公司则必须由政府审批，人们为避免政府许可的麻烦，便以两合公司的形式设立股份公司，将无限责任股东加入其中。不久法国制定商法典，将这种公司形式规定下来，称为股份两合公司。后来德国、日本和我国民国时期制定的《公司法》，均将其规定为公司的一种形式。

然而，由于股份两合公司的无限责任股东凭借个人的信用和经营能力，难以像股份公司那样向公众募集大量的股份，而且其对公司的经营和债务所负的责任相对于有限责任股东来说显得过重，故而这种公司形式自问世以后一直未得到广泛发展，鲜有投资者选择采用。有鉴于此，日本于 1950 年修改商法和我国台湾地区于 1980 年修改公司法时，均已删除了股份两合公司的规定，但法国和德国仍保留着这种公司形式。

三、以公司的信用基础为标准的分类

这是一种学理上的分类，是按公司在市场经济活动中取得信用所依赖的基础，将公司分为资合公司、人合公司和资合兼人合的公司。

（一）资合公司

这是指以资本的结合作为公司信用基础的公司。这种公司在市场交往中，以资本的实力取信于人；至于股东是否有能力或信誉，他人可以不必过问。因此，资合公司依赖于规范的法人治理，其经营和存续受个别股东的影响较小，是现代典型的公司法人形式。资合公司以制度化的股份公司为典型，实践中存在的家族式股份公司和国外只有一个自然人股东的股份公司，事实上无法实行规范化、制度化的管理，因而属于人合的性质。有限公司也可能在一定程度上具有资合公司的特点。

在《公司法》中，对股份公司和有限公司有最低注册资本、设立时验资和法定公积金等规定，目的就是为了维持其资信基础。

（二）人合公司

这是指以股东的能力、财力、声望和信誉等作为公司信用基础的公司。人合公司在交往中不以资本为信用的基础，法律上对其资本和治理等的要求较低，原则上允许股东通过协议和章程自治。所以，人合公司与其股东不完全分离，其典型形式为无限公司。

（三）资合兼人合的公司

这是指同时以公司资本和股东个人信用作为公司信用基础的公司，其典型形式为两合公司和股份两合公司。在这两种公司中，有限责任股东的出资为公司提供了较稳定的资本，无限责任股东则以其能力和信用从事经营活动，从而将资本信用和人的信用结合在一起。

有限公司除了股东可以依法承担有限责任外，其余在公司的经营依赖股东间的互相信任关系、所有权与经营权一般不分离、公司资本的流动性较小、小的有限公司在对外交往尤其在获得银行贷款时要靠股东的信用等方面，与合伙和无限公司相像，一般而言也属资合兼人合的公司。当然，组织健全、治理和运行规范的有限公司就是资合公司，实践中也存在着许多事实上完全人合的有限公司，日本更已将有限公司人合化为合同公司。

四、以公司组织关系为标准的分类

公司的组织关系有外部和内部之分。外部组织关系是指不同公司之间在组织上的相互联系；内部组织关系是指某一公司内部的控制关系。

（一）母公司和子公司

不同的公司相互之间存在控制与被控制、依附与被依附的关系，这是实践中普遍存在的现象，譬如企业集团中处于不同地位的公司相互间的关系。在公司外部组织关系中，处于控制和被依附地位的公司是母公司，处于被控制和依附地位的则是子公司。子公司再设立或控制的更低层次的公司，相对于母公司来说，则为孙公司、曾孙公司等。所以，更准确地说，母公司和子公司的关系应为"控制公司"和"附属（或'从属'）公司"的关系。母公司或控制公司为子公司或附属公司规定经营方针，甚至对其具体的经营和交易活动作出指示，子公司或附属公司必须遵守或服从。

母公司或控制公司控制其子公司或附属公司，可以采取独资设立、控制多数股份、掌握实际得以控股的股份，或以其他任何形式控制子公司或附属公司的业务、人事或财务等方法。对于股份公司来说，视其股份的分散程度，通常只需掌握其不到半数甚至不到5%的股份，就可对其加以控制。

在实践中，企业集团中的上级公司与下级公司、跨国公司总部与其设立在世界各地的公司、控股公司与被控股的公司等，通常都是母公司和子公司或者说控制公司与附属公司的关系。

母公司或控制公司与控股公司是不同的概念。母公司或控制公司的概念只说明公司间的组织关系，而不反映公司的经营性质；控股公司的概念则着重反映公司的性质和目的是控股，而非从事具体的业务活动（不排除其兼营某种具体业务）。所以，控股公司应属于母公司或控制公司的范畴。

母公司或控制公司与子公司或附属公司之间虽然有控制与被控制的组织关系，但依国际惯例和我国的《公司法》，它们在参与外部的交易和管理关系时，都具有法人资格。《公司法》第14条第2款规定："公司可以设立子公司，子公司具有法人资格，依法独立承担民事责任。"所以，子公司有独立的名称、章程和组织机构，有法定的资本，可以自己的名义对外交往，并以公司的资产对公司债务承担有限责任。

（二）关联公司（企业）

这一概念与母公司和子公司的概念密切相关。母公司与子公司之间、同属于一个母公司或控制公司的各个子公司或附属公司之间、相互投资或连锁控制的几个公司之间，都属于关联公司（企业）。

关联公司（企业）结成企业集团，相互间可能有不当的控制和利益输送，也可能妨碍和削弱竞争，因此，关联企业是公司法及证券法、反垄断法等调整的重要方面，在税法、工商行政管理上也须对其相互关系加以监控。如关联交易规制、揭开公司面纱、经营者集中控制、转移定价（transfer price）等。

（三）总公司和分公司

这是从公司内部组织关系上进行的划分。分公司只是公司的分支机构，并不是公司。

总公司又称"本公司"，是相对于其分支机构而言的，有权管辖公司的全部内部组织，如各个分部门、分公司、科室、工厂、门市部等的总机构。

《公司法》第14条第1款规定："公司可以设立分公司。设立分公司，应当向公司登记机关申请登记，领取营业执照。分公司不具有法人资格，其民事责任由公司承担。"因此，分公司也需依法设立及登记，但其作为公司的一种分支机构，不具有法人资格，其设立比较方便，程序比较简单。其特征是：

1. 分公司没有独立的名称，须以总公司的名义进行活动或者在总公司的名称后面加上"分公司"的字样；

2. 分公司没有自己的章程和独立于总公司的组织机构，它代表或代理总公司在一定的范围内开展活动；

3. 分公司没有独立的财产，其从事活动的财产是由总公司拨付的，依法列入总公司的资产负债表；

4. 分公司在经营活动中产生的债权债务关系由总公司承担，并由总公司以其全部资产对该债务负清偿责任。

分公司的这些特点，使之可以依托总公司的实力和信用进行活动，从而易于获得交易相对人和社会的信任。银行和保险公司等社会对其信用度要求较高的企业，通常即采取设立分公司而非设立子公司的方式来拓展业务和活动空间。我国《商业银行法》即规定商业银行对其分支机构实行全行统一核算、统一调度资金，各分支行不具有法人资格，在总行授权范围内依法开展业务活动，其民事责任由总行承担。

五、以公司股本的来源和性质为标准的分类

公司的股本有不同的来源，依出资主体及其财产的性质，可以将公司分为国有或公营公司、合作或集体所有制公司、私营或民营公司、外商投资公司和混合公司等。

（一）国有公司

这是指由有权以国有财产投资的机构、部门、企事业等单独或联合投资的公司。其中国有资产或股份的管理和经营，既要适用《公司法》，又要遵守有关国有资产管理的法规。一个财政主体设立的国有独资公司和几个财政主体联合投资的有限责任公司，当然是国有公司。在国际上，国家同私人或民间共同投资经营的公司，被称为国家参股公司、公私合营公司等，但从法律上讲，国家在公司中的股份和表决权超过 50% 的，就是国有公司。德国、韩国的法律和我国台湾地区的"国营事业管理法"中，对此均有规定。[1]另外，国家参股未达 50% 但实际上由国家控制的公司，也属于国有公司。例如，德国将政府参股达 25% 以上，而其他股东均为小股东的公司，视为国有；日本国有企业中的特殊公司，即使政府投资未达半数，也都由国家控制。[2]

依国际惯例，所谓"国家所有"，仅指中央或联邦所有，地方所有（如州

---

〔1〕 史际春：《国有资产管理国际惯例》，海南出版社 1993 年版，第 602 页。
〔2〕 史际春：《国有资产管理国际惯例》，海南出版社 1993 年版，第 602 页。

有、省有、市有、镇有等），则只称"地方公有"或"公有"，而不称国有。所以，在日本和我国台湾地区，有"公营事业"和"公营公司"的概念。从理论上说，"公营事业"和"公营公司"应包括"国有事业"和"国有公司"（即"中央"投资或控股的公司）在内，而实际上，所谓"公营事业"和"公营公司"，仅指地方政府投资或控制的公司或企业、地方与"中央"合营的公司或企业，以及政府与民间合营、政府出资占多数的公司或企业。

我国在法律和理论上则明确国家所有权是全民所有制的法律表现形式，国家所有权由国务院和地方分别代表国家行使，地方和政府部门都是国家的组成部分，它们依法或经授权管理一定范围内的国有财产。因此，在我国没有地方所有的公司或企业，由中央或地方设立或控股的公司或企业都属于国有公司或国有企业。

（二）合作制或集体所有制公司

合作制或集体所有制的主体，如村、集体所有制企业、股份合作企业等，可以依《公司法》投资设立公司。鉴于合作制或集体所有制主体本身实行的是合作制原则，从所有制意义上说，由其投资或控制的公司可以归为合作制或集体所有制的公司，如华西村股份有限公司等。现行有关集体所有制企业法规的精神也是如此。[1]

在发达国家，合作制或集体所有制的公司有三种情形：一是习惯上将合作社称为公司，或在法律上将合作社规定为一种公司；二是由职工取得所有权或控股的职工股权制企业，可以依法采取公司的形式；三是合作性质的相互保险公司。相互保险公司由参加相互保险的众多投保人组成，其合作性质表现在，公司的权力机构是投保人代表大会，决议时采取一人一票的表决方式，公司没有股本，分配时不是根据出资额而是根据投保人与公司约定的方式进行分配。

（三）私营公司

这是指由私人或私营部门投资或控制的公司。在我国，"私营"的概念是在私有制的意义上使用的；"民营"的概念则是指非由国家机关、国有或集体所有制企事业单位主导的企业，包括由自然人主导的个人经营、合作经营或集体经营，但不排除企业仍为国有。依《公司法》，自然人、私营或民营的法人可以设立或控制有限责任公司，自然人和私营、民营的法人也可以作为发起人设立股份有限公司或由其控制股份公司。

---

[1] 如依《中华人民共和国城镇集体所有制企业条例》第4条的规定，企业中集体所有财产投资的比例不低于51%的（特殊情况下经审批部门批准，该比例可以适当降低），就是集体所有制企业。

在私有制国家和地区，私营和民营属于同等概念，非国有和非公营的公司都是私营或民营公司，合作制和集体所有性质的公司也被归入私营或民营部门。

（四）外商投资公司

这是指依《中外合资企业法》、《中外合作企业法》和《中华人民共和国外资企业法》（简称《外资企业法》）等三个外商投资企业法设立的公司，也包括依《关于设立外商投资股份有限公司若干问题的暂行规定》（简称《外商投资股份公司暂行规定》），由中外股东共同持有公司股份，外国股东购买并持有的股份占公司注册资本25%以上的外商投资股份有限公司。从外商投资的方式看，外商投资公司可以分为中外合资经营公司、中外合作经营公司、外资公司；从公司的法律形式看，则外商投资公司只有有限责任公司和股份有限公司两种。外商投资公司是依中国法律在中国境内设立的中国公司，而非外国公司。

我国在企业登记管理上，固然已将港澳台商投资企业与外商投资企业并列，单独划为一类，而鉴于港澳台商投资属于境外投资，二者在适用法律上仍然有很多相同之处。

（五）混合公司

这是指不同所有制或不同国籍的主体联合投资经营的公司，兹不赘述。

六、以公司国籍为标准的分类

确定法人和公司的国籍，在我国是依注册登记地为标准。据此可以将公司分为中国公司和外国公司。凡依照中国法律在中国境内登记成立的公司，是中国公司；凡依照外国法律在中国境外登记成立的公司，则是外国公司。外国公司在我国从事经营活动，须向我国主管机关提出申请，通过设立分支机构，以该外国公司法人的身份进行活动及承担民事责任。

我国采取依注册登记地确定公司国籍的法律原则，可以使在我国设立公司的中外投资者一律受我国法律的管辖，使之不容易规避法律；并可在平等互利的基础上，保护外国公民和法人的合法权益，有利于引进外资和促进对外经济技术交流。英美法系国家确定公司的国籍，也是采取这一原则。

另外，在学说和国外的法律上，还有依公司住所地、公司投资地或主要活动所在地、股东的国籍等来确定公司国籍的学说和做法。法、德、意、瑞士等大陆法系国家，是依公司住所地来确定公司的国籍。

七、以公司的投资和经营活动是否局限于一国为标准的分类

依此标准，可以将公司区分为普通的国内公司（在一国投资经营的公司）和跨国公司。

跨国公司，又称"多国公司"、"国际性公司"、"全球性公司"等，是指以一个或几个国家为基地或母国，制定并服从统一的经营方针或战略，在两个或两个以上的国家设有分支机构、子公司或附属公司的企业或企业集团。

跨国公司的总公司或母公司多是发达国家的大企业，它们着眼于全球市场，从世界范围来考虑公司的业务经营和扩张，以最大限度地获取利益。跨国公司的活动，对于发展中国家引进外资、发展本国经济，具有重要意义。在我国设立的"三资"企业中，有许多是著名跨国公司的子公司或附属公司，如一汽大众、上海通用、广州 P&G 公司等。但是，跨国公司作为一个企业集团，实行服从母公司利益的一体化管理，我国在引进外资、与跨国公司打交道时，必须注意维护国家和中方合作伙伴的利益，并防止其在税收、交易、外汇、信贷、市场竞争、劳动保护和环保等方面规避或违反我国的法律。

八、以公司股东和资本是否具有联合性为标准的分类

公司本质上应是不同利益主体及其资本的联合，但在现代，也存在着单个利益主体投资经营或控制的公司，出现了"一人公司"现象。

（一）实质上具有联合性的公司

这是指符合法律的一般要求，具有社团性或团体性、实际上拥有多数股东的公司，又称"实质上的公司"或"团体性公司"。如按照我国《公司法》设立的公司，除由一个自然人作股东的有限责任公司外，有多个股东或由法人或政府作为股东且有多个股东或代表不同利益的董事参与公司决策和运作的，就是实质上的公司。

（二）形式上具有联合性的公司

这是指表面上虽符合法律关于多数股东的要求，并依法登记成立，但实际上真正的股东只有一人的公司，简称"形式上的公司"。

这样的公司，在我国未规定"一人公司"制度以前，也可能是完全合法的，如有限公司或股份公司可能为一个股东所控制，其他股东实际上不参与决策和经营管理，控制股东本身也缺乏不同利益主体的联合和制约。

在市场经济社会中，形式上的公司往往是规避或利用法律的产物，如一人出资而以亲属作挂名的股东，人们也可以出钱购买他人的名义令其充当挂名股东，这在道德和法律上被认为是正当的。由于投资者希望享受有限责任的待遇，也不愿因只有"一人"而被另眼相待，因而本应设立为自然人独资、合伙或无限公司、"一人公司"的企业，多通过这种方式设立为形式上具有联合性的有限公司和股份公司。

（三）一人公司

"一人公司"有广义和狭义之分。广义的"一人公司"，包括公司被一个自然人、法人或单个财政主体所控制的各种情况，如我国的国有独资公司、一个外商独资的外资公司、由一个大中型企业设立或控制的股份公司，以及上述各种"形式上的公司"等。狭义的"一人公司"，则仅指由自然人设立的有限公司或股份公司成立后，因股权结构和股东人数变动，致使股东不足法定人数乃至只剩一人；或者法律允许自然人一人设立有限公司或股份公司的情形。我国现行《公司法》即确立了自然人的一人有限责任公司制度。

第三节 公司法的概念和立法体例

一、公司法的概念

公司法是规定公司的法律地位及调整其内、外部组织关系的法。

狭义的公司法，仅指《公司法》及其相关法规，如调整中外合资有限公司的《中外合资企业法》、调整商业银行的《商业银行法》等，在范围上相当于发达国家和地区民商法上的公司法或商事公司法。当然，由公有制的背景所决定，我国的公司法不仅调整私人共同投资组建公司的行为，而且也调整不同的国有主体、集体或合作制主体联合投资经营的行为；在相当一段时间内，公司法还具有对国有企业进行股份制改造的功能。所以，我国的《公司法》及相关法规，与国外民商法或私法上的公司法还是有性质差别的。

广义的公司法，还包括设立及调整特殊公司的法律、法规，如国务院有关设立政策性银行、资产管理公司、主权财富基金（中央汇金公司、中国投资公司）等的法规、决定和相应的规章，相当于发达国家和地区的特殊企业（法定公司或机构）法。

公司法又有形式和实质的区分。形式意义上的公司法，是指以"公司"命名的法规或法规中以"公司"为名的内容。如我国和日本的《公司法》，德国的《有限责任公司法》及其商法典中规定无限公司、两合公司的编章。实质的公司法，则是对调整公司组织关系的各种法律规范的总称。

二、公司法的性质和特征

（一）公司法是一种组织法

公司法以公司这种社会组织为规范对象，规定及调整公司的设立、变更、终止，公司的法律地位和能力，公司的资本，股东相互间及其与公司的关系，公司内部的组织机构，公司与其他主体间的控制与被控制关系等。公司法也对公司的一些行为加以规范，如股份和公司债券的发行及转让、公司债务的偿还、盈余的分配等，但这些均以公司本身的组织和运营为出发点，凡超出公司组织范畴的活动，如公司从事买卖、租赁、一般信贷、承揽、运输等活动，即不属于公司法的调整范围。

我国《公司法》规定，公司属于企业范畴，但如前所述，依国际惯例，非企业也可以采取公司这种法律组织形式。

（二）公司法是综合运用各种法律调整手段的法

公司是一种组织或团体，因而公司法不同于突出个人地位的古典或经典性的民法，它强调尊重团体意思、重视社团利益；公司又是现代市场经济活动的主角，在它身上交织着股东、经营者、职工、债权人、国家、社会等不同主体的利益和利害关系，其组织和运作状况，对于社会交易安全及整个经济的运行和发展关系极大。有鉴于此，当代公司法通常对公司进行较为集中的立法，并采用各种法律手段予以综合性的调整。

1. 公司法是民事、行政、刑事等各种法律调整手段的综合。除了民事法律规范外，公司法中有关公司设立、变更、终止的审批和登记，公司上市和发行债券的审批，国有资产投资的管理和人事，都具有公共行政性质。违反公司法的责任，更是把平等性的恢复、赔偿，行政性的处罚、处分，以及刑罚制裁等手段有机地结合在一起。

2. 公司法是任意性规范和强制性规范的综合。公司法运用了多种法律调整手段，强制性规范在其中占有一定的比重。除了上面列举的管理性规范和综合性法律责任外，关于公司的组织形式，公司资本最低限额，董事、监事和高级管理人员的资格，公司发行股份和债券的条件，上市的条件，法定的公积金及各项财务会计制度等，均属于强制性规范。法律未作强制性规定或在强制性规定的范围内，则允许当事人自主地决定或作出选择，例如全体股东可约定如何分取红利，有限责任公司章程可规定股权如何转让，以及自然人股东死亡后其股东资格的继承事宜，等等。

3. 公司法又是实体性规范和程序性规范的综合。公司法在有关公司登记、股份公司的设立、外国公司分支机构、公司上市或发行债券、公司的分立或合并、公司清算等制度中，有许多程序性规范。

一些教材和著作将国际性作为公司法的主要特征之一。公司法的国际性，是指各国的公司法在一定程度上是相通的，其内容相互借鉴，并在一定程度上进行国际协调。我国《公司法》的许多内容即比较、移植了国际上通行及比较成熟的做法。在公司法的国际协调方面，欧盟制定了近20个有关公司的指令，就其成员国公司法关于公司资本、公司设立的效力、公司信息公告、公司的合并和分立、公司跨国设立子公司或分支机构等制度进行协调。但是应当指出，公司法的"国际性"，并不比民法中有关自然人和法人的法律地位、代理制度、债和合同制度等的国际性更强；而且，相对于其他在国际经济交往中具有重要意义的若干法律制度，如国际货物买卖、银行信贷、票据流通、海商、民用航空、知识产权等制度来说，公司法的国际性是最弱的。

三、公司法的不同立法模式

由于历史的原因和立法者主观意志的差别，狭义公司法在各国存在着若干不同的立法模式。

（一）纳入民法典的模式

在一部分民商合一的国家，公司制度直接规定在民法典中。瑞士是首采民商合一制的国家，在其 1872 年制定的《债务法》中，第三章为"公司与合作社"，依次规定了无限公司、两合公司、股份公司、股份两合公司、有限公司和合作社；1907 年瑞士制定了《民法典》，后于 1911 年将《债务法》纳入其中，作为该法典的第五编。意大利和荷兰也是民商合一的国家，意大利 1942 年《民法典》的第五编规定了公司、合作社、相互保险公司、有关公司和垄断行为的罚则等内容；荷兰的法人和公司制度则规定在其《民法典》第二编中。2002 年施行的《巴西民法典》则是新近的一部民商合一的民法典。

（二）纳入商法典和制定单行法的模式

在一部分民商分立的国家，各种公司分别规定在商法典和单行的公司法中。如德国 1897 年《商法典》的第二编是"公司和隐名合伙"，规定了无限公司和两合公司，另有 1965 年的《股份法》规定了股份公司和股份两合公司，以及 1892 年的《有限责任公司法》。法国在 1807 年制定商法典后，为适应实际需要，不断推出单行公司法和各种相关规定，日渐散乱，遂于 1966 年对公司法进行编纂，制定了《商事公司法》；2000 年法国重编《商法典》，又将该法纳入到商法典中。[1]

（三）制定公司法典的模式

日本于 2005 年对其公司法进行编纂，制定了《公司法》，将公司分为股份公司和份额公司两类，对其作了系统的规定，我国现行公司法也可归为这种模式。旧中国国民政府时期和现在的我国台湾地区，虽采取民商合一的体制，但

---

[1]　需要注意的是，鉴于在复杂且变动性强的商事、经济领域编纂法典的不可行性，新的《法国商法典》是将既有法律文件编入其中，仅仅起到法规汇编和法条梳理的作用，《商事公司法》的架构和内容并不因编入商法典而发生变化。

在形式上也制定了系统的"公司法"，被认为是民事特别法。

（四）制定法和判例法的模式

英美法的传统渊源是判例和习惯，但自 19 世纪中叶起，为适应经济生活的需要，英美法系国家在商事领域制定了许多单行法规。如英国有《1862 年公司法》、《1947 年公司法》和《2006 年公司法》，美国的许多州也有关于商事公司的制定法。不过，在英美公司法中，判例迄今发挥着重要作用，在制定法的适用、解释、补充和法官判案时，判例仍处于主导地位。

值得注意的是，由于工会和社会主义者的努力，随着经济民主意识的普及，西欧国家自 20 世纪初期起，在传统公司法之外发展出了有关职工参与公司经营管理的法规。如德国 1976 年的《参与决定法》规定，凡通常雇有 2000 名以上雇员的股份有限公司、股份两合公司、有限责任公司、具有独立法律人格的矿业组合和经济合作社，其雇员依法享有参与决定权。[1]而根据德国《关于劳动者在监事会中三方参与的法律》[2]第 1 条第 3 款规定，劳动者人数超过 500 人的有限责任公司，原则上由劳动者根据该法在监事会中享有共决权。这类法规，除丰富了公司法的内容外，也对公司法的立法模式和性质、地位等产生了很大的影响。

第四节　公司制度的沿革

一、公司制度的起源

（一）公司的直接渊源

通常认为，公司起源于中世纪欧洲地中海沿岸。自 11 世纪起，西欧地中海沿岸的商业和城市手工业兴起，出现了威尼斯、热那亚、佛罗伦萨、比萨、布鲁日等依赖海上贸易的工商业城市。基于资本、人员联合和减轻风险的实际需要，导致了三种公司雏形的出现。

1. 船舶共有。从事海上贸易，需要巨额资金，且风险很大，人们共筹资金、共担风险、共同拥有船舶及合伙从事海上贸易，形成了船舶共有的企业

---

〔1〕　杜景林、卢谌译：《德国股份法·德国有限责任公司法·德国公司改组法·德国参与决定法》，中国政法大学出版社 2000 年版，第 329 页。

〔2〕　参见 http：//www. gesetze-im-internet. de/drittelbg/_ _ 1. html（Bundesministerium der Justiz），2012 年 6 月 24 日访问。

形式。

2. 康枚达契约或组织。如前所述，康枚达是一种委任契约。不愿意或无法直接从事海上冒险的人，依这种契约，将金钱或货物委托给船舶所有人或其他人，由受托人进行航海和交易活动，所获利润由双方依约分配，委托人仅以委托的财物为限承担风险。由此亦形成一种原始的企业形态。

3. 家族经营团体或家族企业。在中世纪，身份、血缘关系在社会生活中居于主导地位，个体经营的合乎逻辑的发展是由家族共同经营。"父业子承"导致后辈们共同拥有及经营从先辈处继承的某项工商事业，遂形成家族经营体。

随着社会经济的发展，各种合伙形式中的身份因素减弱，合伙关系逐渐成为单纯的经济关系，各合伙人相互代理、平等地处理合伙事务，并对合伙债务承担无限责任，形成了较为规范的合伙社团"索塞特"（societas），这是无限公司的萌芽。又鉴于这种公司的资本受合伙人出资的限制，为扩展经营规模，人们遂仿照康枚达的形式，吸收不参与经营的其他人投资，该投资者仅对公司债务承担有限责任，形成了二元形态的合伙组织，这成为两合公司的初始形态。

（二）古代的其他公司萌芽形式

以上公司的雏形，还可追溯到罗马时代，甚至更早的航海民族的习惯做法。例如，船舶共有也是罗马时代航海经商的一种形式，根据罗马法上的海商诉（action exercitoria，又译"船主之诉"），船舶共有人须对受其委托的航海者在航海经商中所负的债务承担连带责任；[1] 又如，与康枚达契约类似的船舶借贷，船主与债主约定，双方于船舶返航时分享利润，船舶如不能安全返航，则债主不得请求返还本息，这种被认为是海上保险萌芽的法律关系，在雅典时代就有了，[2] 其实也是一种合伙或企业形式。

另外，古代的一些不完全属于私法范畴的团体或组织，也与现代的公司、法人制度有一定的渊源关系。如在罗马时代，由船东、商人、作坊主等组成的团体，经国家特许从事营利活动，具有联合经营的社团和受国家控制的行会双重性质。公元 3 世纪以后，这些组织与向政府承包收税的团体（societas publicanorum）、寺院、慈善团体、政府等，都被认为具有独立的法律人格。

西欧于 11～12 世纪，在自治的工商业城市兴起的同时，商人们也建立了行会组织。英语中的公司（company）一词，最初就是指行会。商人自治团体除了发扬和推行商业惯例、处理商事纠纷外，还举行商品交易会，制定和执行有

---

〔1〕　周枏：《罗马法原论》，商务印书馆 1994 年版，上册第 268 页、下册第 617 页。
〔2〕　《中国大百科全书·法学》，中国大百科全书出版社 1984 年版，第 259 页。

关价格、质量、规格、交货条件等规则，履行一定的商事管理职能。同时，中世纪的商人团体为了取得行业垄断和稳固的自治地位，求助于封建国家庇护，谋求封建国家授予特许权，并履行政府委托的某些职能，乃至官商勾结，使行会具有浓重的公权力色彩。如法国路易十一世国王曾授予巴黎布商行会在巴黎专营国产棉布的特权，以奖励该行会在战争中对他的支持。

（三）公司制度萌芽时期的习惯法特征

在古罗马或更早的时代，海上贸易适用的是各民族在长期交往中形成的习惯法则；罗马大法官在处理罗马人与外族人关系的司法实践中，则发展出由大法官的判决、告示及法学家的解说等构成的万民法，亦即罗马及后世的私法。

在中世纪，封建法律拘泥于狭隘的形式，神明裁判和私法决斗盛行，寺院法禁止放贷生息、借本经商和转手倒卖等商事行为，商事习惯不为法院所承认，于是商人们自行组织起来，制定规章，汇编习惯法，设立裁判庭处理商事纠纷，依商事惯例和罗马私法调整商事关系。这也就是所谓的"商人法"时期。

所以，在公司制度萌芽时期，并无以国家强制力为后盾的明确的法律规范来保障及调整原始的公司关系。例如，关于合伙或无限公司、两合公司内外部关系的基本原则，在14、15世纪已经确立，但直到17世纪，才有国家的法律（如法国）对其作出明确规定。

二、现代公司制度的确立

（一）现代公司制度的确立

代表着资本主义萌芽的商人阶层与封建国家相互利用。封建国家欲利用商人的经济力量，商人阶层则借助封建国家的力量来发展工商业。随着商人团体与封建国家结合以及资产阶级国家政权的建立，现代的公司形式和公司制度逐渐得到了确立。

法国查理九世国王于1563年颁布敕令，正式创建商事法庭，使商事纠纷的处理由商人自治发展到国家裁判。1673年，路易十四世颁布了《陆上商事条例》，首次以成文法的形式规定了无限公司和两合公司。当时把无限公司称为"普通公司"（société en générale），两合公司则称为康枚达公司（société en commandite）。

15～16世纪，在意大利出现了股份制的银行，如1407年在热那亚成立的圣乔治银行（St. Giorgio）和16世纪末米兰的安布罗秀斯银行（Ambrosius）。这种银行由债权人团体组成，专对政府贷款，其资本分为若干份额，可以转让。但学者通常认为，此制仅见于意大利，主要为公法性质，不是现代股份公司的前身;[1]而17世纪初期西欧和北欧国家纷纷设立的殖民公司中的合股公司，才是现代股份公司之发端。如英国和荷兰分别于1600年和1602年设立了东印度公司，其后法国、葡萄牙、丹麦等，也都设立了东印度公司；英国还设立了非洲公司、东陆公司、哈德逊湾公司，法国设立了西印度公司，德国则有布兰登堡非洲公司等。殖民公司经国家特许设立，获得在世界上特定地区从事殖民贸易的特权，并充当政府在海外的代理人。其中也有行会性质的组织，但是以合股公司居多，且后来逐渐都采取了合股公司的形式。

合股公司由行会衍生而来，每次航海前，公司都进行集资活动，发行可自由转让的入股凭证，航海结束时，由出资者按入股份额分配利润，同时各出资人须对其共同事务及共同活动承担无限连带责任。1807年，法国商法典首次从法律上规定了股份有限公司，并明确股东对公司债务只承担有限责任；该法典也对18世纪末出现的股份两合公司作了规定。英国1855年的《有限责任法》，亦规定公司股东可以承担有限责任。至此，现代股份公司制度得到确立。

有限公司则出现在19世纪末的德国。1892年，德国制定《有限责任公司法》，使中小企业的投资者与股份公司的股东一样，可以享有有限责任的便利，以促进社会的投资和经济的发展。接着葡萄牙、奥地利、法国、日本等国，均效仿德国，建立了有限责任公司法律制度。英国于1907年颁布的《公司法》，则对非开放公司作了规定，并将其股份责任分为有限和无限两种，以达到与大陆法系国家的有限公司相同的效果。

（二）当代公司制度的发展

近几十年来，一人公司制度，控制公司、附属公司和关联企业制度，股东诉讼制度，国有公司、企业制度，职工参与制和职工股权制等在许多国家获得发展，反映了在当代社会经济和公司法治中，自由和社会化这两个因素是相向不悖地发展的。一人公司制度一定程度上也包括关联企业制度，是将天平的砝码倾向于投资者和经营者，使之可以更安全地、更自由地从事投资和经济活动。国有公司、企业制度，企业财务会计制度，职工参与制、职工股权制等，则是经济民主化和社会化的结果，它们使财产的利用逐渐摆脱单个所有者的狭隘性，并使劳动者在一定程度上参与经济的决策。

职工参与制在德国、荷兰、奥地利、瑞典、丹麦和挪威等国较为发达，职工可以依法参与监事会、董事会或工厂委员会等的决策。职工股权制则是合作

---

[1] 张国键：《商事法论》，三民书局1980年版，第209页。

制和公司制度结合的一种形式。美英等国政府有意利用工人合作来缓解经济的不景气，部分地解决失业和劳资对立等社会问题，于 20 世纪 70 年代起制定多项法规，通过贷款和税收等优惠措施，鼓励职工购买本公司的股票，控制或拥有本企业。如美国从 1974 年起颁布了二十多项法规，其中规定，根据职工股权计划，工人可以与小企业管理局局长达成协议而获得政府的优惠贷款。[1]

三、中国近现代公司制度的沿革

（一）近代公司在中国的产生

1. 中国封建社会的私人工商业形式。[2]中国传统上本无公司和公司制度。作为舶来品，中国近代出现公司，与 18 世纪起西方商人或公司到中国做生意，在中国设立洋行有直接关系。在此之前，与商品关系的发展相适应，中国古代也曾有类似公司萌芽的企业形式，但由于资本主义生产关系发展迟缓，并未从中生长出近现代的公司。

西周时期，如《国语》所说是"工商食官"，这种格局到春秋战国时期逐渐改变，出现了私商和私人手工业。但在唐末、北宋以前，民间商品关系的发展基本停留在农民、工匠互通有无，商人居间收购、贩卖的水平上，交易方式为集市交易和城市中的"坊市制"。集市交易定期进行，交易场所称为"集"、"墟"、"圩"、"场"等，至今仍盛行于我国广大地区。所谓坊市制，是指在城市中将交易市场和住宅区分开，手工业被限定在固定地段，设司市管理市场，市门正午开启，市外及夜间不得交易。在这种情况下，谈不上有什么企业。

自唐末、北宋时起，坊市制被冲破，出现了"前店后坊"现象，商人亦得随处设店，集市上出现了常设的旅店、酒店和牙商，企业及行会开始逐渐发展起来。中国封建社会的企业形式有牙行、典当铺、票号、钱庄、店铺、作坊、

---

〔1〕《美国法典》第 15 篇第 14A 章，第 632、636 节。
〔2〕 资料主要来源：许崇新主编：《政治经济学辞典》（上册），人民出版社 1980 年版。

洋行等，行会则有团行、会馆、公所、公行等。[1]

这些工商业形式，都是按经营的形式或性质划分的，并未反映出它们内外部组织关系上的特征。究其原因，主要是因为它们没有突破家族经营的范畴，身份在企业关系中起主导作用，缺乏人格平等基础上的经营管理及分配关系。直至清末的典当铺、票号、钱庄等，始有入股分利等"平等主体"关系的萌芽。而参加行会的工商业者，相互间也没有经营共同事业的直接经济利害关系。以清末的公行为例，加入公行的洋行间没有任何共同或连带的经营及债权债务关系；后来清政府为了方便及强化税收，实行保商制度，乃由官指定公行内的殷实商人承保全行的外商税饷，公行内部再互保税饷，各洋行仍是独立经营。

---

[1] 牙行始于牙人，牙人是为他人说合交易的居间者，初无组织形式。明嘉靖二年（1523年）定交易法，有牙行之名，由官府发给类似营业执照的印信文簿，沿称牙贴。牙行批发经纪牲畜、农产品、绸布等产品，在商埠、栈店经营商品的转运和仓储，代官府采办货物，经官府授权还可充当房地产买卖的见证人。牙商亦经营对外贸易，在元代称为舶牙，在清代称为洋行。

典当铺是经营抵押借贷的商行。典当在南北朝时即有，初由寺院经营；后多由集官、商、地主于一身的有钱人经营。典当铺以高利放贷而著称，在历史上的声誉不佳。

票号又称"票庄"、"汇兑庄"，是从事汇兑的企业。我国封建社会的汇兑业兴起于清嘉庆年间，以山西最为发达，始由一般商号兼营，道光初年（1821年）在平遥县出现了专营汇兑的票庄。

钱庄又称"银庄"，也是在封建社会末期才出现的，初期经营货币兑换，后规模较大者，发展为对商人办理存款、放款和汇兑业务。上海是钱庄活动的中心，在乾隆年间已具有一定的规模。

店铺是指经营绸布、杂货、药品、旅店等的商店，或自产自销，或组织独立工匠生产营销。店铺起于宋代而发达于清。山东孟氏家族经营的瑞蚨祥绸缎店和北京乐氏家族经营的同仁堂中药店，均历时数百年，鼎盛时有分店数十间。

作为企业的作坊，主要是明代中叶以后，在商品关系比较发达的东南沿海地区出现的雇工经营的丝织、染整、冶铁等私人作坊，史学界称之为资本主义的萌芽。

洋行出现于清代，是清政府授权作为外贸中介机构的特殊牙行。唐代以后，中国封建社会的对外贸易一直由官设市舶司管理，由其负责海舶管理、征税和舶来品购销。明末出现了官设牙行，由政府指定一些商人经营对外贸易。清初于1685年设立海关，取消了市舶司，外贸仍由政府特许商人办理，称为洋行或洋货行，官府向其颁发执照和授权管理外商的纹章。

洋行间为了防止同业竞争、实行统一定价和限制散商，便成立行会组织，亦由清廷特许，称为"公行"。公行最早出现于1720年。清政府为其规定的任务是：承销外商进口商品，代外商收购出口商品，代表外商缴纳关税和礼规，代表政府管束外商，向其传达政令，办理与外商交涉事宜。

团行始于宋代，是中国最早的正规行会组织，系适应官府管理的需要而产生。经营同一商品的商户须强制入行，以便政府征用、征购其商品及派差服役。

会馆出现于明末，是乡土组织的同乡会，后演变为对抗牙行垄断的商人组织，从事商品购销、仓储、运输等活动。随着商品经济的发展，还出现了按专业组织的会馆，如康熙年间上海曾出现由船商和贩运商联合建立的沙船会馆。

公所是清代出现的行会组织，在手工业和商业领域均有，其定有行规，有限制开业、规定学徒年限、划分市场等规定。

因此，中国传统的企业和行会，与平等、独立主体间自主的合资或联合经营，尚有较大的差距，故而不敌先进的资本主义公司、企业的竞争而日渐式微。

2. 外国洋行——中国最早见到的公司。鸦片战争前后，外商、外国公司到中国做生意，逐渐采取直接在中国境内设立行号的做法，被称为"洋行"。它与清政府特许设立的从事并管理对外贸易的中国牙行同名，但性质迥异。18 世纪时，广州就出现了外商开设的行号，如东印度公司的公班衙和1782 年设立的怡和洋行的前身。初时，外国洋行多为其本国公司的经纪机构，代理其本国公司从事对中国进出口业务，收取佣金，故又称佣金代理行。

1834 年，英国东印度公司的对华贸易专营权被废除，英商和其他外商蜂拥到中国经商，设立洋行，包括独资、合伙和公司行号。洋行中较著名的，如分别于1832 年及1824 年在广州设立的英商怡和洋行（Jardine，Matheson & Co.）和美商旗昌洋行（Russell & Co.）等。鸦片战争后，外商获得了在各通商口岸的自由贸易权，清朝的洋行和公行制度因而消亡，洋行遂专指外商公司或行号。外国洋行不仅从事西方工业品和中国的丝、茶、瓷器等合法贸易活动，还有组织地从事贩卖鸦片和其他毒品、掠卖人口、武装抢劫、走私等违法活动。

继而，外商借助本国的强权及其与中国签订的不平等条约，利用洋行所获合法利润和不义之财，纷纷在中国直接创办船运、银行、保险、船坞、船舶修造、公用事业等公司；后又直接设立纺织、制糖、矿冶、铁路等工厂企业。如上海的旗昌轮船公司与祥生船厂（1862 年）、香港的黄埔船坞公司（1863 年）、上海的耶松船厂、香港和上海汇丰银行（1864 年、1865 年）、天津煤气公司（1889 年）等。

这些中国历史上最早的公司，利用中国的人力和资源，招募中国的资金，大获其利，在向中华民族展示其先进的技术、管理和资本主义制度的同时，也暴露了其丑恶行径，并使中国更趋贫弱。

3. 洋务运动中兴办的企业。迫于内外交困，清政府为求自强，开展了洋务运动。洋务派先是在19 世纪60 年代创办了江南制造总局、福州船政局和各省的机器局等官办的军工企业；接着又认为，求强须先求富，求富之道在于发展工商业，遂从70 年代起，以官督商办的形式设立了一批民用企业，如轮船招商局、开平矿务局、上海机器织布局等。这些企业仿照西方股份公司的组织形式，可谓最早由中国人创办的公司。官督商办企业的资本，主要为私人认购的"商股"，政府的出资称为"官股"；企业初由清政府委派与官方关系密切的商人承办，后来逐渐出官僚直接经营管理。地方政府和私商自行创办的企业，为了博取洋务派的庇护，也都谋求官督商办的形式。

自 20 世纪 80 年代，又出现了"官商合办"的企业，形式上是由官、商双方订立股东协议，各认股份，共同经营管理企业，并按各自的持股比例分配盈余和分担亏损，但实际上仍由朝廷委派的官员独揽企业的经营管理大权。

洋务运动中兴办的近代企业，模仿公司的组织形式，对于当时社会经济的发展具有一定的积极意义。但洋务派官僚与企业官商不分，招商和经营中腐败、舞弊和封建官僚作风盛行，商股利益得不到保障，企业中官、商矛盾尖锐，往往导致私商退股；洋务派为了自身利益和慑于西方强权，又千方百计地限制私人创办公司企业，其消极作用也是不容忽视的。

4. 中国最早的民营公司企业。甲午战争前后，维新派和其他爱国人士呼吁"广开民厂"、"设厂自救"、"许民间自立公司"。[1]1886 年由杨宗濂等创办的天津自来水公司、同年由福建商人创建的中国机器轧铜公司、1889 年由钟星溪创设的广州宏远堂机器造纸公司、1891 年设立的上海棉利公司、1893 年创办的重庆繁昌自来水公司、1901 年张謇在南通举办的通海垦牧公司等，是中国最早的一批近代民营或私营的公司。[2]

（二）中国近现代公司法的沿革

1. 清末的公司立法。中国近代的公司法，始于清末对民营工商业的合法性予以承认的实际需要。此前在华的外资公司，是根据列强依不平等条约取得的沿海贸易权、内河航行权、在华设厂权和治外法权，迫使清政府实行门户开放政策而设立的；洋务运动中设立的企业，则由洋务派官僚依行政权直接掌管，也无立法予以调整。

直至 1903 年 4 月 22 日，清廷始颁布上谕称："通商惠工，为古今经国之要政。自积习相沿，视工商为末务，国计民生，日益贫弱，未始不因乎此，亟应变通尽利，加意讲求……兹者派载振、袁世凯、伍廷芳先订商律，作为则例……庶几商务振兴，蒸蒸日上，阜民财而培邦本，有厚望焉"；[3]同年 9 月 7 日设立商部，把修订商律作为首要任务，分期拟订，不久拟成《公司律》，加上《商人通例》，于 1904 年 1 月 21 日颁布，合称《钦定大清商律》。这是中国近代公司法和民商法的开端。

这部《公司律》分 11 节，共 131 条；规定凡凑集资本共营贸易者为公司，

---

〔1〕《辞海》（经济分册），上海辞书出版社 1980 年版，第 96 页。
〔2〕孙毓棠：《中国近代工业史资料》第 1 辑下册，陈真等：《中国近代工业史资料》第 1 辑，转引自黄速建：《公司论》，中国人民大学出版社 1989 年版，第 84 页。
〔3〕引自《光绪政要》第 4 册。

公司分为合资公司、合资有限公司、股份公司、股份有限公司等 4 种形式。其中，合资公司相当于无限公司，合资有限公司相当于有限责任公司，股份公司则相当于合股公司。1907 年，清政府还颁布《改订奖励华商公司章程》，规定对兴办公司经商成绩卓著者给予奖励，根据集股多寡"论赏论功"，授予官衔。自《公司律》颁布至 1908 年，在清政府农工商部登记注册的民族资本公司共有 227 家，注册资本总计银两接近 1 亿，对资本主义的发展起到了一定的促进作用。

《公司律》颁行后，清政府继续制定商律，并于 1908 年邀请日本学者志田钾太郎参加起草，最终在借鉴日、德等国的商法和对中国当时的商业惯例进行调查研究的基础上，于 1910 年编成《大清商律草案》，分为商总则和公司律两编。该草案未及经资政院决议通过，清王朝即被推翻。

2. 民国时期的公司立法。1912 年 3 月，北洋政府宣布，前清施行的法律，凡与民国国体不相抵触者均暂时沿用，《公司律》亦继续适用；1914 年，则依《大清商律草案》修订成《商人通例》和《公司条例》，于当年 9 月 1 日起施行。条例的条文增至 251 条，规定了无限公司、两合公司、股份有限公司和股份两合公司等 4 种公司形式，奠定了中国近现代公司制度的基础。

南京国民政府成立后，工商部于 1928 年 7 月组织了工商法规讨论委员会，着手修订商法；遂于 1929 年 12 月 4 日完成《公司法》，同月 26 日公布，于 1931 年 7 月 1 日起施行。该法规定的公司类型与 1914 年的《公司条例》一样，尚无有限公司的形式。但为了方便政府与民间或政府与外商合资经营企业，国民政府于 1930 年颁布了《特种股份有限公司条例》，使股东人数达不到股份公司人数最低要求的公司，其股东亦可承担有限责任。1945 年，国民政府修订公司法，于 1946 年公布施行，将"特种股份有限公司"纳入公司法，正式称为有限公司。这部"公司法"后又经多次修订，在我国台湾地区沿用至今。

四、我国现行公司制度的由来和现状

（一）改革开放以前我国公司制度概况

中华人民共和国成立以后，废除了旧法统和原《六法全书》，因而现行公司法与中国近现代公司制度之间并无继承关系。建国前后，官僚资本主义的企业、公司被收归国有；经过对私营工商业的社会主义改造，中国近代发展起来的私营商事公司在存续了一个短暂时期后，亦不复存在。

新中国成立初期，为了安定和鼓励私人工商业者，保护其经营及投资利益，政务院曾于 1950 年颁布《私营企业暂行条例》，对解放前公司法中规定的 5 种公司形式均予确认。但 1956 年对私营企业完成社会主义改造后，该条例便失去

效力，同时出现了公私合营企业。其中，有的是原有企业中的官僚资本投资或敌伪财产被没收后形成公股；有的是因"五反"运动没收资本家的违法所得而在原私营企业中形成公股；有的是国家为挽救发生财务困难的私营企业向其注资而形成公股；更多的则是在社会主义改造中，采用公私合营的形式，将私营企业改造为国家资本主义企业。1954年，政务院通过《公私合营工业企业暂行条例》，对公私合营企业的股份、经营管理、盈余分配、董事会和股东会议、股东的有限责任等作了具体规定，表明公私合营企业是一种有限公司。

在20世纪70年代末实行改革开放政策以前，我国在公有制或国有制的架构下也建立了一些公司。1950年，按国内贸易和对外贸易的划分，设立了6个国内贸易专业总公司、6个对外贸易专业总公司及其在各地的分公司，将其定性为"国家的贸易机关"。[1]在50年代中期对私营工商业的社会主义改造中，则建立了实行行业管理的专业公司，承担政府管理工商业的职能，其中的一些后来被政府的厅、局等机关所代替。为了改变对企业多头行政管理的状况，60年代前半期，我国又在工业、交通行业建立政企合一的"托拉斯"公司，将不同生产流通环节的同业企业合并为统一核算的单位，如中国烟草工业总公司、中国汽车工业公司、京津唐电力公司、长江航运公司等。这些公司的共同特点是：单纯承担行政职能或政企不分，其设立和运作均由行政命令来调整，具有鲜明的计划体制的特点。

总体来说，在计划经济条件下，传统的商事公司在我国已不存在，只有中国政府与外国合办的某些公司，如建国初期的中苏民用航空股份公司、中苏石油股份公司和设立后一直运营的中波轮船股份公司等，是较为地道的有限公司；国有的外贸公司在涉外民事关系中，也在一定程度上具有国有独资有限公司的面貌。

（二）我国现行公司制度的由来

1. 《公司法》出台之前的公司制度实践。我国现行的公司制度，是改革开放的产物。1979年的《中外合资企业法》明确规定中外合资经营企业是有限公司，并按国际惯例对其组织结构作了规定；后来相继颁布《中外合作企业法》和《外资企业法》，亦允许中外合作经营企业和外资企业登记为有限公司。这是建国以后首次依法确立的公司制度和依法设立的公司。1988年，国务院颁布《中华人民共和国私营企业暂行条例》，将有限公司规定为私营企业的三种形式之一，据此自然人也可以合法地设立有限公司，促进了私人投资和私营经济的

---

[1]　《政务院关于统一全国国营贸易实施办法的决定》（1950年）。

发展。

随着商品关系的发展和市场化改革的进展，企业、个人和其他社会主体在利益驱动下的种种公司实践，则呼唤着立法机关颁行系统的公司法。

早在20世纪80年代初，自主性和积极性得到提高的地方、部门和企业，已冲破地方、部门和所有制的界限，发展"横向联合"，出现了所谓紧密型、半紧密型和松散型的经济联合体。紧密型的联合，是联合各方在平等的基础上组成新的企业，有限公司不失为最佳的法律组织形式。1986年颁布的《民法通则》规定了法人型联营，但没有提及公司形式。国家体改委在其颁布的年度经济体制改革要点中，则多次要求将企业间的合资联营办成有限责任公司。

与此同时，广东、上海等沿海地区出现了股份公司。深圳三和股份公司、佛山市信托投资总公司、上海飞乐股份有限公司、交通银行等，分别于1983年、1984年和1986年发行了股票。这是我国较早从事股份公司实践的企业。股票的发行和转让，急需公司法和相关法规的规范。自1984年起，人们追求市场利益和急于求富的冲动，导致社会上数度出现以党政机关办公司和利用职权做生意为特征的"公司热"，对改革和正常的经济秩序产生了干扰和冲击。所有这些，都要求公司法及早颁行。

在全国性的公司法出台之前，有关部门和地方先行制定了一些法规。如1980年，国务院发布了《关于推动经济联合的暂行规定》，强调经济联合要遵循自愿和平等互利的原则；1982年，国家计委等部门发布《关于国内合资建设的暂行办法》，鼓励不同部门、不同地方和不同所有制间的联合投资经营；1984年，上海制定了《关于发行股票的暂行管理办法》；1985年，国家工商行政管理局颁布了《公司登记管理暂行规定》，广州市制定了《广州市企业股票、债券管理试行办法》；1986年，广东省颁布了《广东省股票债券管理暂行办法》和《广东省经济特区涉外公司条例》，后者对中外合资公司、中外合作公司、外资公司和中外股份有限公司作了规定，等等。

2.《公司法》的制定和现行公司制度的确立。1985年5月，当时的国务院领导在《1985年~1986年经济立法规划（草案）》上批示，要求针对国内正在发展的多种形式的合资、合营和股份形式的企业，拟订一个法规。同年8月，国务院经济立法五人小组研究决定，在不具备制定统一的公司法的条件下，先草拟公司条例，随即有关部门成立了公司条例起草小组，由国家经委主持起草工作，于1986年1月完成了《中华人民共和国有限责任公司和股份有限公司条例草案（征求意见稿）》。根据征求的意见和建议，起草小组又决定分别拟订《有限责任公司条例》和《股份有限公司条例》。这是因为，有限公司在实践中已积累了较多的经验，而股份公司在理论和操作上还存在着许多亟待解决的问题，分开立法，便于成熟一个，出台一个。

1987年，两个条例的草案上报国务院，由国务院法制局审查修改。1988年，国家经委被撤销，公司法的起草工作改由国家体改委主持。国务院法制局和国家体改委经过调查、论证和修改，完成了《中华人民共和国有限责任公司法（草案）》，于1992年7月获得国务院常务会议原则通过。同年8月，草案提请全国人大常委会审议，在审议中，多数委员认为，草案规定该法仅适用于两个以上公有制单位出资举办的有限公司，调整范围过窄，要求制定一部调整面更宽的公司法，且公司形式不应限于有限责任公司。随即委员长会议决定，由全国人大常委会法制工作委员会起草一部较为完整的公司法。在将草案提交审议的同时，国家体改委等部门于1992年6月联合下发了《股份制企业试点办法》、《股份有限公司规范意见》和《有限责任公司规范意见》等15个规范性文件，首次在全国范围内建立了统一的公司制度。

1993年12月，第八届全国人大常委会第五次会议召开，审议并通过了《公司法（草案）》，使之成为正式的法律。这是在公有制条件下，旨在建立符合市场经济要求的现代企业制度和社会主义市场经济体制，着重规范公有制主体的投资和企业组织关系的一部《公司法》。

1995年5月，第八届全国人大常委会第十三次会议通过《商业银行法》，其中明确规定，商业银行的组织形式和组织机构适用《公司法》的规定。同年6月，第八届全国人大常委会第十四次会议通过的《保险法》，则规定保险公司应采取股份公司和国有独资公司的组织形式，从而进一步确立了公司制度和公司法在我国企业制度中的主导地位。

1993年颁布的《公司法》，至今为止有过三次修订。其中，1999年第九届全国人大常委会第十三次会议和2004年第十届全国人大常委会第十一次会议通过的两个《关于修改〈中华人民共和国公司法〉的决定》，只是对《公司法》的个别条文进行修改。而2005年第十届全国人大常委会第十八次会议通过对《公司法》的全面修订，几乎对该法的所有条文都作了修改，并调整了章节结构。

第五节　公司法的地位和适用

一、我国公司法的宗旨和作用

《公司法》第1条规定："为了规范公司的组织和行为，保护公司、股东和债权人的合法权益，维护社会经济秩序，促进社会主义市场经济的发展，制定本法。"由公司制度的特点和《公司法》的立法宗旨所决定，我国公司法具有以下基本作用：

（一）有利于建立我国的现代企业制度

公司是现代企业的主体，我国以公司制度为核心建设现代企业制度，规范企业及股东的财产权关系，通过公司特有的股东相互制约和企业经营者对投资者负责的机制，以及公司的筹资、集资等功能，使企业成为高效益的商品生产经营者。《公司法》及相关法规可以为此提供基本的法律保障。

（二）有利于转换政府职能

我国旧有企业制度的根本弊端，是在国家所有权下，按"条条块块"即中央各部门和各级地方来确定企业的隶属关系，使企业成为政府机关的附属物，从而丧失了自主权和主动精神。在这种体制下，部门和政府也习惯于以行政手段对企业发号施令，各级行政首长则对所管辖范围内任何企业的任何事务拥有任意的决定权。要改变这种状况，仅靠扩权放权和在法律上规定企业的权利是不够的，尚需从企业制度及其机制本身入手进行改革。由于公司本质上是由多元主体投资，不受部门和地区的限制，这样可以促使各部门和地区在平等互利的基础上实现合作，从而一方面否定"条块分割"的行政性企业制度，另一方面使投资各方在利益协调的基础上实行民主、科学的决策，实现全民财产利用、决策的分散化和民主化。由此，便为从根本上转换政府职能，使政府不再直接插手企业的经营管理，只承担为企业提供社会服务、实行调控监管的职能，奠定了基础；也为政府在法律的规范下，学会在市场经济下当好"老板"创造了必要的条件。

（三）有利于维护经济活动当事人的利益和社会经济秩序

公司制度既着重维护投资者的利益和公司的正常经营，也具有保障债权人利益和维护社会经济秩序的功能。如《公司法》规定了股东的各项权利和诉权；在规定股东承担有限责任的同时，也对股东首次出资比例、出资缴纳时间、公司设立时的验资、公司减资程序以及公司的公积金和利润分配等作了规定，以使公司在设立和存续中维持必要的资信，从而保障债权人的利益和社会经济秩序的稳定。

（四）有利于培育健康的市场经济文化

公司和公司制度为各种主体自由结社从事经济活动提供了可能，并以此构建整个市场经济体制。它一方面使公有财产的利用和决策民主化，另一方面鼓励个人或私人资本的联合及社会化，在发展中必将形成兼顾职工、社区和政府利益的利益共同体及相应的公司文化。我国实行社会主义市场经济制度，公司既是对原有"官工"、"官商"式企业制度的否定，也是为了实现资本增值，并且随着其普及和完善，现代健康的市场经济文化也将在中华大地上孕育并诞生。

二、公司法在我国法律体系中的地位

（一）公司法的法律部门归属

如何看待公司法在我国法律体系中的法律部门归属，这与人们对于民商法和经济法持何种认识有着密切的关系。

在传统上，公司法属于私法或民商法的范畴。但19世纪末20世纪初以来，在发达国家和世界范围内出现的"私法公法化"和"公法私法化"现象，对这种划分造成了冲击。德国、日本和其他大陆法系国家的一些法学家，把涉及国家参与、组织和调控经济乃至直接从事经济活动的法律制度称为经济法，从而形成了经济法学说和新兴的经济法部门。经济法突破了经济是市民社会的私事、国家不得插手或干预的自由资本主义信条，将公法和私法融合在一起，包括反垄断和反不正当竞争法、国有企业暨公司法、财税法、规划和产业政策法、金融法、对外贸易法等。由于企业在现代社会中是各种利益的交汇点，在经济活动中发挥着主导作用，公司又在企业中居于主导地位，这样，传统上作为私法或商法的公司法，就在很大程度上被公法化了。其主要表现形式包括公司资本和财务会计等外在化为具有公共管理性质的法律制度，国有企业和合作制与公司在组织形式上的交织，公司刑法等。因此，从公司法调整公有财产和公有主体投资经营的角度来看，其中的职工参与、公司财务会计、信息披露和公示制度，以及国外的特殊公司法、私有化和国有化法等，都属于经济法范畴。特别是由于我国公司法仅规定了股份公司和有限公司这两种较具资合性和社会性的公司，在以公有制为主导的经济体制下，公司法的重要作用之一便是规范公有财产投资经营和公有主体的经济结社行为。[1] 而从不同利益主体自治基础上的合作、制约的角度看，公司法以及未被公法化的各项公司制度，则仍属民商法范畴。

换言之，按照传统法律部门划分的观点，公司法既是民商法，又是经济法，甚至包括行政法、刑法的内容。然而，法的部门划分不过是一种主观的学术活动，不必拘泥于公司法调整的社会关系的性质不同而对公司法作人为的割裂，不妨像英美法系国家对待合同法那样，更多地将其作为一个整体来对待。这是法的发展从"诸法合一"到逐渐分化，再到今天的高度分化、高度整合的必然要求。

（二）公司法与民商法以外的若干法律部门的关系

1. 公司法与刑法的关系。违反公司法的责任包括刑事责任，我国《公司法》第216条规定："违反本法规定，构成犯罪的，依法追究刑事责任。"以此与《中华人民共和国刑法》（简称《刑法》）相衔接。

而从当代各国经济关系法律调整的趋势来看，在各种经济法规中直接规定刑罚的情况越来越普遍，被称为经济刑法或专业刑法。这样做，既有利于对经济犯罪构成的具体理解，从而有利于守法、司法及法的实现，又有利于保持刑法典的稳定性。[2] 刑法学界也有学者建议，将自然犯以外的法定犯、行政犯和经济犯罪的具体罪刑内容直接规定在相关法律中，而不必都集中在刑法典里，以适应打击犯罪的需要。[3] 因此，如果说，综合运用民事、行政和刑事等手段来对某一社会活动领域的社会关系进行统一调整是当代法发展的一般趋势的话，不妨认为有关公司关系的刑事责任条款，就是公司法的组成部分。

2. 公司法与行政法的关系。传统的法律部门划分理论，是把法律规范作为法律部门的基本组成单位，这样，公司法中的行政管理性条款，如公司审批、公司登记管理、行政处分和处罚的条款等，就是行政法的内容。

而我们如果扬弃这种不切实际的"客观论"，改以法的宗旨和社会活动领

---

[1]　举例而言，截至2010年一季度，在1781家A股上市公司中，国有控股公司占比达57.4%，参见中国三星经济研究院：《中国国有控股上市公司的治理结构和董事会的作用》，载http://doc.mbalib.com/view/7c0ee2c6dd0fe7f6ce268b9a687ce67b.html（MBA智库文档），2011年8月19日访问。在有限公司中，自然人为股东者在数量上占多数，但由原全民所有制企业改制而来和新设的国有资本控制的公司也占据着重要地位。

[2]　储槐植：《美国刑法》，北京大学出版社2005年版，第215页。

[3]　黄明儒：《行政犯比较研究——以行政犯的立法与性质为视点》，法律出版社2004年版，第246页。

域来划分法的部门，将法规作为法律部门的基本单位，则亦可将有关公司组织的行政性法律规范视为公司法的固有内容。经济法等第三法域中的很大一部分内容，正是随着法律对社会关系的调整趋于精细化和技术化，由行政法中对"事"管理的内容转化而来的。这种趋势，使行政法正逐步"纯化"为行政的组织、人事和救济法。

3. 公司法与涉外经济法和国际经济法的关系。公司法是国内法，也调整涉外公司关系，如外国公司在中国设立分支机构、外国公民和法人到中国设立"三资"企业等。因此，公司法也是我国涉外经济法的组成部分。

一般认为，涉外经济法立足于一国的法律。国际经济法是从国家间双边或多边关系的角度出发，来调整跨国的经济关系。然而，一国缔结或参加的双边或多边的国际条约以及国际惯例，也是涉外经济法的重要渊源。广义的国际经济法，也包括调整跨国经济关系的国内法规范。

我国原先实行计划经济，国内的政策、法律不能适用于涉外经济关系，因而在改革开放中制定了许多专门调整涉外经济关系的法律、法规，如外商投资企业法，奖励华侨和港澳台地区居民投资的法律、法规、涉外税法等，并形成了对涉外关系在一般法律之外另定法律进行调整的某种传统。不过，随着中国进一步对外开放，国民经济日益与国际经济接轨，对有涉外因素（主要是由外商参与）的经济关系进行专门调整的必要性便减小了。中国将会像发达国家一样，对有涉外因素的公司关系，适用与一般国内公司关系同样的法律进行调整。这样，涉外经济法就会被经济法和民法吸收，而国际经济法仍将继续存在。

三、我国《公司法》的适用

（一）《公司法》适用的时间效力

我国《公司法》于1993年12月29日颁布，从1994年7月1日起施行至今。2005年全面修订的《公司法》，于2006年1月1日起施行。根据《最高人民法院关于适用〈中华人民共和国公司法〉若干问题的规定（一）》，自2006年1月1日后，人民法院尚未审结的和新受理的民事案件，其民事行为或事件发生在该法实施以前的，适用当时的法律法规和司法解释，如果当时的法律法规和司法解释没有明确规定时，可参照适用《公司法》的有关规定。人民法院对《公司法》实施前已经终审的案件依法进行再审时，不适用《公司法》的规定。

（二）《公司法》的适用范围

《公司法》适用于依该法在中国境内设立的有限责任公司和股份有限公司。不是依《公司法》和外商投资企业法设立的公司，以及《公司法》施行以前成立且无须适用该法或无须依该法进行整顿或改组的公司，不适用《公司法》。

《公司法》第218条规定："外商投资的有限责任公司和股份有限公司适用本法；有关外商投资的法律另有规定的，适用其规定。"因此，中外合资、合作或外商独资设立有限责任公司和外商投资股份有限公司，应优先适用《中外合资企业法》、《中外合作企业法》和《外资企业法》等外商投资企业法及相关法规，[1]只有这些法律、法规中未作规定的事项，才适用《公司法》的规定。《公司法》与外商投资企业法的这种"普通法"与"特别法"的关系，在我国仍须对涉外经济合作和贸易加以一定管制、对外商投资须给予优待或加以限制的情况下，还会维持下去。

第六节　公司社会责任

经济的迅猛发展，引发出资源和环保、安全和体面地劳动、消费者权益等问题，人们对企业从中所起的作用毁誉参半。2005年修订后的《公司法》第5条规定："公司从事经营活动，必须遵守法律、行政法规，遵守社会公德、商业道德，诚实守信，接受政府和社会公众的监督，承担社会责任"，在世界上首次将公司社会责任入法，引起了广泛关注。

一、公司社会责任的概念

当代公司社会责任是20世纪的劳工运动、消费者运动和环保运动等社会运动共同作用的产物，其直接成因及真正问世，则是发端于美国的社会责任运动。[2]

公司社会责任（Corporate Social Responsibility，简称CSR）中的"公司"泛指企业，不限于《公司法》规定的公司，主要是指营利性企业，所以将其译为企业社会责任更为贴切。在市场经济条件下，即使是普通国有企业、公用企业

---

〔1〕　例如1995年1月10日原对外贸易经济合作部发布的《关于设立外商投资股份有限公司若干问题的暂行规定》。

〔2〕　20世纪90年代初，为美国著名服装制造商Levi-Strauss加工产品的海外血汗工厂被西方媒体曝光，引起舆论哗然。为了挽回公司形象，Levi-Strauss拟订并公布了一个公司社会责任守则（也称生产守则）。耐克、沃尔玛、迪斯尼等大公司也随之仿效，制定了自己的生产守则。由此在美国和其他发达国家引发了许多倡导公司社会责任的非政府组织和公众的参与，形成企业社会责任运动，将其由企业自我约束（self regulation）转化为社会性规制，并随着经济全球化而波及全球。当然就理论而言，企业自我约束也属于社会性规制的范畴。参见冯宗智："社会责任不等于认证"，载http：//info. feno. cn/2007/1208/c000036460. shtml（飞诺网），2007年10月20日访问。

等，也要以营利为基础；政策性企业、社会企业等分别在政策和企业非营利宗旨的范围内承担社会责任，同时也应与营利性企业一样承担社会责任。对这些企业，社会要求其比一般营利性企业承担更多、更高的道义责任。

由于出资者或股东是企业的所有者或所有者权益承担者——企业损益的天然、法定和第一性的承担者，所以他们是以公司名义承担的社会责任的实际承担者。[1]微软承担社会责任也即微软的股东尤其是以比尔·盖茨为主的大股东或控制股东承担社会责任，比尔·盖茨也不得不经微软董事会或股东会决定而让微软去赞助公益事业。而出资者或股东以自己的名义承担社会责任的，则与企业无关，比尔·盖茨以其自己或比尔与美琳达·盖茨基金会（Bill & Melinda Gates Foundation，盖茨夫妇基金会）的名义从事捐助等活动，当然与微软（和微软的其他股东）没有关系。

公司的人格是法律拟制的，公司的行为取决于其机关的意思或经营决策，因此，英国2006年大修公司法时新增第172条，要求董事在决策时，除了追求股东的整体利益外，还应考虑雇员、供应商、客户、债权人的利益以及公司经营对社区和环境的影响。[2]在这个意义上，公司的控制股东、实际控制人等，也负有同样的责任。

公司社会责任，表明它是一种社会规制（social regulation），而不是法律的调整或规制。Responsibility是指公司作为社会的企业公民，对社会有一种承担或担当，要对社会负责任。

世界可持续发展商业委员会将公司社会责任定义为企业作出的一种持续承诺，按照道德规范经营，在为经济发展做贡献的同时，既改善员工及其家人的生活质量，又帮助实现所处社区甚至社会的整体生活质量的改善。[3]总部设在美国的社会责任国际（SAI）的主要任务，是推动企业改善劳动条件，旨在维护"工作场所的人权"。[4]欧盟委员会推动欧洲公司社会责任框架的绿皮书将公司社会责任概括为公司在经营中不仅遵守法律，而且在自愿的基础上表达对

---

〔1〕　实际上，所谓企业的营利性，也是指为股东营利、追求股东利益最大化，而不是企业自身盈利。因此非营利机构也是可以盈利的，只是其举办者不取利而已。

〔2〕　See Companies Act 2006, http://www.legislation.gov.uk/ukpga/2006/46/pdfs/ukpga_20060046_en.pdf（The Official Home of UK Legislation），visited on October 28, 2010.

〔3〕　See http://www.wbcsd.org/templates/TemplateWBCSD5/layout.asp? type = p&MenuId = MTE0OQ（the website of the World Business Council for Sustainable Development），visited on October 20, 2007.

〔4〕　See http://www.sa-intl.org/index.cfm? fuseaction = Page.viewPage&pageId = 472（the website of SAI），visited on October 20, 2007.

社会、环境和利益相关者的关切。[1]

中国学者一般认为,公司社会责任是指企业在赚取利润的同时,主动承担对环境、社会和利益相关者的责任。在 2006 年中国企业发布的首个专门的公司社会责任报告——《国家电网公司 2005 社会责任报告》中,将公司社会责任定义为"企业对所有者、员工、客户、供应商、社区等利益相关者以及自然环境承担责任,以实现企业与经济社会可持续发展的协调统一"。[2]需要指出的是,这个定义把企业的所有者与其他利益相关者混为一谈,不当地将企业置于独立于股东的地位,也削弱了股东作为公司社会责任的实际承担者或责任主体的地位和义务。

综上,公司社会责任在本质上是特定的经济和社会条件对企业的客观要求,表现为社会对企业的期待,是企业对社会应承担的义务,包括守法、做好企业本身和对社会的道义承担。

二、公司社会责任的内容

(一)守法责任

在我国现阶段,"公司必须守法"应该成为弘扬、落实公司社会责任的根本,这是公司应当承担的最低道德责任,是公司处理与股东、利益相关者和社会之间关系的底线。例如,中国的劳工状况一直是众矢之的,究其原因,并非公司社会责任运动没有开展起来,而是企业对《劳动法》的遵守以及《劳动法》的执行状况太差。因此,越过守法责任这一基本底线而呼吁企业承担社会责任是没有意义的。如果连法律都无法发挥作用,希望通过倡导社会责任就能唤起企业的良知,显然是不现实的。守法是企业必须实施的行为,以此承担、履行其作为社会公民对社会应负的起码责任。

公司社会责任的基础性内容已经在我国现行法律体系中得到体现,包括职工权益、安全卫生健康、环境责任、社区责任等,覆盖了从生产到消费、从知识产权到商业诚信、从核心劳工标准到职工福利、从保护女工的特殊权益到对特殊社会人群的保护等诸多方面。[3]由此可见,法与道德密不可分,法以道德为基础,并将最低的道德要求上升为法的规范。

---

[1]　See GREEN PAPER-Promoting a European Framework for Corporate Social Responsibility (Presented By the Commission), http://eur-lex.europa.eu/smartapi/cgi/sga_doc? smartapi! celexplus! prod! DocNumber&lg = en&type_doc = COMfinal&an_doc -2001&nu_doc =366(the website of EUR-Lex),visited on December 13, 2007.

[2]　http://www.sgcc.com.cn/gsjs/sgcc2005.pdf(国家电网公司网站),2007 年 10 月 20 日访问。

[3]　参见环境与发展研究所主编:《企业社会责任在中国》,经济科学出版社 2004 年版,第 2 页。

（二）"做好自己"的责任

公司存在的价值首先是把企业做好，大而强、小而棒、产品广受欢迎等，都是一个好企业的表征。诚如彼得·德鲁克所言："企业首先是做得好，然后是做好事。"[1]对于企业来说，怎样为社会提供好的产品或服务是最为核心的问题。如果做不到这一点，不敬业、不专业，甚至违法乱纪不择手段捞钱，它根本就不应在社会中生存下去，以至为社会诟病、谴责，也就谈不上承担什么社会责任了。对于一个社会而言，衡量其发展水平的最基本的标准是生产力，而企业生产力是构成社会生产力的基本单位，对于一个社会、国家来说，没有企业的不断涌现、做好做强，就无法为种种社会目标提供物质条件，从而影响整个社会生产力的提高，并制约社会的发展。而企业做得好，也会带动就业岗位的增加、税费的增长、社会保障供给条件的改善等社会目标的实现。

企业要做得好，其根本机制是投资者（即股东）的利益驱动和约束。维护和保证股东的利益，是公司做好自己和承担社会责任的基础。公司追求股东利益最大化当然不能保证公司其他利益相关者的利益最大化，但是公司如果不追求股东利益最大化，任何其他利益相关者的利益就无从谈起。除股东利益之外，公司对雇员、债权人、客户、消费者、政府乃至整个社会的责任分配和先后顺序，则不仅是一个法律问题，还是在特定经济社会发展、思潮、由文化和传统决定的公司治理和社会环境下各方博弈的过程和结果。

强调公司"做好自己"和对股东负责在中国具有重要的意义。在计划经济时代，企业几乎变成了政治组织，革命高于生产，社会因此饱受产品短缺之苦。好不容易转向了市场经济，而计划经济的惯性——畏惧竞争、做事不专业、产品或服务不能精益求精仍是中国企业的普遍弱点，更有经营者做了几天保姆就想取代主人，缺乏受人之托就忠人之事的信托观念，阻碍着中国企业建立现代企业制度的进程。企业稍有发展、盈余，就成为众人觊觎的"唐僧肉"，许多好的企业因饱受社会各方"化缘"、政府摊派公共项目而负担过重，这些也是股东的老板地位不受尊重、财产权不那么神圣的表现。反过来，种种有违市场经济要求的畸态，其成本或代价必然是由消费者和社会来承担的。长期以来，中国的企业——既包括国有及国有控制企业，也包括私营、集体等民营企业——在自身做得差强人意的情况下，背负了很多本来不应由它们承担的社会负担；另一方面又没有很好地承担起它们应负的社会责任，比如在产品市场中

---

[1]　转引自李义平："企业的社会责任不能无限扩张"，载 http://theory. people. com. cn/GB/49154/49156/4719063. html（人民网），2006 年 8 月 18 日访问。

对客户和消费者负责，在资本和资金市场中对股东和债权人负责，在人力市场中对雇员负责，在公共管理中对政府和社会负责等，陷入原本不该承担的责任要承担、本该由企业做的事又没有做好的境地。特别值得一提的是，在我国的企业（包括私人企业）与政府的关系还没有真正理顺的情况下，过度强调公司的社会责任，还可能给政府不恰当的干预、包办和官商勾结提供一个方便的借口，这一点值得我们在倡导公司社会责任时予以警惕。

因此，公司"做好自己"、为股东谋利，也是其积极地对社会承担责任。公司的社会责任是有国界和阶段性的。中国是一个人口大国，企业能够"做好自己"，从而为更多的人创造就业机会，正是履行其在中国现阶段的一项重要的社会责任。做好企业本身，多依法纳税，从而使国家有更充裕的财力用于社会事业，改善经济结构，提高人民福祉，其意义也比企业自己对社会的偶尔、有限的捐赠更为深远。另外，人类面临的很多难题，如新能源、节能环保和特效医药等，都需要企业积极地开发，以适应发展所需。企业能够生产出社会真正需要的、多样化的产品，消费者选择权及其整体福利的实现就有了保证，这也是社会主义市场经济的追求及其应有之义。

（三）道德义务与社会责任

在社会高度分工又高度合作的现代市场经济背景下，公司因其外部性，不可能两耳不闻窗外事只顾自己和股东，它必然要对社区、社会承担起诸多责任，而调控这些角色责任的，除了法律的基本要求外，更多地要靠道德的鼓励和约束。

社会对企业的种种要求，不必要也不可能都转换为法律上的义务。譬如很难要求一个努力做好自己的企业在它实际盈利之前承担分外之事，更不用说那些根本就做不好自己的企业了，如果以法律强制企业普遍履行的话，企业生存的市场环境也就被破坏殆尽了。企业的法律义务也是社会对企业的要求，如果说企业的法律义务和守法属于社会责任的话，由于其已由法律保障实施，所以人们今天所理解和期待的公司社会责任，主要的、更多的是道德责任。公司在其初级阶段，社会对它的道德要求多与法律义务相重合，此外别无所求，或者有所求也是枉然，这时其实还不存在真正的公司社会责任。随着企业生存、发展的外部条件发生变化，社会公众对企业构成的压力已经足够大，并可能影响企业和股东赚钱牟利，国家也因势利导，通过税收等手段鼓励、引导企业在守法经营之外承担更多的"分外"责任时，企业的社会责任则更多地与道德义务相重合，这才是真正意义上的公司社会责任。

公司道德义务的内容是无限丰富的，如超出法律要求的劳动标准和工资福利、消费者保护、节能减排，帮助弱势群体，助学、救灾等。

因此，在强调公司社会责任以守法责任为关键的同时，要以道德引导作为公司社会责任实现的主体和主导。一个只靠法条及其强制实施而无其他更高的有效行为准则的社会，将无法利用人类的潜能以建设和谐社会。执法和司法只能涉及公司的法定义务，当社会在博弈、互动中确立了体现多数社会成员共同利益的主流价值观时，就为公司提出了相应的道德准则并约束其遵守，否则公司将会遭遇社会的否定性评价，最终影响公司本身的利益和生存。

三、对《公司法》"社会责任条款"的理解

法律的规定未必就形成法律义务，《公司法》第5条实际上是以法律条文发出了一个道德号召。因为除了《公司法》和其他法律法规为公司规定的法律义务外，该条规定并没有也不应当在"守法"之外为公司增加任何具体的法律义务。首先，除"守法"外，将公司社会责任的责任主体、义务对象、权利主体和责任内容等交由道德予以软性规制，有百利无一害，而如果将其纳入法的硬性约束，则有对企业和社区、社会伤筋动骨之虞；其次，与公序良俗、诚实信用等道德入法的条款不同，社会责任条款本身无法用来在具体案例中作为判断合法或不法的依据；最后，社会责任也不应该概括性地法律化，以免将高标准的道德要求变为对企业的普遍强制性要求，为政府和社会对企业的不当或过分的要求提供法律依据，从而损害正常的投资和企业经营活动，乃至对市场经济造成致命的伤害。

一些学者把《公司法》第5条的"社会责任"解释为公司的法律义务，是希望以此强化公司的社会责任，或者说不这样就会削弱公司社会责任实施的力度。其实这是对道德力量的轻视，也夸大了法律的作用。因为对需要靠内心认知和舆论的推动、约束来实现的社会规范，通过法律硬性推行只能适得其反，既实现不了，又会对企业和社会造成不必要的创伤。而道德以柔克刚，其软力量在适合的领域绝不亚于法律强制的"硬"力量。

第二章 公司的法律地位及其一般规定

第一节 公司的设立和成立

一、公司设立和成立的概念

设立公司，需由拟设立公司的出资者或发起人依照法律规定的条件和程序，进行一定的准备工作，如达成共同筹组公司的协议（所谓"股东协议"或"合资经营合同"）、订立公司章程、认购股份及缴纳出资或股款、确定董事会等公司机关、向公司登记机关申请公司设立登记等，这些行为就是公司设立行为。从事并完成公司设立行为，不等于公司已经成立或已依法设立。只有经公司登记机关核准登记，发给企业法人营业执照，公司始为成立；法律如果规定设立公司须经有关主管部门批准的，在申请登记之前还需经过依法审批。

在学说上，通常将公司"设立"和"成立"的概念加以区分，公司设立和核准登记是公司成立的两个前后联系的阶段。公司设立是公司设立行为的总称；公司成立则是指公司依法获准设立，实际取得法律上的主体资格，可以自己的名义从事活动的事实。[1]

我国《公司法》对公司"设立"和"成立"的概念，原则上也作了区分。如该法第95条规定，股份有限公司的发起人在公司不能"成立"时，应对其"设立"行为所产生的债务和费用负连带责任，并对"设立"过程中因其过失而致公司利益造成的损害对公司承担赔偿责任。当然，法律条文并未在措辞上对二者作严格区分，在某些场合，"成立"也用"依照本法设立"等措辞来表达（如《公司法》第8条的规定）。

《公司法》中对有限公司和股份公司的设立条件及程序作了规定。该法第7条规定，依法设立的公司，由公司登记机关发给公司营业执照。公司营业执照

---

[1] 武忆舟：《公司法论》，台北1984年版，第75~76页。

签发日期为公司成立的日期。

二、公司设立行为的主体

在我国，凡进行公司设立行为的人，都是公司的出资人，在公司成立时即成为公司的股东。在有限公司，公司的设立人与公司成立时的股东是一致的；在股份公司，则在筹划设立公司的发起人之外，可能还有不从事设立行为、因在设立过程中认购股份而在公司成立时取得股东资格的人。

在英美法系国家和一些大陆法系国家，公司的设立人不一定是股东。公司的设立人或发起人（promoter），是指筹划设立公司、履行公司设立行为的人；公司成立时的股东，则称为"incorporator"，译为"公司创办人"或"公司章程署名者"，因为他们须在公司章程上签名，是法定的公司初始股东。据此，一些人可以专事办理设立公司的手续，设立"空壳"公司以供出售，购买者只需在公司章程上签名，即可方便地取得一家公司，以将其投入实际运营，或藉以规避法律责任、从事投机或诈骗活动等。

三、公司设立行为的性质

关于公司设立行为的性质，学者通常认为其属于共同法律行为，即当事人各方的意思表示及所追求的目的相同的法律行为。也有学者认为，公司设立行为是契约行为，即当事人的意思表示各异但相互对应的法律行为。还有人认为，设立行为中有一些并非法律行为，如当事人选择住所、缴纳股款的行为等；或者主张设立行为是当事人为设立公司而为的单独行为的联合或偶然竞合。[1]

这些说法，从不同角度说明了公司设立行为的性质。公司设立行为包括当事人设立公司的一系列活动，对其性质不可一概而论，如股东协议在相当程度上具有契约行为的性质，而订立章程则属当事人的共同行为。另外，当前许多国家，包括我国，已允许设立一人公司，设立这种公司的行为，显然属于个别的单独行为或单方行为，并不具有多数人意思表示一致或联合的性质。

四、公司成立的立法原则

关于公司的成立，存在着不同的立法原则。

（一）许可主义

许可主义又称"核准主义"或"审批制"，是指设立公司，除了需要符合法律规定的条件外，还需个别地报请主管的行政机关审核批准，方能申请登记成立。也就是说，事先的行政许可是公司登记和成立的前提条件。

该立法原则始创于17世纪法国路易十四世时的《陆上商事条例》，至19世

---

[1]　武忆舟：《公司法论》，台北1984年版，第75～76页。

纪初的《法国商法典》，仍规定对股份公司实行此原则。但因行政机关的审批易于引起拖延和腐败，孳生官僚主义，妨碍公司的及时设立，而今在市场经济发达的国家和地区，除银行等特殊行业的公司外，一般公司的设立已不采取这一原则。

我国原先对企业设立普遍采取许可主义，随着市场经济及其"自由企业"精神渐为社会所认同，《私营企业暂行条例》和《公司法》等先后作出规定，设立私营企业、公司等原则上无须再由主管行政机关事先审批，法律、行政法规规定须报经有关部门审批的，才需要在设立登记之前依法办理审批手续。依现行法的规定，设立外商投资企业须经商务主管部门审批，设立商业银行应当经国务院银行业监督管理机构审查批准，设立保险公司须经保险监督管理机构批准等。

（二）准则主义

准则主义又称"准则制"或"登记制"，是指设立公司不需要报请有关主管机关批准，只要符合法律规定的公司成立条件，即可向公司登记机关申请登记，经登记机关审查合格后授予合法主体的资格。

由美国的纽约州和康涅狄格州分别于 1811 年和 1837 年制定的普通公司法，最早实行了这一原则。自英国 1844 年的公司法规定实行此原则后，法、德等主要发达国家于 19 世纪后半叶对公司的成立均采取准则主义。后来发达国家为防止滥设公司和利用公司欺诈等流弊，严格公司设立的条件，规定公司的最低资本额、公司章程必备条款、股东和董事等的任职资格、加重发起人的责任等，学者称之为"严格的准则主义"。现在发达国家实行的准则主义都是严格的准则主义。

我国《公司法》原先规定"股份有限公司的设立，必须经过国务院授权的部门或省级人民政府批准"，2005 年修订后已删除该条，对股份公司的设立改采准则主义。《公司法》规定了设立有限责任公司和股份有限公司应当具备的主要条件，并在第 6 条中规定："符合本法规定的设立条件的，由公司登记机关分别登记为有限责任公司或者股份有限公司；不符合本法规定的设立条件的，不得登记为有限责任公司或者股份有限公司。"因此，我国对公司设立采取的也是严格的准则主义。

（三）特许主义

特许主义是指根据特别法、专门法规或行政命令设立公司，或由国家领导人特许设立公司。其中分为两种情况：一种是为每个公司制定专门的法律，由该法予以特别调整，这种情况又称"法定主义"；另一种是制定特别法或专门法规，对符合条件者，经主管机关或领导人特许而设立公司。

按照特许主义设立的公司通常是政策性经营的公司，如我国由国务院决定设立的集团公司、资产管理公司，以及其他承担一定的管理职能或从事军工、航天、能源、交通等关系国计民生的公司。发达国家的这类公司通常则是非商事公司或国有公司，如英国的皇家特许公司和法定公司。

特许主义通行于现代公司制度形成的早期，17世纪在西欧盛行的殖民公司，都是经皇家特许状或国会的法令特许设立的。1720年，为遏止不法商人假冒特许公司从事投机，英国还曾制定"泡沫法"（Bubble Act），强化公司设立的特许主义。特许主义导致种种人为的垄断，妨碍社会经济的发展，到19世纪，终被相继发展出来的许可主义和准则主义所取代，基本上不再适用于商事公司。英国的"泡沫法"于1825年被废除。

（四）自由主义

自由主义又称"放任主义"，是指法律对公司的设立不予调整，当事人设立公司，无须履行任何法律上的手续。这种情况仅发生在公司的萌芽时期，如欧洲中世纪的"商人法"时期和1904年清政府颁布《公司律》以前中国的情形。我国现行法对企业设立不采取自由主义，任何企业都必须依法登记成立或直接依法设立，才能合法地存在及从事活动。依发达国家通常的做法，除了法人企业非经依法登记成立或直接依法设立不得从事活动外，对个人独资和合伙企业在法律的准则性规范之下一般并不强制其进行登记，而依登记取得公示的效果，可谓严格准则下的自由主义。我国台湾地区于1967年修订"商业登记法"，将任意登记主义改为强制登记主义，即便如此，对小规模营业包括家庭手工业、家庭农林渔牧业、在市场外设摊经营和流动摊贩等，仍免予登记。

五、公司设立的两种方式

我国和大陆法系国家，在公司设立上有发起设立和募集设立的区分。

（一）发起设立

发起设立，是指由拟设立公司的人或发起人认缴公司的全部股份或出资额，不向他人招募资本的一种公司设立方式。依该设立方式，公司设立人或发起人只要认足了股份或出资额，即可登记成立公司，设立的程序较为简单，所以又称"单纯设立"。设立有限公司（以及国外大陆法系国家或地区的无限公司和两合公司），只能采取发起设立的方式；设立股份公司，则既可采取发起设立的方式，也可采取募集设立的方式。

（二）募集设立

募集设立，是指由拟设立公司的人或发起人认购公司应发行或筹集的部分股份或资本，其余部分可向社会公开募集的公司设立方式。募集设立是股份有限公司（以及德、法等国的股份两合公司）可以选择的一种设立方式。由于其程序比较复杂，如需要制定和公布招股说明书、发起人需同银行签订代收股款协议、需要召开创立大会等，所以又称"复杂设立"。

在英美法系国家和地区，没有发起设立和募集设立的概念。与我国和其他大陆法系国家的有限公司不同，英美法系国家和地区非开放公司的设立，也可以有发起人，并可以与公司设立时的股东不一致，法律上对注册资本没有最低数额限制，股东每人认购一股股份，公司即可登记成立，成立后可以发行股份，只是不得公开募股，这实际上是一种募集设立的方式，类似于我国《公司法》颁布以前试行的《股份有限公司规范意见》中规定的"定向募集方式"。当时我国规定的定向募集方式，是指未由发起人认购的部分股份，不向社会公开发行，而是向其他法人和本公司内部职工发行，目的是为了稳妥地进行股票交易的试点，以免社会募集公司和股票市场发展过快而失控。

第二节　公司的名称和住所

一、公司的名称

公司的名称如同自然人的姓名，是公司具有法律主体资格的必要条件。因此，公司的名称必须在公司章程和营业执照中予以确定，并依法进行登记。

我国和其他国家的法律，都要求公司的名称能够基本上反映公司的法律地位，故而在确定公司名称时，必须遵守《公司法》和相关法规对于公司名称的要求。

《公司法》第 8 条规定，依照该法设立的有限责任公司，必须在公司名称中标明"有限责任公司"或者"有限公司"字样；依照该法设立的股份有限公司，必须在公司名称中标明"股份有限公司"或者"股份公司"字样。其中关键的字样是"有限"二字，它关系到公司承担责任的方式，对于保护交易相对人的利益和社会交易安全具有重要意义。反之，对于无限公司、两合公司等股东须承担无限责任的公司，国外在法律上则不允许其名称中标注"有限"的字样。

此外，公司的名称还必须符合《企业名称登记管理规定》、《企业名称登记管理实施办法》和《公司登记管理条例》中的有关要求。这些要求主要有：

1. 公司名称应当符合国家有关规定。公司只能使用一个名称。经公司登记机关核准登记的公司名称受法律保护。在登记主管机关辖区内不得与已登记注册的同行业企业名称相同或者近似。确有特殊需要的，经省级以上登记主管机关核准，公司可以在规定的范围内使用一个从属名称。

2. 公司名称的组成部分依次为：字号或商号、行号、反映行业或经营特点的字样、公司的组织形式。

3. 除国家工商行政管理总局另有规定的以外，公司名称中不得含有其他法人的名称；公司名称中不得含有另一个企业名称。

4. 除国务院决定设立的公司外，公司名称不得冠以"中国"、"中华"、"全国"、"国家"、"国际"等字样。在公司名称中间使用"中国"、"中华"、"全国"、"国家"、"国际"等字样的，该字样应是行业的限定语。使用外国（地区）出资企业字号的外商独资企业、外方控股的外商投资企业，可以在名称中间使用"（中国）"字样。其他公司，除历史悠久、字号驰名的公司，外商投资的公司，以及经国家工商行政管理总局核准、符合法定条件在公司名称中可以使用不含行政区划的名称的公司外，都必须在名称中冠以公司所在地省（自治区、直辖市）、市（州）、县（市辖区）的行政区划名称。

5. 公司名称中的字号应当由两个以上的字组成。行政区划不得用作字号，但县以上行政区划的地名具有其他含义的除外，如黄山、香格里拉等。

6. 公司名称应当使用汉字，不得使用汉语拼音（外文名称中除外）和数字，民族自治地方的公司名称可以同时使用本民族自治地方通用的民族文字；公司使用外文名称的，其外文名称应与中文名称一致，并依法登记注册。

7. 公司名称中不得含有有损国家和社会公共利益、可能对公众造成欺骗或误解的内容或文字；不得含有外国国家（地区）名称、国际组织名称；不得含有政党名称、党政军机关名称、群众组织名称、社会团体名称、其他法人的名称、部队番号和其他法律、行政法规禁止的文字和内容。

8. 使用"总"公司名称的，该公司必须下设3个以上称为"公司"或"分公司"的分支机构。分公司的名称前须冠以其所从属的公司的名称。

二、公司的住所

住所也是公司章程应记载并依法登记的重要事项。住所在法律上的作用，是赋予公司的行为以一定的法律意义，并使其参加的法律关系集中于一处。公司的住所涉及其债务履行、诉讼管辖、清算、法律文书和其他函件的送达等地点的确定，也是确定其工商行政和税收等行政管辖的依据。在涉外民事法律关系中，住所还是认定公司参加的某种法律关系适用何种法律（准据法）的依据之一。

《公司法》第 10 条规定："公司以其主要办事机构所在地为住所。"我国《民法通则》规定，所谓办事机构所在地，是指执行法人的业务活动、决定和处理法人事务的法人机构所在地。依我国法律规定，一个公司只能有一个住所，该住所必须处于该公司登记机关所辖的区域之内。公司有几个办事机构的，应根据公司章程和公司实际运作情况，在统辖公司全部事务和分支机构的办事机构所在地办理公司登记，经登记确定的公司住所具有法律效力。登记以后公司的主要办事机构发生变更的，如不依法办理变更登记，公司不得以其住所变更对抗其他人。

公司设立分公司的，分公司也有营业场所，并须在营业场所所在地的公司登记机关办理登记。但分公司不是法人，且我国法律不承认公司可以有多个住所，故而分公司的营业场所所在地不具有住所的地位或效力。日本、我国台湾地区的法律也都规定，只有公司主要办事机构所在地是公司住所；有的国家如泰国的法律，则允许将公司分支机构所在地视为住所。

第三节　公司章程

一、公司章程的意义

订立章程是公司设立的基本步骤，诸如确定公司的名称和住所、明确各股东或发起人及其出资或认股的份额、产生公司的机关等，都可包括在公司章程的范畴中。没有章程，就不能设立公司。对于有限公司和股份公司，各国法律对其章程及条款都有较严格的要求。在一些大陆法系国家，法律上对无限公司和两合公司的章程也有明确的要求，如日本《公司法》第 575~577 条就对份额公司章程及其应载明的事项作了具体规定。[1]

我国《公司法》第 11 条规定："设立公司必须依法制定公司章程。公司章程对公司、股东、董事、监事、高级管理人员具有约束力。"这一规定表明，公司章程首先是规范股东之间及公司内部关系的准绳，具有公司发起人或股东间合同的性质，对股东和由股东利害关系派生的股东会、董事会、监事会等公司机关及其成员均具有约束力。其次，公司章程是规范公司与第三人的关系和政府对公司进行监督管理的依据。为了维护第三人的利益和社会交易安全，公司的住所、法定代表人、注册资本、经营范围、股东或发起人的姓名等章程主要

---

[1]　王保树主编：《最新日本公司法》，于敏、杨东译，法律出版社 2006 年版，第 309~310 页。

内容，须向社会公开，并供公众查阅，以使章程记载的内容具有对抗第三人的效力；而工商行政管理机关，亦根据依法登记的章程对公司进行管理监督。

在英美法上，根据公司章程条款的不同意义，将其分为法律效力有别的两部分：

1. 公司章程大纲（memorandum of association 或 articles of incorporation），包括公司的名称、住所、股东的有限责任、拟发行的资本和股份、经营范围和股东签名等内容，称为公司外部宪章（external constitution）。这部分章程内容是公司对社会和政府的承诺，事关社会交易安全，法律对其有强制性规定，当事人必须严格遵守，公司申请设立时应将其提交给政府主管机关。

2. 公司章程细则（articles of association 或 by laws），包括股份的持有及其权益、股份的转让、股东会和董事会的召开及其程序、董事会的权限、公司财务和审计、公司清算等条款，相当于股东相互间的契约及公司与股东间的契约，被称为公司内部宪章（internal constitution）。其效力弱于公司章程大纲，二者的内容有抵触时，须以大纲的规定为准；而且在设立股份有限责任公司时，可不必向政府主管机关提交章程细则，因为如果股东对这种公司的内部关系没有特别约定的话，可以适用法律规定的标准细则。

英美法不认为公司章程对非股东的董事、经理等有约束力，因为他们不是公司的成员。

二、公司章程的内容

在学理上和一些大陆法系国家的法律上，把公司章程的内容分为必要记载事项和任意记载事项，必要事项中又分绝对必要记载事项和相对必要记载事项两种。

绝对必要记载事项，是指依法必须在章程中记载的条款，缺少其中任何一项，章程即为无效，公司登记机关也不予登记。公司的名称、住所、经营范围、注册资本、股东或发起人的姓名或名称等，一般都是公司章程的绝对必要事项。英美法的公司章程大纲的条款，都属于这种性质。

相对必要记载事项，是指在章程中未记载时不影响章程效力的条款。如果缺乏这种条款，仅该未记载的事项不发生效力，或者可以适用法律的具体规定；章程中对此加以记载时，所记载的条款则发生法律效力。英美法的公司章程细则，即属于相对必要记载事项的性质。

任意记载事项，是指法律上没有规定或要求，完全由当事人根据需要，在不违反法律和社会公共道德的前提下，在章程中记载某些事项的条款。如常年法律顾问的聘请、物资的采购和产品销售、公司债的发行、任意公积金的提取等条款。

我国《公司法》第25条和第82条，分别列举了有限公司和股份公司的章程应记载的事项。根据这两条的规定，公司的名称和住所，经营范围，注册资本，股东的姓名或者名称，股东的出资额、出资方式和出资时间，法定代表人等是有限公司章程的绝对必要记载事项；股份公司章程的绝对必要记载事项还应当包括公司设立方式、公司股份总数、每股金额和注册资本、发起人的姓名或者名称、认购的股份数、公司的通知和公告办法等。此外，如股东的权利义务、有限公司股东转让出资的条件、股东（大）会和董事会的职权、监事会的职权、股份公司董事会的召集和决议方式、公司的解散事由和清算办法等事项，因为法律上已有较明确的规定，当事人在章程中如无特别约定，可以适用法律的规定，故应属相对必要记载事项。这两条也明确规定，股东（大）会可以决定在章程中记载其认为需要规定的其他事项，这些事项则为任意记载事项。

第四节　公司的权利能力和行为能力

一、公司的权利能力

（一）公司权利能力的概念

公司的权利能力，是指公司作为法律上的主体，从事法律所允许的活动，享有权利（力）和承担义务的资格。在市场经济条件下，公司的权利能力主要表现为依自己的意思从事经营和流转活动的能力，但无论在中国或外国，公用事业公司、国有控股公司或国有资产经营公司乃至普通的国有或国家控股的公司，依法或经授权也可拥有经济管理方面的能力或职能。此外，公司在接受政府管理、在劳动和社会保障等关系中，也享有行政法和劳动法等方面的权利能力。

公司权利能力的内容范围，包括从事所允许的经营流转活动和经授权的管理活动，依法取得及行使所有权、他物权、债权、知识产权、厂商名称权和名誉权等。由于公司所有者权益的承受者是股东，所以公司享有的所有权只是形式上的，实质上它是为股东取得和行使所有权。

公司的权利能力始于公司成立，终于公司终止。公司解散以后在清算期间，公司清算组在清算必要的范围内，仍拥有处理公司未了结业务、清理债权债务、清缴所欠税款、参与民事诉讼等权能；只有在小理了注销登记并公告其终止时，公司的权利能力才完全消灭。

（二）公司权利能力的特点

公司作为法人或组织体，与自然人相比，其权利能力具有以下特点：

1. 公司不能承受专属于自然人的权利义务。这是公司由自身性质而在能力上受到的限制。自然人基于出生，享有一些作为生命体所必需的权益，如生命权、健康权、人身自由权等，公司无法享有；另外，肖像权、亲属身份权、继承权等也不能由公司享有。但是，公司可以享有非专属于自然人的名称权、名誉权和荣誉权等人身权。

2. 公司的权利能力受其设立宗旨和经营范围的限制。这是公司基于自身目的而在能力上受到的限制。自然人的权利能力是普遍的、平等的，而公司的权利能力是由法律特别赋予的，不同公司的设立宗旨不同，其权利能力的大小和范围也不同。关于公司的权利能力是否等同于公司的经营范围，公司超越经营范围的活动是否无效，在我国立法和司法上经历了一个变化过程。在 1999 年《中华人民共和国合同法》（简称《合同法》）颁行以前，法律和司法上严格要求公司及企业法人应当在经营范围内从事活动，凡超出经营范围的即因不法而无效。按照市场经济所要求的当事人充分自由、自治和维护社会交易安全的需要，《合同法》第 49 条规定了表见代理，并在第 50 条规定："法人或者其他组织的法定代表人、负责人超越权限订立的合同，除相对人知道或者应当知道其超越权限的以外，该代表行为有效。"据此，《最高人民法院关于适用〈中华人民共和国合同法〉若干问题的解释（一）》第 10 条规定，当事人超越经营范围订立合同，人民法院不因此认定合同无效；但违反国家限制经营、特许经营以及法律、行政法规禁止经营规定的除外。在实践中，公司登记的经营范围无须再逐一列明具体的经营事项，而是"法律、行政法规、国务院决定禁止的，不得经营；法律、行政法规、国务院决定规定应经许可的，经审批机关批准并经工商行政管理机关登记注册后方可经营；法律、行政法规、国务院决定未规定应经许可的，自主选择经营项目开展经营活动。"[1]概括性的经营范围降低了公司超越经营范围从事活动的可能，扩张了公司的权利能力，趋向于与国际上以公司的目的或宗旨来确定或限制其权利能力的惯常做法接轨。

3. 公司的权利能力须受公司法和其他法律、法规的一般或特殊的限制。为了保证公司的正常运行和活动，维护他人及社会的利益，《公司法》上对公司的权能限制，适用于各种公司或某类公司。其他法律、法规对某些活动或行为

---

〔1〕 参见北京市工商行政管理局：《企业登记制度改革新措施》，载 http：//www. baic. gov. cn/qideng/wszc/2004b/009/17. doc（北京市工商行政管理局网站），2004 年 9 月 17 日访问。

的限制，则可能对公司和自然人是一并适用的。

（1）公司法上的具体限制。公司法上对公司权利能力的具体限制很多，诸如有限公司和发起设立的股份公司不得向社会公开募股，未经批准上市的股份公司的股份不得在交易所流通，等等。兹就有关转投资限制问题作一简要评析。

转投资是指公司以其法人财产向其他公司、企业投资的行为。《公司法》第15条规定公司可以向其他企业投资，取消了原先关于除投资公司外的公司转投资不得超过净资产50%的限制；但是，该条还规定，除法律另有规定外，不得成为对所投资企业的债务承担连带责任的出资人。也就是说，公司转投资的数额由公司自行决定，法律上对其不作限制。公司投资是市场经济的必然要求，企业形成集团可以降低交易成本，产生规模效应，因此，转投资是不应当也不可能禁止的。然而，转投资会导致虚增资本，有碍公司资本维持，也不利于交易安全，有必要将其限制在一定的范围内，如以净资产的50%作为转投资限制就可将虚增资本限制在某公司实际资本的1倍以内。取消该限制，则造就了公司通过转投资无限虚增资本的可能。

对于双向转投资，即两个公司相互投资、持股，《公司法》中也未作限制。双向转投资除了会导致企业资本虚增外，还会引起虚假出资或抽逃资本以及董事会利用公司相互投资而控制本公司股东会的问题。如公司可以通过安排子公司向自己投资而抽逃其对子公司的出资，损害子公司的债权人及其他股东的权益；母公司的董事会还可以通过控制子公司作为母公司的股东，来控制本公司的股东会，实现自我控制或变相的自我持股，达到强化大股东地位、排挤少数股东的效果。我国1992年的《股份有限公司规范意见》中曾规定，一个公司拥有另一个企业10%以上股份的，后者就不能购买前者的股份，这就是对双向转投资或"逆向持股"的限制。应当说，企业相互持股与单向转投资一样，也是市场经济发展的必然产物，有其存在的合理性，不应加以禁止或过分限制，但是放任自流也会滋生弊端。可以借鉴德、日等国的做法，将控制与被控制作为限制双向转投资的标准，即一个公司对另一公司绝对控股的，就一般地限制逆向持股；而在相对控制的情况下，则不必限制逆向持股，通过加强对小股东和债权人的保护，就可将相互投资或逆向持股控制在利大于弊的限度之内。

至于《公司法》限制公司作为对所投资企业的债务承担连带责任的出资人（也即无限责任股东），"主要考虑到如果允许投资的公司承担无限责任，则有可能直接导致公司的破产或利益受到重大损失，进而损害公司股东和债权人的利益。在我国现阶段部分公司信誉不佳、公司经营情况不透明、信息不畅通的情况下，为了保护债权人的利益、维护市场秩序，不宜允许公司对所投资企业债务承担无限责任。"[1]但正如前述，事实上依我国现行法，公司可以参与组建无限不连带或无限连带责任的联营企业和中外合作经营企业；国际上包括大陆法系国家更是出现了由有限责任法人充当无限责任合伙人或股东的趋势，这并没有什么弊端。可以认为，这不仅是市场化投资经营和交易发展的必然，而且也不违背企业法人及其有限责任的基本法理，因为法人作为无限责任股东时，仍是以其全部法人财产承担有限责任。因此，对公司转投资不得成为承担连带责任的出资人的限制，既没有必要，也无法实施。

（2）法律、法规的其他限制。在其他法律、法规中，有不得买卖和取得土地所有权、土地使用权转让限制、非银行和金融机构不得发放贷款等多种限制性规定，这些规定对于公司也是适用的。公司的活动还必须一般地遵守法律、国家政策、商业道德和社会公德，不得损害社会公共利益及扰乱社会经济秩序，接受政府和公众的监督，承担社会责任。

二、公司的行为能力

（一）公司行为能力的特点

公司的行为能力，是指作为法人的公司在法律上有独立的意思能力，可以根据自己的意思从事活动，取得权利（力）及承担义务，并就其活动承担法律上的后果。

公司的主体资格是法律特别赋予的，其行为能力和权利能力的范围是吻合的，二者在发生和消灭的时间上也是一致的。

有限公司和股份公司作为法人，其行为能力的基本特点是必须通过公司的机关及其授权人员的职务行为，来为公司取得、行使权利（力）及设定、履行义务。能够代表公司从事活动的机关，主要是公司的董事会和法定代表人，其代表权是法律直接规定的，不需要另行特别授权。监事会在一定条件下也可以代表公司进行活动。公司的经理、个别董事或监事以及其他管理人员或雇员，则可以在公司授权的范围内代表公司从事活动，其行为从性质上说属于职务代理。当然，公司的成员、雇员经公司授权也可在职务范围之外代理公司从事活动，但这种行为如同非属本公司的其他人经授权代理公司行为，属于一般的委托代理。

《民法通则》第43条规定："企业法人对它的法定代表人和其他工作人员的经营活动，承担民事责任。"也就是说，凡公司机关、公司成员或雇员根据公司的意思或经公司授权，以公司的名义从事活动的，等于公司自身的活动，其

---

〔1〕　安建主编：《中华人民共和国公司法释义》，法律出版社2005年版，第35～36页。

后果必须由公司来承担。如果他们不以公司的名义从事活动，则属于其个人行为。

但是，在公司机关成员或公司的其他人员以公司的名义从事活动，公司内部对其职责规定或授权不明的情况下，公司应否为他们的行为承担责任，则不能一概而论。此时应根据有关人员的行为是否超越职责范围、交易相对人对其越权是否知情、行为人的主观动机、公司对行为人的行为是否予以认可等情况，来确定公司和行为人所应承担的责任；亦可参照适用《民法通则》和《合同法》关于无权代理和表现代理的规定。

（二）公司承担法律责任的能力和诉讼能力

公司承担其机关或其他人员从事职务活动或以公司名义从事活动的后果，意味着公司既可能承受其利益，也可能承受法律制裁的不利后果，即依法承担民事责任、行政责任或刑事责任。因此，公司的行为能力，从法律责任关系的角度看，表现为民事责任能力、行政责任能力、刑事责任能力和诉讼能力。

1. 公司的民事责任能力。公司的民事责任能力，是指公司因违约、侵权和不履行法定义务等行为而应承担民事责任的能力。如公司就其产品质量承担违约或侵权的损害赔偿责任；发行人和上市公司因虚假信息披露等致使投资者遭受损失的，应当承担赔偿责任等。

2. 公司的行政责任能力。公司的行政责任能力，是指公司违反法律的规定而应接受行政处罚的能力。《公司法》中有许多公司应承担行政责任的规定，责任形式有罚款、撤销公司登记、吊销营业执照、没收违法所得等。

3. 公司的刑事责任能力。关于公司的刑事责任能力或犯罪能力，在学理上颇有争议，各国法律的规定也不尽相同。在古罗马法上，有"社团无犯罪能力"（Societas Delinauere Non-potest）的原则。自19世纪中期以后，英美法上开始规定公司或法人可以犯罪，并处以刑罚。如英国1889年的《解释法》（Interpretation Act）规定，犯罪人包括法人；美国1890年的《谢尔曼法》规定，垄断或图谋垄断、限制州际或国际贸易的行为属于"重罪"，对犯此罪的公司须处以高额罚金；美国各州的刑法，原则上也都认为公司或法人有犯罪能力。大陆法系国家和地区，如法、德等国和我国台湾地区，法律上一般不认为公司或法人可以犯罪，但学说上也提出了法人具有犯罪能力的主张。

我国法学界对法人犯罪问题也有争议。主张法人可以犯罪者，主要认为法人具有意思能力和行为能力，故而可以对其行为追究刑事责任。主张法人不具有犯罪能力者，则认为法人的人格是法律赋予的，法人只能在法律规定的宗旨和范围内合法存在，否则，即丧失了法律上的人格；或者认为法人要通过自然人来形成公司的意思及代表公司从事活动，因而法定代表人或法人其他成员的行为触犯刑律的，自应处罚行为人而不应处罚法人。

我们认为，公司与法人既有联系，又有区别。公司不仅仅是具有合法主体资格的法人，同时它也是一种客观存在的组织，实际上可能从事各种活动，所参与的法律关系则不限于正常法律关系，也可能参加各种法律责任关系。当其行为触犯刑法时，即构成犯罪，理应承担相应的刑事责任。而作为法律赋予一定权利能力和行为能力的法人，公司的行为如超出法人的目的范围，其法人地位或资格便不复存在，也就不可能对"法人"施以刑罚。简言之，公司与法人之间存在着基础与上层建筑的关系，公司作为客观存在是可能犯罪的，而作为法律上合目的性的一种合法性认定或价值肯定，法人是不可能犯罪的。这一原理也适用于其他任何组织或团体。[1]我国立法业已明确公司具有犯罪能力。如《刑法》中第160条"欺诈发行股票、债券罪"和第179条"擅自发行股票或者公司、企业债券罪"规定，单位犯上述罪的，对单位判处罚金，并对其直接负责的主管人员和其他直接责任人员，处5年以下有期徒刑或者拘役。

公司犯罪的特点，一是只能对其处以罚金刑，不能处以人身自由刑和生命刑；二是要同时追究造成犯罪的直接主管人员和其他责任人员的刑事责任。

4. 公司的诉讼能力。与公司的民事、行政和刑事责任能力相对应，公司可以作为民事诉讼的当事人，充当原告或被告；也可以作为行政诉讼的原告和刑事诉讼的被告人。随着法治的发展，我国也必将像发达国家一样，政府主管财政、税收、土地、反垄断等的机关得依法就其职权范围内的事项起诉被管理主体，令公司充当被告，但未来在司法上究竟将此纳入"民事公诉"还是"行政公诉"，现在不得而知。对于生产销售伪劣商品、侵犯知识产权和财产权等案件，公司也可以依法作为刑事自诉人，充当刑事诉讼的原告。

---

[1]　如乌鲁木齐铁路运输中级法院涉嫌单位受贿罪，在新疆昌吉回族自治州中级人民法院接受审判，引起了法学界的困惑：一是作为司法机关的法院能否作为刑事被告；二是如果该法院被判有罪，它是否应当被解散或撤销？还能否继续行使刑事司法审判职能？按照以上原理，法院作为客观存在的组织或单位是可以犯罪的，而它作为司法机关法人则是不可能犯罪的，这样理解的话，则困惑尽可释然了。参见"乌铁中院涉嫌受贿被审引发震荡"，载 http://society. people. com. cn/GB/1063/4587512. html（人民网社会频道），2006年7月13日访问。

第五节　公司资本及其立法原则

一、公司资本的概念

（一）我国公司法上的资本概念

1. 资本。公司的资本，包括公司的资本金、公积金和其他未分配的盈余。公司法中所称资本，通常是指公司的注册资本，有时也指公司的资本金。

2. 注册资本。《公司法》原先规定了严格的法定资本制，股东必须认缴并实际交付全部股本后，公司始得成立，因此注册资本是指在公司登记机关登记的全体股东实缴的出资额或实收股本总额。[1] 而《中外合资企业法》允许股东在足额认缴公司股本的前提下分期缴纳出资，即股东不必实际缴付出资，公司即可成立，因此中外合资经营公司的注册资本是在登记机关登记的合营各方认缴的出资额之和。[2] 2005 年修改《公司法》，允许有限公司和发起设立的股份公司分期缴付股本，对募集设立的股份公司则仍采严格的法定资本制。这样，有限公司和发起设立的股份公司的注册资本就与"三资"企业相一致。《公司法》第 26 条第 1 款规定，有限责任公司的注册资本为在公司登记机关登记的全体股东认缴的出资额；第 81 条规定，股份有限公司采取发起设立方式设立的，注册资本为在公司登记机关登记的全体发起人认购的股本总额；采取募集方式设立的，注册资本为在公司登记机关登记的实收股本总额。

可见，公司的注册资本与股东实际缴付的出资、股本或公司实有的资本金可能是不一致的。只有在股东实际缴付了认缴的出资或股本以后才允许公司登记的情况下，二者才是一致的。

3. 投资总额。按照《合营企业法实施条例》的规定，合营企业的投资总额（含企业借款），是指按照合营企业合同、章程规定的生产规模需要投入的基本建设资金和生产流动资金的总和。投资总额中包括公司的借款，所以投资总额不得低于注册资本。根据《关于中外合资经营企业注册资本与投资总额比例的暂行规定》，为了保证企业的正常经营，维护债权人的利益和社会交易安全，合营公司的注册资本与投资总额应当保持适当的比例。原则上是投资总额小的，

---

[1] 1993 年《公司法》第 23 条第 1 款和第 78 条第 1 款。

[2] 见《中华人民共和国中外合资经营企业法实施条例》（简称《合营企业法实施条例》）第 21 条第 1 款。

注册资本在其中所占比重应当大一些，投资总额大的，其比重则可以小一些。

投入公司的资金被运用后，就成为公司的各种资产。

4. 资产。公司的资产，是指其拥有或者控制的能以货币计量的经济资源，包括各种财产、债权和其他权利。以资产的流动性为标准划分，可将公司的资产分为流动资产、固定资产、长期投资、无形资产、递延资产和其他资产 6 类。流动资产，是指可以在 1 年或者超过 1 年的 1 个营业周期内变现或者耗用的资产，包括现金及各种存款、短期投资、应收及预付款项、存货等。固定资产，是指使用年限在 1 年以上，单位价值在规定标准以上，并在使用过程中保持原来物质形态的资产，包括房屋及建筑物、机器设备、运输设备、工具器具等。长期投资，是指不准备在 1 年内变现的投资，包括股票投资、债券投资和其他投资。无形资产，是指企业长期使用而没有实物形态的资产，包括专利权、非专利技术、商标权、著作权、土地使用权等。递延资产，是指不能全部计入当年损益，应当在以后年度内分期摊销的各项费用，包括开办费、租入固定资产的改良支出等。其他资产，是指以上各项目以外的资产。

资产是公司对债权人承担责任的物质基础。公司资产与公司的注册资本是不一致的。公司资产中包含由负债形成的资产，所以其价值通常高于注册资本；但资产也可能被损耗、消耗、转让或浪费殆尽，以致公司无法继续生存，公司债权人的利益和社会经济秩序也会因此受到影响。

5. 净资产。公司的净资产，是指公司全部资产与全部负债的差额。净资产属于公司股东的实际权益，也是反映公司经营状况的重要指标，包括实收资本、资本公积、盈余公积、未分配利润等。经营良好的公司，其净资产可能数倍、数十倍于公司的注册资本；公司经营不善的，则可能资不抵债，净资产为零或为负数。

（二）英美法系国家关于资本的一些概念

1. 授权资本（authorized capital stock 或 authorized share capital）。在美国又称设定资本或设定股本（stated capital），是指公司章程中规定的、授权公司最高可以发行或筹集的公司资本金或股本的总额。该金额也是在公司登记机关登记的公司注册资本。

章程或法律授权公司于成立以后发行无额面股的，章程中无法确定注册资本或法定资本金的具体金额，而只能在资产负债表中表示。此时注册资本包括公司发行的额面股的票面金额、无额面股的全部价额和其他转增股本的金额。

2. 名义资本（nominal capital）。由于英美法系国家对注册资本没有最低限额，股东也不必认缴及缴付注册资金公司即可成立，股东对公司债务所负的间接责任也与注册资本额无关，所以，英美法上的授权资本或注册资本没有什么实际作用，在这个意义上，就将其称为名义资本。

3. 发行资本或发行股本（issued share capital）。是指公司实际已向股东发行并由股东认购的股本额或股份票面金额。该资本具有实质意义，股东以之为限对公司负责，也即对公司债务或公司的债权人间接承担责任。在授权资本制下，不要求注册资本都能得到发行，因此发行资本一般都小于注册资本；而在实行法定资本制的国家，公司章程确定的资本应当全部认足，所以发行资本等于注册资本。

4. 实收资本或实收股本（paid-up capital 或 paid-up share capital）。是指股东实际已缴付的出资或股本，构成公司实际的资本金。股东认购股份以后，可能一次缴清，也可能在一定期限内分批缴清，因此，实收资本可能等于或小于发行资本。在分期缴纳的法定资本制下也存在这一概念。

5. 未收资本或未收股本（uncalled capital 或 uncalled share capital）。又称催缴资本或催缴股本，是指股东已认缴而未缴，公司可以随时向该股东催缴的出资或股本。

6. 保留资本或保留股本（reserve capital 或 reserve share capital）。是指经公司股东会决议，保留未收资本的部分或全部不予催收，直至公司清算时再向有关股东催收的出资或股本。

二、"公司资本三原则"

为使公司拥有、维持其得以运作及从事活动的必要的资本，公司法上形成了一系列相关规定，大陆法系的学理上将其概括为"公司资本三原则"。由于股份公司是典型的资合公司，因而"三原则"集中体现在股份公司制度中。但有限公司也在一定程度上具有资合性质，且英美法系国家没有大陆法系国家的股份公司和有限公司的区分，所以资本"三原则"对于有限公司也是适用的。

（一）资本确定原则和授权资本制

1. 资本确定原则。该原则又称法定资本制，是指公司设立时，必须在章程中确定资本总额，且应认足或募足甚至缴足。其目的是使公司在成立时就有相当的财产基础。

近代大陆法系国家的公司法确立了这一原则。但因公司章程中规定的注册资本额在实践中往往不容易也不必在公司成立时全部认足缴清，严格贯彻资本确定原则，可能导致筹资过程中资金闲置及公司不能及时成立，影响经济的运转，故而大陆法系国家现已参照英美法系国家的授权资本制，对这一原则有所修正。

我国《公司法》原先实行严格的法定资本制，规定有限公司和股份公司均应在缴足出资或股款并经法定的验资机构验资后，才能向公司登记机关申请设立登记。该法于 2005 年修订后，对有限公司和发起设立的股份公司改采分期缴付出资的法定资本制；对募集设立的股份公司则仍要求于设立登记时一次缴清注册资本。

2. 授权资本制。

（1）授权资本制的概念。授权资本制是英美法实行的资本原则，是指公司只需在章程中记载注册资本额和设立时发行的股本或股份额，而不必认足注册资本，公司即可成立的原则。未发行或未缴足部分的股本，允许公司或股东于公司成立以后发行或缴足。所谓"授权"，既指章程中设定的资本额或注册资本是对公司得发行股本额的一种授权，也指授权公司董事会或股东会根据公司的经营需要随时决定发行或收缴资本。

（2）授权资本制的利弊分析。授权资本制没有最低发行资本额要求，股东只需象征性地认股以确定其股权比例，公司即可成立，因此设立公司和买卖"空壳公司"十分方便，有利于开展投资经营和交易等市场活动。在授权资本的范围内发行资本，任由公司自行决定，又无须变更公司章程及履行相应的登记程序，筹资与公司的经营需求吻合，也不会造成无谓的耽搁和资金闲置、浪费。授权资本制将公司作为投资经营工具的这一本质揭示无疑，其优点概括而言就是实事求是。

然而，授权资本制也为空壳公司、皮包公司的流行大开方便之门，在股东承担有限责任、社会信用不彰、工商监管不力的情况下，不利于保护债权人利益，也会影响社会交易的安全。鉴于资本确定原则和授权资本制各有利弊，德日等大陆法系国家对二者加以折中，发展出了折中的授权资本制。

3. 折中授权资本制。是指在公司章程中规定注册资本额或公司发行股份的总数，或同时规定第一次发行的股本或股份数，在认足、缴足一定比例的股本后，公司即可成立；第一次认缴、缴付的股本与授权股本总额的差额，可以根据实际需要于公司成立后逐渐补足的原则或制度。

德国于 1937 年制定《股份和股份两合公司法》，首先对资本确定原则加以修正，规定公司章程可以授权董事会在 5 年内发行不超过公司已发行股本 1/2 的新股；其现行《股份法》则允许股东在认足公司第一次发行的股份，缴付应以现金支付的票面金额及其溢价 1/4 的金额并缴清全部实物出资后，公司即可成立。德国《有限责任公司法》原规定有限责任公司的最低注册资本额为 25 000 欧元，而在 2008 年通过的《有限责任公司法修正案》——《对有限责任公司法进行现代化改革和反滥用的法律》（简称《有限责任公司改革法》）中，最重要的一项内容就是在维持现有标准有限责任公司的基础上增设了一种新的、没有最低注册资本要求的有限责任公司——企业主（有限责任）公司（Unternehmergesellsehaft）。《有限责任公司法改革法》没有为这种公司规定最低注册资本额，只需缴纳 1 欧元，就可设立一家这种公司。同时，为了保护交易的安全和社会的稳定，《有限责任公司法改革法》对企业主（有限责任）公司规定了以下几方面的限制措施：①公司必须使用特殊的名称，即必须在这种公司的名称后加上"企业主（有限责任）公司"的附加名。②限制其利润分配。企业主（有限责任）公司必须设立法定公积金，公司每年必须将 1/4 的利润划入公积金中。③限制公积金的用途，公司只能将公积金用于增资。④自愿增资义务。公司应该将其最低注册资本额逐步增加至 25 000 欧元，在完成这一增资前，必须使用带有"企业主（有限责任）公司"后缀的名称；完成该增资后，则可以取消这一后缀。《有限责任公司法改革法》没有为该增资规定期限，所以股东可以自由决定是否进行上述增资。[1]

日本于 1950 年修改商法时规定，公司成立时，只要发行不少于公司拟发行股份数的 1/4，由股东认足并缴清股款及交付出资的实物，其余部分可由董事会视公司将来需要资金的情形，一次或分次发行；其现行"公司法"第 34、37 条规定，股份公司设立时发行股份的总数，不得少于公司章程规定的拟发行股份总数的 1/4（但拟设立的股份公司为非公开公司的不在此限），并应由认股人即时缴足。

在折中授权资本制下，公司设立时可根据实际需要发行资本，从而弥补资本确定原则的缺点。同时，又要求公司成立时实际拥有必要的资本，可以在一定程度上克服授权资本制的弊端。我国《公司法》修订以后，虽仍实行法定资本制，即公司资本总额于设立时需由股东认足，但允许有限公司和发起设立的股份公司分期缴纳出资，以产生某种授权资本的效果。只是对于募集设立的股份公司，由于资本额相对较大，更易发生资本在筹集过程中闲置和公司设立耽搁的问题，没有资本筹集的"授权"额，也不便公司根据需要随时发行资本，所以对募集设立的股份公司也有必要缓和其资本制度，即与有限公司和发起设立的股份公司一样允许分期缴纳出资，最好是仿照德日的做法实行折中授权资本制。我国台湾地区 1966 年修改"公司法"时就引进了折中授权资本制，以便

---

[1]　参见高旭军、白江："论德国《有限责任公司法改革法》"，载《环球法律评论》2009 年第 1 期，第 120 页。

发行股份，适应证券市场发展的需要，其现行"公司法"第 131、132、133、156 条规定，股份公司的资本可分次发行，第一次发行的股份不得少于股份总数的1/4，公司设立时应认足或募足第一次发行的股份，并缴足所认（募）股款。可见，折中授权资本制仍相对遵守资本确定原则，而非完全弃之不用。

（二）资本维持原则

资本维持原则又称"资本充实原则"或"资本拘束原则"，是指公司法中采取一定的制度，旨在使公司成立以后尽可能实际保有与其注册资本或资本金相当的资产，以保护债权人的利益和社会交易安全。

我国《公司法》第 36 条规定，有限公司在公司成立后，股东不得抽逃投资；第 92 条规定，股份公司的发起人、认股人缴纳股款或者交付抵作股款的出资后，除未按期募足股份、发起人未按期召开创立大会或者创立大会决议不设立公司的情形外，不得抽回其股本；第 128 条规定，股票发行价格可以按票面金额，也可以超过票面金额，但不得低于票面金额；第 143 条规定，公司一般不得收购本公司的股票；第 167 条规定，公司应当依法提取法定公积金，在公司弥补亏损和提取法定公积金之前，不得向股东分配利润；等等。这些规定，都体现了资本维持的原则。

英美法上也实行资本维持原则。如根据英国公司法，公司原则上也不得购买本公司的股份，子公司一般不得成为其母公司的股东，公司一般不得用资本金来支付股息，等等。[1]美国的《示范商事公司法》中也有类似的内容。

（三）资本不变原则

资本不变原则，是指公司的注册资本或资本金确定以后，非依法定程序，不得任意减少或增加。公司随意减少资本，固然会损害债权人和社会的利益；而公司不必要地任意增加资本，减少了可供向股东分配的利润，也会损害股东的利益。因此，法律上要求公司增减资本履行一定的程序，尤其是对于减少资本，法律的规定更为严格。如根据我国《公司法》第 44 条和第 104 条的规定，增加或者减少注册资本属股东（大）会的特别决议事项，必须经有限公司代表 2/3 以上表决权的股东通过或经股份公司出席股东大会的股东所持 2/3 以上的表决权通过，方为有效；并且公司减资后的注册资本不得低于法定的最低限额。第 178 条规定，公司应当自作出减少注册资本决议之日起 10 日内通知债权人，并于 30 日内在报纸上公告。债权人自接到通知书之日起 30 日内，未接到通知书的自公告之日起 45 日内，有权要求公司清偿债务或者提供相应的担保。第

---

〔1〕　斯蒂芬·加奇：《商法》，屈广清、陈小云译，中国政法大学出版社 2004 年版，第 257 页。

180 条规定，公司增加或者减少注册资本，应当依法向公司登记机关办理变更登记。

大陆法系和英美法系国家的公司法都遵循资本不变原则。以上关于资本变动须经股东（大）会特别决议和减资公告的规定，就是我国公司法借鉴国际惯例的结果。

第六节　公司法人财产权与股东权

一、公司法人财产权的概念

《公司法》第 3、4 条规定，公司是企业法人，有独立的法人财产，享有法人财产权；公司以其全部财产对公司的债务承担责任。公司股东依法享有资产收益、参与重大决策和选择管理者等权利。

这一规定说明：①公司具有企业法人的法律主体地位，拥有可依法支配的法人财产，对其法人财产享有占有、使用、处分等权利，即法人财产权，并以其全部财产为限对其所负债务承担法律责任，股东不对公司的行为直接承担责任。②公司的股东依法对其投入公司的资本享有收益权，并拥有参与重大决策和选择管理者等对公司施以控制的社员权，即所有者权益。

我国《公司法》修订前后，对公司法人财产权一直都有明文规定，具有中国特色。凡在所有权和商品货币关系起作用的地方，社会上就存在着两种截然相反的要求：企业的投资者和实际利用他人生产资料谋生者，都需要有一道法律屏障，将投资者同企业隔离开来，投资者借以规避市场风险，实际依赖企业谋生者则希望借此尽可能将企业的盈余合法或不法地留归自己，阻挠投资者的索取和干预；而当他们逾越一定的商业道德和所有制关系所规定的法权界限，或者投资者以企业法人行为作借口而损害他人利益，或者非所有者过度占取劳动价值时，法律就会毫不犹豫地令其所有者走上前台，或者所有者自己主动走出来声称对企业的所有权。这两种要求反映到人们的意识中，便形成主张企业对企业自身财产享有或不享有所有权的种种观点。因此，我们有必要从有利于社会经济的发展、进步出发，尊重客观规律，超然于某种社会阶层或集团的功利，阐明企业法人同其出资者或股东关系的原理，并作出适当的结论。

二、法人财产权问题和公司法人财产权概念的由来

（一）法人财产权问题的产生

在私有制占主导地位的国家，公司、企业或法人的财产权不成问题。因为，

尽管公司、企业或法人在表面上可以像自然人一样行事，取得并行使包括所有权在内的民事权利和其他权利，但公司、企业或法人本身及其支配的资产，都是属于股东或"老板"的，这在人们的观念和法律上是不言而喻的。所以，这些国家的法律上都没有也无须对公司或法人的财产权及其性质作出规定，只需认可公司或法人的权利能力即可。

法人财产权问题，始于苏俄20世纪20年代初实行新经济政策时其法学界关于国有企业的地位及其财产权性质的讨论。[1]当时的苏俄从军事共产主义转向实行新经济政策，该政策的要点之一是国有企业实行独立经济核算，在商业的基础上开展活动。为配合新经济政策的实施，于1922年制定了第一部《苏俄民法典》。随着民法典的颁布实施，学者们便结合其中关于所有权的定义，开始了延续至今中国的这场有关企业法人财产权的历史性讨论。

（二）苏联法学界关于国有企业法人财产权性质讨论中提出的主要观点

1. 企业私有权或所有权的观点。这种观点认为，既然国有企业实行独立经济核算，且享有民法典规定的占有、使用、处分等所有权的全部权能，它对企业的财产便享有"独立经营主体"的私有权或所有权。

2. 双重所有权观点。

（1）商品所有权观点。这是一种国家与企业分享所有权的观点，认为参加商品关系的主体必须是自己所持商品的所有者，所以，国有企业对其可以处分的、作为商品流通的财产享有所有权，企业中，国家不允许作为商品流通的财产则属于国家所有。

（2）信托所有权观点。这种观点借鉴英、美法的信托制度，认为国家委托国有企业管理一定的国家财产，国家对该财产享有信托人的所有权，企业对该财产享有受托人的所有权。

（3）"总分式"的所有权观点。这种观点认为，国家对整个国家财产享有所有权，同时，各国有企业对国家交给企业的财产享有所有权。

3. 经营管理权观点。这一观点自40年代末起，在苏联法学界占据主流地位，并为官方所认可，被写进1961年制定的《苏俄民事立法纲要》和1964年制定的第二部《苏俄民法典》中。它认为，国家是全民财产的统一的、惟一的所有权人，国有企业则在法律规定的范围内对国家交给其经营管理的财产享有

---

〔1〕 以下有关讨论背景及观点，均参见〔苏〕O. C. 约菲：《苏联民法思想的发展》第2卷第1章，列宁格勒大学出版社1978年版，转引自中国人民大学法律系民法教研室编：《外国民法论文选》，中国人民大学校内用书1984年印行，第119～130页。

占有、使用和处分的权利。

经营管理权观点在苏联还得到进一步发扬，被适用于国有企业之外的其他领域。不同所有制主体和同一所有制内部的不同单位成立的联合组织，以及集体所有制主体、社会团体等单独设立的企业或组织，都被认为对其财产享有经营管理权。

（三）我国法学界关于国有企业法人财产权的观点述要

改革开放伊始，在扩大企业自主权的序曲声中拉开了国有企业改革的帷幕，我国法学界在苏联法学界讨论的基础上，继续就以上问题展开讨论。在讨论中，学者们重复了苏联提出的各种观点，同时也在其基础上有所深化，并就我国国有企业与现代资合公司开展类比研究。以下是我国学者在讨论中提出的主要观点。[1]

1. 用益权观点。这种观点借鉴《法国民法典》中的用益权制度，认为国有企业的财产权是一种依法设立的用益权，在用益权存续期间，企业按自己的意志对企业财产使用、收益，国家不得过问，国家的所有权因而成为一种"虚有权"。

2. 委托经营权观点。这种观点认为，国家所有权中应当增加一项"委托经营权能"，以便通过法律强制性地建立委托经营关系，由国家将这项权能交给企业，成为企业的一项法定权利。

3. 几种双重所有权观点。

（1）占有权观点。这种观点认为，国家对全民财产享有所有权，国有企业对企业财产享有"占有权"；占有权是一种相对所有权，属于物权性质。

（2）法律所有权和经济所有权的观点。这种观点认为，在国家与国有企业的关系中，国家享有法律上的单纯的所有权，企业则享有直接对企业财产行使所有权的各项权能并取得经济利益的权利。

（3）法人所有权观点。这种观点借鉴了有限公司和股份公司的财产权结构，认为国家投资设立企业时，国家所有权转换为出资权或股权，企业则取得法人所有权，同时国家保留着对企业财产的终极所有权，可于企业终止时取回清算后剩余的财产。

4. 关于公司财产权和股权。法人所有权观点的提出，引发了我国法学界关于公司财产权及其与股东权关系的讨论，讨论中提出了如下主要观点：

---

〔1〕 参见佟柔、史际春："我国全民所有制'两权分离'的财产权结构"一文中的综述，载《中国社会科学》1990年第3期，第163~174页。

（1）公司是唯一所有权主体的观点。这种观点认为，现代公司由所有权与经营权分离逐步发展为公司被经营者控制，股权从所有权演变为债权，以致公司成了唯一的所有权主体，股东只关心股息和红利，公司不再受股东控制。

（2）股东与公司双重所有权观点。这种观点认为，现代公司的两权分离，并不否定股东的所有权，而是表现为公司的财产为公司所有，公司为股东所有的双重所有权结构。

（3）股东所有权观点。这种观点认为，公司的"法人所有权"是一种观念上的虚构，股东的所有权不可能被经营者剥夺，现代公司仍为股东所有及控制。持该观点的一部分学者认为，现代股份公司虽仍为股东所有，但两权分离已在事实上（不是法律上）剥夺了小股东对公司的支配权和所有权。

（四）公司法人财产权法律规定的出台、含义和相关争议

以上讨论，为我国建立现代企业制度奠定了学理基础。法人财产权的概念及相应的法律规定，就是在实践基础上吸收学术研究的成果而出台的。

1. 公司法人财产权法律规定的出台。1993年，国务院有关部门在起草《国有企业财产监督管理条例》的过程中，针对国有企业及其经营权问题，初创法人财产权的提法，得到了党中央的认同。同年11月召开的中共十四届三中全会，通过了《中共中央关于建立社会主义市场经济体制若干问题的决定》，对法人财产权作了正式表述："国有企业实行公司制，是建立现代企业制度的有益探索。规范的公司，能够有效地实现出资者所有权与企业法人财产权的分离，有利于政企分开、转换经营机制，企业摆脱对行政机关的依赖，国家解除对企业承担的无限责任；也有利于筹集资金、分散风险。"

以此为依据，1993年年底颁布的《公司法》，首次从法律上对公司法人财产权作出规定。该法第4条第2、3款规定："公司享有由股东投资形成的全部法人财产权，依法享有民事权利，承担民事责任。公司中的国有资产所有权属于国家。""法人财产权"的法律规定由此出台，并明确了其基本含义，成为具有中国特色的一个概念。这是在公有制下实行市场经济、明晰企业法人财产权关系所必需的。公有制下国有主体和国有财产投资、参股的企业，不可能像在私有制下那样，在人们对产权关系"心照不宣"、由私人财产权益驱动而促使企业有效经营管理的状态下运行。公有制较之私有制更需要能够使主体的责、权、利明确一致的法治。而且，从法人财产作为全体股东概括的共同权益的角度，这个概念对于资合法人企业（包括私人资本的公司法人）在某种程度上也是适用的，它对于我们把握企业法人财产权及其出资者财产权的性质，界定企业法人与其出资者或股东的关系，具有普遍意义。

随着法律法规的推陈出新，有关法人财产权的法律规定也出现了一些新的进展，但总体上而言，在性质和方向上均与此前的规定没有根本性的差异。

国务院 2003 年颁布《企业国有资产监督管理暂行条例》，其第 4 条规定，企业国有资产属于国家所有。国家实行由国务院和地方人民政府分别代表国家履行出资人职责，享有所有者权益，权利、义务和责任相统一，管资产和管人、管事相结合的国有资产管理体制。该条已被 2008 年颁布的《企业国有资产法》第 3、4 条的规定所取代，即：国有资产属于国家所有即全民所有，国务院代表国家行使国有资产所有权；国务院和地方人民政府依照法律、行政法规的规定，分别代表国家对国家出资企业履行出资人职责，享有出资人权益。

2005 年修订后的《公司法》第 3 条第 1 款规定："公司是企业法人，有独立的法人财产，享有法人财产权……"第 4 条规定："公司股东依法享有资产收益、参与重大决策和选择管理者等权利。"

2007 年颁布的《物权法》第 67 条规定："国家、集体和私人依法可以出资设立有限责任公司、股份有限公司或者其他企业。国家、集体和私人所有的不动产或者动产，投到企业的，由出资人按照约定或者出资比例享有资产收益、重大决策以及选择经营管理者等权利并履行义务。"第 68 条规定："企业法人对其不动产和动产依照法律、行政法规以及章程享有占有、使用、收益和处分的权利。"

2. 法人财产权的含义。就《公司法》第 4 条等法律规定的文义而言，立法者赋予了法人财产权以下含义：

（1）企业法人的出资者或股东可以所有者或所有者权益承担者的身份，对企业享有所有者权益，并对企业施加控制。在会计上，所有者权益仅及于企业净资产，并不涵盖整个企业财产，但从法人财产权的角度看，其客体必须是概括性财产，否则企业法律关系和法律制度都将无法实际运作。换言之，在法人财产权关系中，企业法人的出资者或股东对其投入企业的资本及形成的全部资产享有所有者权益，不但享受企业带来的利益，也要承担其责任。

至于《公司法》修订后删除第 4 条中"公司中的国有资产所有权属于国家"的字样，很多学者认为这是赋予公司"法人所有权"的力证。其实不然，这样做只是为了使法条合乎投资经营的逻辑。因为如果公司中的国有资产是指公司租借、保管的国有资产，没有这句话也不会改变它的国有性质；而如果"公司中的国有资产"是指国有财产投资的股本，事实上无法将其与一定的实物形态相对应，只能由其具体的出资人或股东基于国有财产的利益和要求，通过股权参与形成公司的意思，并以公司的名义来行使股东投资形成的公司法人财产权。所以，不能认为《公司法》删去这一不科学的提法，就使股东对其资本和所投资企业的财产丧失了所有者或所有者权益承担者的地位。

（2）企业作为独立民事主体的法人，对法律上明确由企业法人支配的资产（包括负债形成的资产）享有占有、使用、处分的权利，并就其行为承担法律责任；出资者和股东作为所有者或所有者权益承担者，不直接对企业法人的行为承担责任。

对于股东应当承担有限责任，在我国不存在争议。在市场经济条件下，在投资者与债权人的关系中，法律的天平倾向于投资者，当二者的利益发生矛盾冲突时，法律允许投资者仅以其投入企业的资本间接地承担责任，企业债务超过其投资额的部分，就成了债权人的损失。其理由无非是使投资者可以事先确定其投资风险，为其设置一块法人独立人格的面纱（The Veil of Incorporation），作为防止债权人直接追索的屏障，从而减少投资风险，鼓励社会的投资活动。总的来说，投资者是社会经济活动中积极、活跃的因素，债权人（如贷款者、食利者和在交易中提供信用者）是消极、被动的一方，其风险相对较小，风险的绝对后果也没有投资者严重，一般不会发生生活无着落和"跳楼"的情况。所以在现代市场经济国家，客观上都要求立法者以适当牺牲债权人的利益为代价，来促进经济的发展。[1]

（3）根据所有权或私有权的原则，财产的孳息或收益应归财产的所有者所有。直至全部生产资料都归社会所有（亦即实现共产主义）之前，这一原则在任何国家的法律上都将是有效的，是不容被废弃的。既然明确了出资者或股东对于企业法人及其资产的所有者或所有者权益承担者的身份，则企业资产及其经营的任何收益，在未依法或依约分配给各出资者或股东、企业管理者、职工，未用以向国家纳税或向债权人偿债之前，均应属于全体出资者或股东的权益，因而企业法人财产权中不应包括收益权。企业法人作为股东，投资经营某项事业的法律形式或手段，由其作为收益主体也是没有意义的。

《物权法》规定企业法人对其财产享有收益权，是把对资本孳息的法定权利与任何主体获得某种收益混为一谈了。"收益权"作为所有权的一项权能，

---

[1] 除了这项基本功能外，有限责任制度还有另外三项价值：①在风险既定和可预测的情况下，股东不必为避免可能发生的风险而亲自参加企业的经营管理，从而促使所有权与经营权的分离以及合理的劳动分工；②股东责任与企业责任的分开以及投资风险的限制和可预测，使得股份或投资的转让成为可能，从而促成了资本和证券市场，有利于资源的优化配置；③企业法人的独立人格和间接有限责任，令债权人同企业而不是各别股东从事交易，并发生权义、责任和诉讼关系，从而可以减少社会的交易成本和费用。当然，有限责任制也方便了股东利用企业法人的独立人格来规避

是指物的孳息的法定归属权，而不是任何主体的某种"收益"，譬如职工获得劳动报酬就不是收益权。除法律特别规定或契约合法约定外，物的孳息归物的所有权人所有，这是当今社会得以维系和运作的一项基本法律原则或制度，或者反过来说，任何国家的统治者或者立法者如果违背该项客观法则的话，就会造成社会动荡，这样的政权恐怕连一个星期也维持不下去。树的果实应归树的所有人所有，产出的牛乳或牛犊应归母牛的所有者所有，企业的产品和利润应归企业资本的所有者所有……诸如此类，岂容法律规定树的果实归采摘人所有，母牛产的乳和犊归挤乳者或接生者所有，企业的产品和利润归生产者、企业管理者所有，等等。所以，收取物的孳息或收益的权利——所有权的核心权能，是所有者的一项普遍的法定权益。

反之，并不是说，除所有者以外的任何主体，都不能从物的孳息或收益中获得任何利益，须知孳息或收益是可以依法或依约在不同主体间进行分配的。在市场化、社会化条件下，对物的利用也是社会化的，所有权人在依法亲自劳作、授权他人或投资企业来利用物的时候，要根据法律或契约，向他人交付或分配其所有物的部分孳息或收益，如向国家纳税、向雇员和经理人员付酬、支付银行贷款的利息等。但对国家、雇员和经理人员、银行等取得利益的行为或权利，不能认为是基于所有权的孳息或收益权。仅从字面上看，收益、受益、获益、得益等用语，似乎并无实质差别，但是在法律的概念和原则上，必须把作为所有权基本权能的"收益权"与一般意义上取得"收益"的权利区别开来，不能将其与非所有人的种种获益行为或权利相混淆，以免给当前正趋于健康发展的企业产权关系和整个经济关系造成伤害。

在企业改革中，我国逐步明确国家与国有企业之间的权利义务关系，在此过程中曾经出现的一个困惑就是：国有企业的留利及用留利再投资形成的资产乃至整个企业，究竟应归谁所有？原先企业是政府的附属物，没有独立性，不存在企业资产归谁所有的问题。改革开放以来，企业的自主权不断扩大，要是企业没有盈利或者把利润吃光分光，不搞积累，倒也无所谓；而企业努力发展，

法律责任，基于非诚实信用的动机，而把风险转移给债权人或消费者。在发生侵权责任（如产品责任）的情况下，有限责任制也会使受害者遭受的物质损害、人身伤亡等损失无法得到充分赔偿。尽管如此，有限责任制因其客观必要性而不可能被否定，在我国法学界，也未见有人主张废除此制。实践中则出现了产品责任保险和其他责任保险制度，以及"刺破公司法人面纱"（Piercing of the Corporate Veil）或"否认法人人格"的法律原则，以弥补有限责任制的不足。笔者还主张，我国应像许多大陆法系国家一样，适当引进无限责任法人制度，作为法人有限责任制的补充。

或在与国家明确权义的情况下形成资产，则反而有了问题。"企业所有权"、"法人所有权"等观点便应运而生。经过理论和实践的探索，借鉴、总结发达国家现代企业制度运作的规律，现在有了"资产收益"归于股东、国有资本预算等法律规定，表明法律界、经济界的多数学者和国家的政策、法律，在所有者同其投资的企业之间的关系上，已经有了比较准确、一致的认识。

3. 法人财产权规定出台以后的有关争议。关于法人财产权的法律规定出台以后，学者们除了就其含义是否为双重所有权下的"法人所有权"、企业法人是否应有"收益权"等重复已有的争议外，还就其他有关问题进行讨论，发表了各种见解。

（1）关于产权的含义和性质。"法人财产权"规定的是企业产权关系，对法人财产权的理解还涉及产权的概念。产权概念源自英美法上的 property 或 property right，它在中国的广泛使用是在改革开放以后。英美法系的所有权和财产权概念不甚严格，加上经济学家对法律概念的运用较具随意性，以致人们对产权的含义有种种不同的认识，目前大致包括财产所有权说、物权说、与人身权对应的财产权说、财产功能说、资产经营或企业法人财产权利说等。我们认为，讨论产权的概念，不能脱离其本来的含义，同时也要考虑我国已有的概念体系。英美法上的 property 一词，既表示财产，又表示财产所有权和相对于债权的财产权，如作为绝对权的 intellectual property 也是一种"产权"。产权经济学大体上是在"物权"的意义上使用"产权"一词，如科斯认为："产权安排确定了每个人相对于物时的行为规范，每个人都必须遵守他与其他人之间的相互关系，或承担不遵守这种关系的成本。"按照产权经济学的观点，有产权的人可以排斥无产权的人对产权标的物的占有、使用，这是产权拥有者在利害冲突的基础上，通过有偿使用、产权转让、损害赔偿、法院强制等途径达到资源优化配置的前提。[1]由于在英美法上，财产法是与合同法平行的，所以，产权的本意是指与债权相对的绝对权、对世权，其范围涵盖大陆法系的物权和知识产权。因此，我们基本上同意上述第二种"物权说"。

（2）关于法人财产权是否包括债权和知识产权。有一种意见认为，法人财产权是一种综合性的权利，其内容包括公司或企业的债权和知识产权，或者说广义的法人财产权应包括债权和知识产权。

---

[1] 参见 R. 科斯："社会成本问题"、加尔布雷斯和曼拉曼特："产权规则、责任规则和不可分离性：基本原则的一种观点"，转引自郁光华："关于财产法体制的经济分析"，载《法学家》1995 年第 4 期。

我们认为，法人财产权是一种物权，是公司或企业对其财产的支配权，公司或企业的债权债务和知识产权只有在列为公司或企业的资产，以资产形式存在时，才是法人财产权的组成部分；债权作为相对权和请求权，知识产权作为智力成果权，其本身都不属于公司法人财产权的范畴。

（3）关于法人财产权是否就是经营权。有一种意见认为，法人财产权是支配意义上的权利，不是归属意义上的权利，而且其权能中不包括收益权，所以，法人财产权也就是经营权。我们认为，法律上如果能够确实将公司或企业的经营权作为一种物权来对待，那么，法人财产权与经营权或者经营管理权本无实质的区别。问题并不在于有没有法律的明文规定。正因为如此，发达国家由于在实践中较好地解决了股东（出资者）与公司或企业的关系问题，它们对公司存续期间其财产或财产权的性质就不作明确的法律规定。然而，尽管《民法通则》等法律、法规的本意是把国有企业的经营权规定为一种物权，但事实上，我国一直是将其作为一种国有资产管理权限来对待的，仅在"放权"和"收权"上兜圈子，因而不能从"产权"即物权关系的角度，来界定企业与国家的关系。况且，法律、法规从未对公司的法人财产权作出明确规定，在普遍推行公司制度、许多公司股东为国有主体的情况下，从法律上统一公司和一般国有企业的财产权性质，并将其推广到所有权与经营权"两权分离"的其他类型的企业，以法人财产权的概念取代原先的经营权或经营管理权的概念，就是十分必要的。

三、公司股东和股东权

股东是向公司出资并对公司享有权利和承担义务的人。股东资格的取得方式，分为原始取得和继受取得两种。所谓原始取得，是指在公司成立时因出资筹办公司，或认缴公司首次发行的或增发的资本或股份而成为公司的原始股东。所谓继受取得，是指因受让、继承、赠与、公司合并等方式取得公司股份而成为公司的继受股东。原始股东主要为公司的发起人和认股人。发起人在公司设立过程中参加订立股东协议和公司章程，负责公司筹办事宜；认股人则泛指认购公司资本或股份的人。

股权或股东权是股东依法所享有的权利，一般将其分为共益权和自益权两个方面。共益权是股东依法参加公司的决策和经营管理的权利，包括参加股东会、在股东会上表决事务、依法提案和提起代表诉讼等权利；自益权是股东出于自身利益，依法从公司取得利益、财产或处分自己股权的权利，主要为利润分配请求权、剩余财产分配权、股份转让权和相应的诉权等。

此外，还可以按股权行使的条件，将其分为单独股东权和少数股东权。单独股东权是指只持有一股股份的股东也可以单独行使的权利，如自益权；少数股东权是指须持有一定份额的股份方可行使的权利，如请求召开临时股东会的权利。

共益权和自益权的具体内容主要包括：

1. 参加股东会并行使表决权。该项权利是公司股东享有的共益权中最重要的权利。就股东与公司的关系而言，公司的资本来源于股东，股东对公司享有所有者权益；从公司整体利益和股东本身投资的保值增值出发，股东有权就公司运营事宜表达自己的意志。但这种意志的表达，不能采取个别股东直接向董事会或经理发号施令的方式，而只能通过股东会的形式形成股东的共同意志，令董事会和经理执行或实施。

2. 对违反法律、行政法规的股东会决议、董事会决议的撤销权。这也是共益权的一种。根据《公司法》第 22 条的规定，公司股东会或者股东大会、董事会的决议内容违反法律、行政法规的无效。股东会或者股东大会、董事会的会议召集程序、表决方式违反法律、行政法规或者公司章程，或者决议内容违反公司章程的，股东可以自决议作出之日起 60 日内，请求人民法院撤销。

股东会和董事会通过召开会议形成决议的方式行使权力，这些决议对公司和股东关系重大，有关决议如果有瑕疵，则可能损害公司和股东的合法权益，股东依法有权对其提起无效或撤销之诉。决议被法院认定为无效的，自始无效；被人民法院撤销的，自撤销之日起失去效力。

股东依照上述规定提起诉讼的，人民法院可以应公司的请求，要求股东提供相应担保，这是为了保证公司运行的效率和促使股东正当地行使这一诉权而作出的规定。公司根据股东会或者股东大会、董事会决议已办理变更登记的，人民法院宣告该决议无效或者撤销该决议后，公司应当向公司登记机关申请撤销变更登记。

3. 了解公司经营状况和财务状况的知情权。股东作为公司所有者权益承担者，有权了解公司财产的使用情况及相关的经营事项。因此，对反映公司财产使用情况和经营决策的有关资料，股东有权进行查阅和复制。我国《公司法》第 34 条规定，有限公司股东有权查阅、复制公司章程、股东会会议记录、董事会会议决议、监事会会议决议和财务会计报告，可以要求查阅公司会计账簿。第 97、98 条规定，股份有限公司应当将公司章程，股东名册，公司债券存根，股东大会、董事会及监事会会议记录，财务会计报告置备于本公司，股东有权查阅上述资料，并对公司的经营提出建议或者质询。

为了防止股东因滥用其知情权而可能给公司利益带来的损害，同时也为了保障股东切实行使其知情权，出于平衡双方权益的考虑，《公司法》又规定，有限公司股东要求查阅公司会计账簿的，应当向公司提出书面请求，说明目的。公司有合理根据认为股东查阅会计账簿有不正当目的，可能损害公司合法利益的，可以拒绝提供查阅，并应当自股东提出书面请求之日起15日内书面答复股东并说明理由。何为"有不正当目的"？一般是指可能泄露商业秘密或股东基于不正当目的可能损害公司合法利益的情形，此时公司可以拒绝查阅。公司拒绝提供查阅的，股东有权诉诸人民法院裁断是否允许其查阅。

4. 分取红利和在公司增资时优先认缴出资的权利。公司的利润，在依法缴纳各种税款及提取法定公积金后，可以向股东分配红利。股东依法履行出资义务后，依据出资享有的分取红利的权利受法律保护。根据《公司法》第35条的规定，作为公司法的一般原则，股东分取红利的比例应当与其实缴的出资比例一致，实缴的出资比例是指按股东实际缴纳的出资（而不是认缴的出资）占公司注册资本的比例。

有限公司具有人合性质，股东之间具有相互信赖和比较密切的关系，因此，在公司新增资本时，应当由本公司的股东优先认缴，以防止新增股东先认缴而打破公司原有股东之间的竞合平衡。股东可以按照认缴出资的比例，也可以按照实缴出资的比例优先认缴出资。

现行《公司法》允许有限公司以全体股东的约定作为分红和优先认缴出资的依据，而不是只能依法定的"按出资比例"行使。按实缴的出资比例分红或优先认缴出资，是为了维持现有公司的股权结构和股东利益。但有时为了表彰某些股东，以及改善股权结构、增强公司竞争力、吸引新的投资者和扩大公司规模等，也应当允许股东协商决定其他分红和优先认缴出资的方式，因此，根据《公司法》第35条的规定，有限公司的股东可以通过协商决定不按照实缴的出资比例分取红利和优先认缴出资，但该决定须经全体股东一致约定方为有效。而股份有限公司股东只能按照其持有的股份比例取得股利。

5. 依法转让股权的权利。《公司法》第三章对有限责任公司的股权转让作了具体、明确的规定。

6. 公司终止后，依法分得公司剩余财产的权利。在公司清算程序中，公司财产在分别支付清算费用、职工的工资、社会保险费用和法定补偿金，缴纳所欠税款，清偿公司债务后的剩余财产，应当依法分配给股东。有限责任公司按照股东的出资比例分配，股份有限公司按照股东持有的股份比例分配。

7. 法律、法规和公司章程规定的其他权利。股东在享有权利的同时，也负有以下义务：①按期足额缴纳所认缴的出资；②依其出资额对公司负责，承担风险；③公司成立后，股东不得抽逃出资；④法律、法规和公司章程规定的其他义务。

公司股东依法和依章程正当行使权利是股东的基本义务。其正当行使权利受法律保护，滥用权利将受到法律的制裁。《公司法》第20条规定了股东正当行使权利的一般原则及其股东滥用权利的民事责任。该条规定，公司股东应当遵守法律、行政法规和公司章程，依法行使股东权利，不得滥用股东权利损害公司或者其他股东的利益；不得滥用公司法人独立地位和股东有限责任损害公司债权人的利益。公司股东滥用股东权利给公司或者其他股东造成损失的，应当依法承担赔偿责任。公司股东滥用公司法人独立地位和股东有限责任，逃避债务，严重损害公司债权人利益的，应当对公司债务承担连带责任。以下第七节将对此作相关论述。

四、小结

现就公司法人财产权与股东权的关系小结如下：

（一）法人财产权是基于投资经营而形成的一种他物权

企业法人作为独立于其出资者或股东的民事主体，对法律上明确作为企业法人的资产（包括负债形成的资产）享有直接支配权，并就其行为承担法律责任；出资者和股东作为所有者或他物权人，不直接支配法人财产，也不对企业法人的行为承担责任。法人财产权也可以作为股东权的基础，企业法人投资成为股东时，即以作为他物权的法人财产权为依托而享受所有者权益，这与国务院和省市地方政府、各级国资委、国土资源管理部门等依其对国有财产的某种管辖权而行使国家所有权，但其本身并不是所有权主体的道理是一样的。

（二）法人财产权不是法人所有权

法人所有权观点的理论基础，是德国学者拉特纳（Rathenau）提出的"企业本身论"，即认为公司企业一旦成立，就脱离股东的支配而独立存在。据此，法人所有权观点认为，股东投资以后，其资本所有权"转换"为股权或股东权，股东权不是所有权，公司或企业则在股东出资的基础上形成法人所有权；在英美，也有人主张公司企业被"经营者控制"的理论。

但是我们应当看到，现代公司企业尤其是大公司企业，无论怎样被股东或出资者以外的利益主体，包括经营者、职工、银行、公众和社会团体、政府等（这些主体本身也可以做股东）所支配，公司或企业归根到底还是处于股东或出资者的监督、控制之下，法律不能允许公司或企业的行为违背股东或出资者的根本利益。公司在其活动中取得、行使权利（力），设定及履行义务，都应当是股东共同意志和利益的体现。公司终止后的剩余财产由股东取回，则是各国公司法的通例，这也说明了股东对于公司的所有者地位。

股东的一切权利义务的根源和基础，都在于资本所有者的身份和地位，《公司法》第 4 条业已列举了股东享有的各项主要所有者权益。在立法和观念上明确股东的所有者地位，对于纠正我国改革开放以来把公司法人及其财产"神圣化"从而导致严重的"老板不到位"或股东滥权的现象，具有重要的实践意义和理论价值，小股东保护和揭开公司面纱等的根本依据均在于此。旗帜鲜明地指明股东承受所有者权益，也可遏制一些人有意无意地继续炒作公司法人财产权（即"所有权"），以竞相从国有资产中争掘最后一桶金的恶行。

（三）出资者或股东对企业法人享有所有者权益

出资者或股东对企业法人享有所有者权益，并依其所有者地位通过选择经营者、为重大决策等方式对企业法人施加控制。国家授权的机构、部门或其他任何国有主体作为出资者或股东时，则具有所有者代表人或代理人的身份，其投入的资本归国家所有。任何企业法人转投资或再投资时的情况与此相似，它们作为股东享有所有者权益，但实际上，它们并非资本所有者，而只是基于法人财产权的他物权人。在会计上，所有者权益仅及于企业净资产，但从法人财产权的角度看，其客体必须是概括性财产，换言之，在法人财产权关系中，企业法人的出资者或股东对其投入企业的资本及形成的全部资产享有所有者权益。

根据所有权或私有权的原则，财产的孳息或收益应归财产的所有者所有，法人财产也不例外。既然出资者或股东对企业法人及其财产享有所有者权益，则企业财产及其经营的任何收益，在未依法或依约分配给个别出资者或股东、企业管理者、职工，未用以向国家纳税或向债权人偿债之前，均应属于企业资本的全体所有者所有，因而企业法人财产权中不应包括收益权。当然，如前所述，在企业法人转投资的情况下，它享有的收益权并不等于孳息的所有权。

（四）股权或股东权是投资者实现其所有权的形式或手段

股东或出资人一旦将其财产投资于公司，就必须通过股权或股东权来行使对该财产的所有权。

把股权或股东权从性质上解释为一种传统上既有的权利显然是没有意义的，股权或股东权就是资本所有者投资于公司时形成的一种综合性权利。称其为"综合性权利"，言下之意，其不是一种"独立"的权利，也不值得赞赏。从股权或股东权的性质和内容来看，不论共益权或自益权，无不是股东或投资者因投资于公司或企业而对公司、企业及其财产所享有的所有者权益，所以，它是投资者实现其所有权或他物权的一种手段，是其投资以后对公司或企业及其财产享有所有者权益的一种表现形式。

根据股权或股东权，可以产生债权。如在利润分配方案确定以后，会产生股东请求公司支付股息或红利的权利；又如，公司或董事侵犯股东权益的行为被依法认定为侵权行为后，可以产生股东对其的损害赔偿请求权。但股权或股东权本身并不是债权，也不是物权。

在公司的决策中，贯彻着资本或股份民主、少数股权服从多数股权的原则。所以，持有少数股权的小股东和对公司没有控股权的股东，可能失去了参与公司决策和经营管理的兴趣，往往不愿意也难以参加股东会。换言之，现代的公司或企业，事实上为有权对其加以控制的大股东所有，不愿意或不可能将自己的意志贯彻于公司行为之中的股东，实际上丧失了股权中最能体现所有权的共益权，而仅保留着类似于附条件债权的自益权。

第七节　公司人格否认制度

一、公司人格否认制度的含义

公司人格否认是美国法院在审理公司纠纷案件中创立的一项原则或制度，在英美法中称为"揭开公司面纱（Piering the Corporate Veil）"，在大陆法中也有称其为"直索（Durchgriff）责任"的。它是指在特殊情况下，为保护公司债权人等的利益，法院可以否定公司及其股东或实际控制人各自独立的人格，令操纵公司的行为人直接承担在法律上原本由公司承担的义务或责任，或者与公司负连带责任。公司制度的精髓在于有限责任制，法律赋予公司以独立人格，股东仅以其出资或所持股份对公司的行为承担有限责任，但这是以股东是单纯的投资者、对公司行为处于"无辜"状态为前提的。如果股东或其他任何人操控、利用公司损害他人合法权益或者逃避自己应承担的义务或责任，则赋予公司独立法律人格以鼓励投资的宗旨就被扭曲了，在此情形下应当否认公司的人格，不允许实施操纵的股东承担有限责任，也不允许任何人以公司独立人格为"挡箭牌"而逃避自己的义务或责任。此即公司人格否认制度的基本原理。

公司人格否认，否认的是公司的法人人格，有些国家认为无限公司等人合公司不具有法人资格，这些公司就不存在人格否认问题。公司人格否认是为了追究本来承担有限责任或不对公司行为承担责任的股东或实际控制人的责任，所以其只对有限责任制的公司适用，而对非有限责任的公司或股东（有些国家或地区规定无限公司、两合公司等也是法人）没有适用的必要。

公司人格否认只是在特定情况下和具体法律关系中适用，而不是持续、永久地消灭某一公司作为独立法律实体的地位、人格及其有限责任。

二、公司人格否认制度的内容

英美法上的"揭开公司面纱",是指法官在特殊情况下对公司的股东特别是董事等在管理公司事务中从事各种不正当行为造成公司债权人或其他人的损害的情况,应不考虑公司的独立人格,而要求公司的股东或行为人向债权人等直接承担责任。"公司面纱"是对法律拟制的公司独立人格的一种形象的说法,通过这层"面纱"将公司与其成员区隔开来。确认"公司面纱"的典型案例是英国 1897 年的萨洛蒙诉萨洛蒙有限公司案(Saloman V. Soloman Ltd)。随着社会生活的发展,人们发现,"公司面纱"常常被公司的股东或董事等实际控制人用来从事各种不正当行为,并"保护"其免受法律制裁,在这些特殊情况下,应当揭去公司的"面纱"。

大陆法系在实践中也注意到了有限责任制的弊端,而以"直索责任"弥补有限责任制的不足。按照我国台湾地区学者的解释,"直索责任"是指在法律上排除法人的独立性,假设其独立人格并不存在,以排除法人作为独立权利主体的不良后果。[1]

公司人格否认的一般要件大致可以归为以下三个方面:

1. 前提要件。即公司设立合法有效,且已取得独立人格,这样才可能有否认公司人格的必要。

2. 行为要件。即控制股东或实际控制人实施了滥用公司人格的行为。至于何为"滥用公司人格的行为",兹列举供参考如下:

(1)滥用公司人格逃避合同义务的行为。如为逃避原公司债务而抽逃资金、解散该公司或宣告该公司破产,再以原设备、人员另设公司。

(2)滥用公司人格规避法律义务的行为。如为规避法律上特定的不作为义务(如竞业禁止)而设立新公司或利用旧公司掩盖其真实行为。

(3)公司人格形骸化。这是指某一公司的设立、存续和经营完全依附于控制股东或实际控制人的指令,公司不过是该行为人的工具或"自我化身",实质上是一具丧失独立性的"公司空壳"。包括:①财产混同,指公司的财产不能与该公司的成员或其他公司的财产作清楚的区分,可能表现为公司财产与股东财产的混同,也可能表现为公司与股东或者一公司与他公司的利益一体化;②人格混同,指某公司与其成员或者其他公司没有严格的分别,如一套人马、两块牌子,名为公司实为个人或家庭等;③组织混同,如不同公司的主要经营

---

[1] 黄立:"剖析法人之能力",载《政大法学评论》1978 年第 40 期,第 106 页。

决策人员相互兼任，控制股东或实际控制人无视公司组织架构的存在而发号施令，不履行必要的程序或记录等。

3. 结果要件。即股东滥用公司人格的行为客观上损害了债权人、某些股东的利益或社会公共利益。

三、我国公司人格否认制度及实践

《公司法》于2005年修订之前，我国法律上缺乏公司法人人格滥用和否认的概念，对其态度不甚明确，鉴于实践中提出的问题，也出现了相关的个别法条、司法解释和审判案例，但不存在真正意义上的公司人格否认制度。《民法通则》第49条规定，企业法人抽逃资金、隐匿财产逃避债务的，可对法定代表人给予行政处分、罚款，构成犯罪的，依法追究刑事责任；《中华人民共和国全民所有制工业企业法》（简称《企业法》）、《城镇集体所有制企业条例》等也有类似的规定。但是，这些规定中缺乏最重要的控制股东、实际控制人和法定代表人等对债权人的"直索"责任。最高人民法院在《关于企业开办的其他企业被撤销或歇业后民事责任承担问题的批复》中称："企业开办的其他企业虽然领取了企业法人营业执照，但实际没有投入自有资金，或者投入的自有资金达不到《中华人民共和国企业法人登记管理条例实施细则》第15条第7项或其他有关法规规定的数额，或者不具备企业法人其他条件的，应当认定其不具备法人资格，其民事责任由开办该企业的企业法人承担。"

为适应实践需要并与国际接轨，《公司法》修订后增补了公司法人人格否认条款，其第20条第3款规定："公司股东滥用公司法人独立地位和股东有限责任，逃避债务，严重损害公司债权人利益的，应当对公司债务承担连带责任。"对于这一规定的理解，应当把握以下几个原则：[1]

1. 有限责任是公司制度的基石，公司人格否认应当限制在司法审判中针对某一具体案件适用，不能随意扩大其适用范围。

2. 该款规定是公司人格否认制度的核心和本质内容，即股东滥权损害债权人的利益。但公司人格否认制度应不限于此，凡董事、实际控制人等滥用公司人格，财产或人格混同等，损害某些股东和社会利益的，均得否认公司人格而直接追究行为人的责任。

3. 适用公司人格否认制度时，行为人应当对公司承担连带责任。

4. 《公司法》只对公司人格否认作了原则规定，并未规定滥权行为构成和责任的具体认定标准，需在司法实践中逐渐总结经验，并将其上升为相应的司

---

[1] 参见安建主编：《中华人民共和国公司法释义》，法律出版社2005年版，第43页。

法解释，供人民法院在审理公司案件中统一参考适用。

第八节 关联交易

一、关联关系和关联交易的基本内涵

关联交易，又称关联方交易或关联人交易，是指发生在关联人之间有关转移资源或义务的行为，可以是买卖、租赁、借贷、担保、代理、许可协议等任何交易形式。

所谓关联人，是指公司、股东、董事、监事、经理，以及他们的配偶、直系亲属和其他近亲属等与之交易极易产生不法利益输送，法律上严格控制其交易或要求其回避交易的人。关联人又称关联方、关系人，包括关系自然人和关系企业，关联人之间的关系即为关联关系。

关联交易的信用可靠、稳定，持续性强，古今中外皆为商家所重视。德日等发达国家鼓励产业资本与金融资本相融合，以大银行为中心形成企业集团，充分利用关联交易的优点；随着跨国集团在全球范围内配置资源，统筹生产经营，关联交易更构成国际贸易的重要组成部分。因此，对关联交易采取否定态度并不符合社会经济发展的需要。然而，关联交易也有其固有的弊端，如企业人为地利用关联交易制造盈亏，转移利益和风险，逃避债务和规避各国税收、金融、竞争、工商管理等法规。我国在市场化改革中，关联交易也得到迅速发展。"三资"企业与其境外关系人之间、上市公司与其控股母公司之间的交易、企业间转移财产等，日益显现其损害国家税收和小股东、债权人利益的后果。关联交易往往对市场竞争及其公平和诚信造成负面影响，损害众多公司利益相关者的权益，妨害社会对公司的信任，因此有必要对关联交易进行法律控制。

二、关联关系的界定

随着市场化改革的进展，我国已在税法、证券法、商业银行法、刑法中逐渐对关联企业、关系人和关联交易及其控制作了某些法律规定。如依据财政部颁布的《企业会计准则——关联方关系及其交易的披露》，关联方关系主要指：①直接或间接地控制其他企业或受其他企业控制，以及同受某一企业控制的两个或多个企业（例如母公司、子公司、受同一母公司控制的子公司之间）；②合营企业；③联营企业；④主要投资者个人、关键管理人员或与其关系密切的家庭成员；⑤受主要投资者个人、关键管理人员或与其关系密切的家庭成员直接控制的其他企业。这一对关联方关系的界定也被其他相关规范性文件所采用，如证监会和国资委2003年发布的《关于规范上市公司与关联方资金往来及上市公司对外担保若干问题的通知》（证监发〔2003〕56号）规定："本《通知》所称'关联方'按财政部《企业会计准则——关联方关系及其交易的披露》规定执行……"

《公司法》也对关联关系和规制关联交易的基本原则和措施作了基本规定。根据《公司法》第217条对关联关系的基本界定，关联关系是指"公司控股股东、实际控制人、董事、监事、高级管理人员与其直接或者间接控制的企业之间的关系，以及可能导致公司利益转移的其他关系。但是，国家控股的企业之间不仅因为同受国家控股而具有关联关系"。对这一界定需要从以下几个方面加以理解：

（一）对公司控股股东、实际控制人、高级管理人员等的界定

《公司法》第217条对"公司控股股东"、"实际控制人"和"高级管理人员"的含义有明确的规定。

"公司控股股东"是指：①其出资额占有限责任公司资本总额50%以上或者其持有的股份占股份有限公司股本总额50%以上的股东；②出资额或者持有股份的比例虽然不足50%，但依其出资额或者持有的股份所享有的表决权已足以对股东会、股东大会的决议产生重大影响的股东。公司股权分散的，股东往往以低于50%的表决权就可以实现对公司的控制，所以，判断股东是否对公司具有控制权和是否为控股股东，不能完全以其所持有股份是否达到某一比例为绝对标准。

按照《公司法》规定，"实际控制人"是指虽不是公司的股东，但通过投资关系、协议或者其他安排，能够实际支配公司行为的人。而在实践中，是将事实上控制公司的人认定为实际控制人，对其是否持有及持有多少公司股权则在所不问，换言之，实际控制人也可能是股东，包括控股股东和非控股股东。

"高级管理人员"，是指公司的经理、副经理、财务负责人，以及上市公司董事会秘书和公司章程规定的其他人员。

（二）对"控制"、"产生重大影响"的界定

1.控制。根据《企业会计准则——关联方关系及其交易的披露控制》，控制是指有权决定一个企业的财务和经营决策，并能据以从该企业的经营活动中获取利益。控制可以通过各种方式来实现，主要有：

（1）通过一方拥有另一方超过半数以上表决权资本的比例来确定。表决权资本是指具有投票权的资本。包括以下几种情况：①一方直接拥有另一方过半数以上表决权资本。②一方间接拥有另一方过半数以上表决权资本的控制权。

例如，A 公司拥有 B 公司 80% 的表决权资本，B 公司拥有 C 公司 70% 的表决权资本，在这种情况下，A 公司对 C 公司 70% 的表决权资本拥有控制权。③一方直接和间接拥有另一方过半数以上表决权资本的控制权。这是指母公司虽然只拥有某公司半数以下的表决权资本，但与子公司所拥有的表决权资本的合计，达到了拥有该公司过半数以上的表决权资本的控制权。例如，A 公司拥有 C 公司 30% 的表决权资本，拥有 B 公司 70% 的表决权资本；B 公司拥有 C 公司 25% 的表决权资本。在这种情况下，A 公司直接拥有 C 公司的 30% 表决权资本，加上通过 B 公司间接拥有 C 公司 25% 的表决权资本的控制权，而得以控制 C 企业。

（2）虽然一方拥有另一方表决权资本的比例不超过半数以上，但通过拥有的表决权资本和其他方式达到控制。主要有以下几种情况：①通过与其他投资者的协议，拥有另一方半数以上表决权资本的控制权。例如，A 公司拥有 B 公司 35% 的表决权资本，C 公司拥有 B 公司 25% 的表决权资本，A 和 C 达成协议，C 公司在 B 公司的权益由 A 公司代表。在这种情况下，A 公司实际上拥有了 B 公司 60% 表决权资本的控制权。②根据章程或协议有权控制另一方的财务和经营政策。例如，A 公司拥有 B 公司 20% 的表决权资本，同时，根据协议，A 公司负责 B 公司的经营管理。在这种情况下，A 公司虽然仅拥有 B 公司 20% 的表决权资本，但由于 A 公司全面负责 B 公司的经营管理，实际上能够决定企业的财务和经营政策。③一方拥有另一方表决权资本的比例虽然不超过半数，但根据章程、协议等能够任免董事会等类似机构的多数成员。④一方拥有另一方表决权资本的比例虽然不超过半数，但是在董事会或类似机构会议上有半数以上投票权。

2. 重大影响。根据《企业会计准则——关联方关系及其交易的披露控制》，重大影响是指对一个企业的财务和经营政策有参与决策的权力，但并不决定这些政策。当一方拥有另一方 20% 或以上至 50% 表决权资本时，一般对被投资企业具有重大影响。此外，符合下列情况之一的，也应当认为对被投资企业具有重大影响：

（1）在被投资企业的董事会或类似的权力机构中派有代表；

（2）可以参与企业政策的制定过程，提出建议和意见；

（3）一方对另一方派出管理人员，或者两方或多方交换管理人员；

（4）依赖投资方的技术资料。

（三）关联关系的主要形式

根据《公司法》对关联关系的界定，关联关系的主要形式包括：

1. 公司控股股东或实际控制人与其直接或者间接控制的企业之间的关系。

2. 公司董事、监事、高级管理人员与其直接或者间接控制的企业之间的关系。

3. 可能导致公司利益转移的其他关系。如同一控股股东或者实际控制人控制下的公司之间的关系，合营或联营企业之间的关系，主要投资者个人、关键管理人员或与之关系密切的家庭成员和公司之间的关系，受主要投资者个人、关键管理人员或与其关系密切的家庭成员直接控制的其他企业和公司之间的关系等。

对关联关系的认定遵循实质重于形式的原则。如《深圳证券交易所股票上市规则》（2006 年 5 月修订）第 10.1.3 条和第 10.1.5 条规定的，中国证监会、证券交易所或上市公司可以根据实质重于形式的原则，认定任何与上市公司有特殊关系，可能造成上市公司对其利益倾斜的自然人或法人为关联人。法院也有这种认定权。

（四）国有控股企业的关联关系

国家在内国法、公司法上并不是一个主体，而表现为在各自依法管辖的事务范围内能够代表中央或地方的一个个具体的国家机关。因此，不能因为不同企业同受"国家"控制或同为"国有控股"而认定其为关联企业。但是，如果不同的企业同受一个国家机关或国有企事业单位控制，则它们之间就具有关联关系，构成关联企业。也就是说，国有企业或公司的具体控股股东或实际控制人，董事、监事、高级管理人员与其直接或者间接控制的企业之间的关系，以及可能导致公司利益转移的其他关系，仍属于关联关系，应受相关法律、法规的约束和规制。

按照《企业国有资产法》的规定，我国由国务院和地方各级国资委代表同级政府行使对国有企业、公司的出资人职责。国务院和地方人民政府根据需要，可以授权其他部门、机构代表本级人民政府对国家出资企业履行出资人职责。

三、《公司法》对关联交易的规制

公司法对关联交易的规制，主要是要求公司披露重大的关联交易，对公司与其关联方的交易加以限制以及相应的责任制度。

我国已经颁布的涉及关联交易信息披露的有关规定有《企业会计准则——关联方关系及其交易的披露》、《公开发行证券公司信息披露的内容与格式准则》、《上市公司章程指引》、《股票上市规则》和《上市公司治理准则》等。《公司法》第 117 条则规定，公司应当定期向股东披露董事、监事、高级管理人员从公司获得报酬的情况。

各国公司法中大多有关联交易的特殊批准和表决制度，如股东或董事的表决权排除就是其中之一。表决权排除是指排除与某一决议事项有利害关系的股东或董事在股东（大）会或董事会上就该决议事项行使表决权的机会。《公司法》第 16 条规定，公司为其股东或者实际控制人提供担保的，该股东或实际控制人不得参加决议该担保的股东会或者股东大会的表决；第 125 条规定，上市公司董事与董事会会议决议事项所涉及的企业有关联关系的，不得对该项决议行使表决权，也不得代理其他董事行使表决权。

公司法还对一些关联交易加以限制，即禁止某些关联交易或有条件地允许某些关联交易。如《公司法》第 16 条规定，公司向其他企业投资或者为他人提供担保，应当由董事会或者股东会、股东大会决议；第 116 条规定，股份有限公司不得直接或者通过子公司向董事、监事、高级管理人员提供借款。

公司法对董事、监事和高级管理人员等的忠实义务和注意义务的要求，也可达到限制其从事不当关联交易的目的。

《公司法》第 21 条规定，公司的控股股东、实际控制人、董事、监事、高级管理人员利用其关联关系损害公司利益，给公司造成损失的，应当承担赔偿责任。当然，关联交易也可能损害债权人、股东和国家的利益，行为人也应依法承担责任。由于关联交易方都是法律上的独立主体，各具法律人格，因此追究行为人的责任往往就是"揭开公司面纱"或否认公司的法人人格。相应的救济方式包括：公司以自己名义对关联方提起损害赔偿之诉；股东为公司的利益提起派生诉讼；股东直接对关联方提起损害赔偿之诉；债权人提起关联交易行为无效之诉、撤销之诉和要求关联方承担连带责任之诉；股东提起要求确认与关联交易相关的股东（大）会或董事会决议无效之诉、撤销之诉；等等。

《公司法》在 2005 年修订之后，在关联企业和关联交易规制方面仍存在不足之处，主要是未能引入在国外业已通行的"深石"原则。"深石"原则（Deep-Rock Doctrine）又称衡平居次（劣后）原则（the rule of equitable subordination），是指在控制公司不当操控从属公司的情况下，其对从属公司的债权不论有无优先权或别除权，都应劣后于从属公司的其他债权受偿。该原则源于美国联邦最高法院 1938 年审理的泰勒诉标准电气石油公司（Taylor v. Standard Gas

& Electric Co.）一案，是关联企业发展的产物。[1]因为它不是基于母公司对子公司的控制，简单地通过揭开公司面纱而否定母公司的债务，也不是一概要求母公司对子公司的债权劣后于其他债权人受偿，[2]而是在一般地认可关联企业及母公司得控制子公司的前提下，以控制公司的行为是否公平、合理为标准，来确定控制公司对从属公司的债权应否劣后。由于它顺应了企业关系发展的客观要求，所以逐渐成为法律上处理母子公司间债权债务关系的一项基本原则，并为其他国家和地区所接受。我国台湾地区"公司法"也于 1997 年引进了这项原则，依该法第 369 条之七规定，控制公司直接或间接使从属公司为不合营业常规或其他不利益之经营者，如控制公司对从属公司有债权，在控制公司对从属公司应负担之损害赔偿限度内，不得主张抵销；该项债权无论有无别除权或优先权，于从属公司依破产法之规定为破产或和解，或依公司法的规定为重整或特别清算时，应次于从属公司的其他债权受清偿。在我国现实经济生活中，控制企业滥用控制权的现象是较为严重的，如转移资产和利润、为自身需要而置从属企业的正常经营和利益于不顾等，损害其他股东和债权人的利益，因此有必要在公司法中引进"深石"原则，与揭开公司面纱制度相辅相成，以实现母公司或控制股东与一般股东和债权人在市场关系中的平衡和公正。

第九节　公司职工权益保障及其参与民主管理

公司职工除同时是股东外，一般不是公司成员，因而需要加强对其权益的保护。《公司法》中对此作了若干必要的规定。

一、职工的劳动与社会保障权利

《公司法》第 17 条规定，公司必须保护职工的合法权益，依法与职工签订劳动合同，依法为职工办理社会保险。公司应当加强劳动保护，实现安全生产；

---

[1]　在该案中，法院在审查深石公司（Deep Rock Oil Corp.）的债权重组计划时发现，被告母公司标准电气石油公司对深石公司有巨额债权，而深石公司在成立之初即资本不足，其业务受被告控制，完全为了被告的利益而经营，且被告的债权均与深石公司的业务往来而产生，如果批准该计划，有违公平合理原则，对深石公司的优先股股东不利，因此撤销该计划，判决被告母公司对深石公司的债权劣后于深石公司的优先股股东受偿。参见〔美〕罗伯特·C. 克拉克：《公司法则》，胡平等译，工商出版社 1999 年版，第 42 页。

[2]　这方面的做法在美国有自动居次或劣后（automatic subordination）、绝对居次或劣后（absolute subordination）等。

应当采用多种形式，加强公司职工的职业教育和岗位培训，提高职工素质。

二、职工依法组织工会的权利

《公司法》第18条第1款规定，公司职工有权依照《中华人民共和国工会法》的规定组织工会，开展工会活动，维护职工合法权益。为此，公司应当为本公司工会提供必要的活动条件。公司违反集体合同，侵犯职工劳动权益的，工会可以依法要求企业承担责任；因履行集体合同发生争议的，工会可以向劳动争议仲裁机构提请仲裁，对仲裁裁决不服的，可以向人民法院提起诉讼。

三、职工参与公司民主管理的权利

《公司法》第18条第2、3款规定，公司依照宪法和有关法律的规定，通过职工代表大会或者其他形式，实行民主管理。公司研究决定改制以及经营方面的重大问题、制定重要的规章制度时，应当听取公司工会的意见，并通过职工代表大会或者其他形式听取职工的意见和建议。当然，民主分为不同的层次：①最高形式的民主，是少数服从多数的民主决策和民主管理；②较低层次的民主，则是"参事、议事"和参与监督，但属于没有决定权的民主参与和民主管理。在公司中，职工享有的是后一种低层次的民主，职工（代表）大会也非公司或企业的权力机关。

根据《公司法》规定，国有独资公司、两个以上的国有企业或者两个以上的其他国有投资主体投资设立的有限责任公司，其董事会成员中应当有公司职工代表；其他有限责任公司董事会成员中可以有公司职工代表。董事会中的职工代表由公司职工通过职工（代表）大会或者其他形式民主选举产生。

有限责任公司监事会应当包括股东代表和适当比例的公司职工代表，其中职工代表的比例不得低于1/3，具体比例由公司章程规定。监事会中的职工代表由公司职工通过职工（代表）大会或者其他形式民主选举产生。国有独资公司监事会中的职工代表的比例不得低于1/3，具体比例由公司章程规定；监事会成员中的职工代表由公司职工代表大会选举产生。

股份公司董事会成员中可以有公司职工代表。董事会中的职工代表由公司职工通过职工（代表）大会或者其他形式民主选举产生。股份公司监事会应当包括适当比例的公司职工代表，其中职工代表的比例不得低于1/3，具体比例由公司章程规定。监事会中的职工代表由公司职工通过职工（代表）大会或者其他形式民主选举产生。

第三章 公司登记管理

第一节 公司登记管理概述

一、公司登记管理的概念

公司登记，是指依照法定程序，由主管机关对法定的公司登记事项进行登记注册的一种行为或制度。公司登记管理，即国家主管机关依法对公司及其有关事项进行审核登记，并进行相应管理监督的一种工商管理法律制度。

对公司进行登记注册，是对公司及其内部关系实行的一种公示。其目的，在于使公司设立、变更、终止的事实及公司具有外部性的主要情况得为公众所知，便于利害关系人查询，以利于交易安全；同时便于国家掌握公司的情况，进行必要的管理，以保障合法经营，制止非法活动。

对公司进行登记管理是各国通行的做法。我国在《公司法》中对公司登记作了规定，并于 1994 年 6 月颁布了《中华人民共和国公司登记管理条例》（简称《公司登记管理条例》），[1]规定有限责任公司和股份有限公司的设立、变更和终止，都应当依照该条例办理公司登记。

公司登记管理在历史上出现较晚。英国 1844 年颁布的公司法，在对公司设立采取准则主义的同时，开始规定公司登记制度。1861 年的《普通德意志商法典》，则规定了统一的商事登记，包括了公司登记的制度。到 20 世纪初，发达国家才普遍实行公司登记管理。

公司登记不同于营业登记。公司登记属于法人登记，目的是创设法人，赋予公司以法人资格。营业登记又称商业登记、商事登记，其作用则是政府承认某项营业及某一商号、行号的合法性，准许其开业，对其营业活动进行监督，

---

[1] 2005 年《公司法》修订后，国务院对该条例也作了相应修订，修订后的《公司登记管理条例》于 2006 年 1 月 1 日起实行。

并据以进行税收征收管理。营业登记的历史较为悠久，可以追溯到西欧中世纪的行会或商人组织设置登记册，对商人或加入行会者进行登记的做法。

在我国，公司的这两种登记是合并进行的，并由同一机关主管。对符合条件、准予登记的公司发给《企业法人营业执照》，对外商投资公司发给《中华人民共和国企业法人营业执照》，对非法人企业和个体经营户发给《营业执照》，对外商投资的非法人企业、外商投资企业及外国公司的营业性分支机构发给《中华人民共和国营业执照》。

从表面上看，将公司登记和营业登记合在一起较为简便易行，但将二者分立更有其合理的一面。首先，在一个幅员辽阔，尤其是经济发展不平衡的国家，必然存在着不同区域、不同层次的市场，公司营业登记宜同公司的主要营业场所所在地及其惯常的一个或数个经营区域相联系，以利于对公司营业活动的监督；而公司法人登记则不宜分散进行，否则易造成对公司法人的条件及其设立标准控制掌握不一，商号重复，冲突在所难免，不利于公司跨区域交易及全国统一市场的形成。其次，就政府对公司营业的监管而言，关系最密切的是税收征收和税务监管，营业登记宜由税务机关承担，这也是发达国家和地区惯常的做法。我国在营业登记之外另设税务登记，反而造成工作重复，徒增工商行政和税务两个机关间的协调配合问题，增加企业负担，也造成一些公司异地营业规避税收的法律漏洞。最后，从理论、实践效果和国际惯例来看，公司的营业行为、状况与其法人资格并无直接关联，比如公司法人年检不合格或未经年检、因不法行为被吊销营业执照等，涉及的是公司的经营和信用问题，应当给予其通过努力、诚信经营而恢复信用的机会，交易安全问题应该通过公司登记信息的公开、公信及其制度化保障，将"矛盾"交由市场主体自行回避和化解，没必要令公司在此情况下丧失法人资格，否则将引发众多无效法律关系，并不利于公司及其活动的正常延续，也不利于交易安全，这也是我国目前公司登记管理中存在的问题或弊端之一。

由上所述，有必要对企业法人及其营业分别登记管理的制度作分析借鉴，在此基础上完善我国的企业登记管理制度。

二、公司登记的效力

《公司登记管理条例》第3条规定，公司经公司登记机关依法登记，领取《企业法人营业执照》，方取得企业法人资格，未经公司登记机关登记的，不得以公司名义从事经营活动。因此，公司设立登记是公司成立的必要条件，只有经过登记才能创设具有法人资格的公司。国外多数国家对公司设立也是采取登记要件主义，即公司不经登记不能成立。

就国家对公司的管理、公司自身活动及其与第三人的关系等方面而言，公司核准登记和登记的事项具有公示和公信的法律效力。公司成立以后，其名称、住所、注册资本、实收资本、经营范围、法定代表人姓名等主要登记事项变更，依法必须进行登记的，非经登记，不得以其变更对抗善意的第三人。这是由公司登记的公示及维护社会交易安全的固有作用所决定的。

公司分立、合并、注册资本或组织形式变更，或因各种原因终止的，还应履行法律规定的有关条件和程序，否则不能发生法律效力，不能依法获准登记，公司和有关责任人员还应承担相应的法律责任。

公司为不实登记或以虚报或欺骗手段获得登记机关登记，登记主管机关或其工作人员违法对不符合条件者给予企业登记，公司、国家机关和有关行为人应当依照有关法律、法规承担相应法律责任。但在不实登记未由登记机关责令改正或被撤销之前，鉴于公司登记的公信力，公司不得以其登记事项不实对抗善意第三人。

三、公司登记管理的意义

（一）公司登记管理是国家行使和实现经济管理职能的方式之一

通过科学的登记管理，政府得以了解国民经济各部门、各行业的发展趋势和比例，藉以制定适当的产业政策和竞争政策，从而控制、引导社会资金流向，使资源的配置更加合理。而公司登记管理机关依法对公司下达通知、指示、命令，给予监督、处罚等，则是政府从微观上实施经济管理和维护经济秩序的重要方式之一。

（二）公司登记管理是配合市场准入控制的手段之一

我国的公司登记管理制度应当端正其市场准入控制的目的和作用，结合产业政策、竞争政策和行业标准，在设立审批和登记管理中"对事不对人"。对于需要实行市场准入控制的领域，公司登记管理机关有义务与其他部门密切配合，严格依法实施控制；对于不需要实行市场准入控制的大多数竞争性领域，则依准则主义，符合条件即准予公司登记。在实践中，随着市场化改革的深入和人们观念的转变，我国对公司的设立审批正向市场准入控制方面转变，登记管理则朝着利用登记的政府公信力和公示效果而维护社会交易安全的方向发展。

（三）公司登记管理有利于维护交易安全和当事人合法权益

这是现代公司登记管理制度的一项最重要、最直接的功能。公司登记管理制度要求企业符合法律规定的最低条件，符合条件者即予登记，以此及时向企业传达法律和政府对企业的各种规定和要求；要求企业依法报送有关财务会计报告，将企业登记信息和反映企业经营状况的报表公之于众，供任何人随时查询，政府以其公信力保证登记信息和报表的真实、合法性；企业经过登记，亦得以其登记事项对抗第三人而寻求法律对其经营活动的保障，从而得以有效地维护社会交易安全和当事人的合法权益。政府以公示、公信的方式让市场主体自己去判断交易对手的信用并决定是否成交，将矛盾"下交"给社会，就实现了一种公正、公开、高效的政府对企业的间接监督管理。

（四）公司登记管理有利于规范公司登记行为

公司登记行为既包括公司申请登记中的作为和不作为，也包括工商行政管理机关受理、审核、准予或不准予登记、检查监督中的各种行为。通过公司登记管理制度规范企业登记行为，可以提高公司登记的质量，确保公司登记能够为国民经济管理和维护社会交易安全提供真实、可靠的信息，有利于规范公司组织、督促公司诚信行事，也可尽力避免登记机关的不规范或违法乱纪的行为对公司权益和社会经济秩序可能造成的损害。

第二节　公司登记管辖和登记事项

一、公司登记主管机关

我国的公司登记主管机关是工商行政管理机关。工商行政管理机关由国家工商行政管理总局和地方各级工商行政管理局组成，省级以下工商行政管理机关实行垂直管理，省级以下各级工商行政管理机关为上一级工商行政管理机关的直属机构。工商行政管理所是区、县工商行政管理局的派出机构，不是一级工商行政管理机关。

二、公司登记管辖

公司登记管辖是指工商行政管理机关按级别和地域分工负责公司登记管理的制度。

（一）国家工商行政管理总局负责登记的公司

1. 国务院国有资产监督管理机构履行出资人职责的公司以及该公司持股50%以上的公司；

2. 外商投资的公司；

3. 依照法律、行政法规或者国务院决定由国家工商行政管理总局登记的公司；

4. 国家工商行政管理总局规定由其登记的其他公司。

（二）省、自治区、直辖市工商行政管理局负责登记的公司

1. 省、自治区、直辖市人民政府国有资产监督管理机构履行出资人职责的公司以及该公司持股50%以上的公司；

2. 省、自治区、直辖市工商行政管理局规定由其登记的自然人投资设立的公司；

3. 依照法律、行政法规或者国务院决定由省、自治区、直辖市工商行政管理局登记的公司；

4. 国家工商行政管理总局授权登记的其他公司。

（三）市、县（区）工商行政管理局负责登记的公司

设区的市（地区）工商行政管理局、县工商行政管理局，以及直辖市的工商行政管理分局、设区的市工商行政管理局的区分局，负责本辖区内下列公司的登记：

1. 由国家工商行政管理总局和省级工商行政管理局负责登记以外的其他公司的登记；

2. 国家工商行政管理总局和省、自治区、直辖市工商行政管理局授权登记的公司。其具体登记管辖由省、自治区、直辖市工商行政管理局规定。但是，其中的股份有限公司由设区的市（地区）工商行政管理局负责登记。

三、公司登记事项

（一）公司的名称

公司的名称必须符合《公司法》和《企业名称登记管理规定》的要求，一经登记即具有排他的效力。公司只能使用一个名称。经公司登记机关核准登记的公司名称受法律保护。

（二）公司的住所

公司的住所是公司主要办事机构所在地，如董事会及其他重要机构的办公所在地，具有公司经营管理中心的职能。住所与经营场所不同。经营场所是公司从事生产经营活动的地点，如工厂所在地。一个公司可以有多个经营场所，但只能有一个住所。公司的住所应当在其公司登记机关的辖区内。

（三）法定代表人姓名

依照法律或法人组织章程的规定，代表公司行使职权的负责人是公司的法定代表人。公司的法定代表人为1人。《公司法》第13条规定："公司法定代表人依照公司章程的规定，由董事长、执行董事或者经理担任，并依法登记。公司法定代表人变更，应当办理变更登记。"该规定改变了原来法定代表人由董事长担任的规定，使得法定代表人不再严格法定，而是赋予公司通过章程在较

大范围内选择法定代表人的权利。

（四）注册资本和实收资本

公司的注册资本和实收资本应当以人民币表示，法律、行政法规另有规定的除外。

（五）公司类型

公司类型包括有限责任公司和股份有限公司。一人有限责任公司应当在公司登记中注明自然人独资或者法人独资，并在公司营业执照中载明。此外，对国有独资有限公司、上市公司、外商投资股份有限公司等，也分别标明"国有独资"、"上市"以及"港（澳、台）商投资"或"外商投资"的字样。

（六）经营范围

公司的经营范围由公司章程规定，并依法登记。公司申请登记的经营范围中属于法律、行政法规或者国务院决定规定在登记前须经批准的项目的，应当在申请登记前报经国家有关部门批准，并向公司登记机关提交有关批准文件。公司可以通过修改公司章程改变经营范围，并应当办理变更登记。

（七）营业期限

公司章程中可以确定公司的营业期限。凡股东决定公司有营业期限的，就应当对营业期限进行登记。

（八）有限责任公司股东或者股份有限公司发起人的姓名或者名称，及其认缴和实缴的出资额、出资时间、出资方式

股东的出资方式应当符合《公司法》的规定。股东以货币、实物、知识产权、土地使用权以外的其他财产出资的，其登记办法由国家工商行政管理总局会同国务院有关部门规定。根据《公司登记管理条例》的规定，股东不得以劳务、信用、自然人姓名、商誉、特许经营权或者设定担保的财产等作价出资。

第三节　公司登记的类型

《公司登记管理条例》中将公司登记分为设立登记、变更登记、注销登记和分公司登记等四类。

一、公司设立登记

（一）公司名称的预先核准

1. 公司名称预先核准的意义。《企业名称登记管理规定》中规定，企业有特殊原因的，可以在开业登记前预先单独申请企业名称登记注册；《公司登记管

理条例》则将公司名称的预先核准确定为一项固定的制度。该条例第 17 条规定："设立公司应当申请名称预先核准。法律、行政法规或者国务院决定规定设立公司必须报经批准，或者公司经营范围中属于法律、行政法规或者国务院决定规定在登记前须经批准的项目的，应当在报送批准前办理公司名称预先核准，并以公司登记机关核准的公司名称报送批准。"

在公司设立的过程中，就需要使用公司名称，如在公司章程、有关主管部门的批准文件、创立大会的会议记录、筹办公司的财务审计报告、验资报告等文件中，都要记载公司名称，如果没有名称预先核准制度，公司到申请开业登记时才发现所用名称不恰当、不规范或不合法，就会影响公司的及时成立，耗费公司设立者的时间和精力，造成社会资源的浪费。采用公司名称预先核准制，可以使公司的名称在公司申请设立登记之前就具有合法性、确定性，从而确保公司名称适法和设立登记的顺利进行。

2. 公司名称预先核准的申请。申请公司名称预先核准时，公司尚未成立，申请公司名称预先核准的人，是公司的设立者或其指定的代表人或委托的代理人。《公司登记管理条例》第18条规定："设立有限责任公司，应当由全体股东指定的代表或者共同委托的代理人向公司登记机关申请名称预先核准；设立股份有限公司，应当由全体发起人指定的代表或者共同委托的代理人向公司登记机关申请名称预先核准。"在股东或发起人为少数几个或一个自然人的情况下，其本人也当然可以作为申请人。设立国有独资公司，则由国务院或者地方人民政府授权的本级人民政府国有资产监督管理机构作为申请人。

3. 公司名称的预先核准及其效力。预先核准的公司名称保留期为 6 个月。预先核准的公司名称在保留期内，不得用于从事经营活动，不得转让。

（二）公司设立登记

按照《公司法》的规定，对公司的设立原则上实行准则主义，即只要符合《公司法》规定的公司设立条件，就可直接申请公司的设立登记，毋需经过审批。但是，法律、行政法规等规定公司的设立必须报经批准的，在公司设立登记前应当依法办理审批手续。公司申请登记的经营范围中属于法律、行政法规或者国务院决定规定在登记前须经批准的项目的，也应当在申请登记前报经国家有关部门批准。《公司登记管理条例》第20条规定，法律、行政法规或者国务院决定规定设立有限责任公司必须报经批准的，应当自批准之日起90日内向公司登记机关申请设立登记；逾期申请设立登记的，申请人应当报批准机关确认原批准文件的效力或者另行报批。

1. 有限责任公司的设立登记。有限责任公司设立登记的申请人，与其名称预先核准的申请人相同。申请设立时，应当向公司登记机关提交下列文件：

（1）公司法定代表人签署的设立登记申请书；

（2）全体股东指定代表或者共同委托代理人的证明；

（3）公司章程，章程中有违反法律、行政法规的内容的，公司登记机关有权要求公司作相应修改；

（4）依法设立的验资机构出具的验资证明，法律、行政法规另有规定的除外；

（5）股东首次出资是非货币财产的，应当在公司设立登记时提交已办理其财产权转移手续的证明文件；

（6）股东的主体资格证明或者自然人身份证明；

（7）载明公司董事、监事、经理的姓名、住所的文件以及有关委派、选举或者聘用的证明；

（8）公司法定代表人任职文件和身份证明；

（9）企业名称预先核准通知书；

（10）公司住所证明，即能够证明公司对其住所享有使用权的文件；

（11）国家工商行政管理总局规定要求提交的其他文件。

外商投资的有限责任公司的股东首次出资额应当符合法律、行政法规的规定，其余部分应当自公司成立之日起 2 年内缴足，其中，投资公司可以在 5 年内缴足。法律、行政法规或者国务院决定规定设立有限责任公司必须报经批准的，还应当提交有关批准文件。

2. 股份有限公司的设立登记。设立股份有限公司，由董事会向公司登记机关申请设立登记。以募集方式设立股份有限公司的，应当于创立大会结束后 30 日内向公司登记机关申请设立登记。申请设立时，应当向公司登记机关提交下列文件：

（1）公司法定代表人签署的设立登记申请书；

（2）董事会指定代表或者共同委托代理人的证明；

（3）公司章程，章程中有违反法律、行政法规的内容的，公司登记机关有权要求公司作相应修改；

（4）依法设立的验资机构出具的验资证明；

（5）发起人首次出资是非货币财产的，应当在公司设立登记时提交已办理其财产权转移手续的证明文件；

（6）发起人的主体资格证明或者自然人身份证明；

（7）载明公司董事、监事、经理姓名、住所的文件以及有关委派、选举或者聘用的证明；

（8）公司法定代表人任职文件和身份证明；

（9）企业名称预先核准通知书；

（10）公司住所证明，即能够证明公司对其住所享有使用权的文件；

（11）国家工商行政管理总局规定要求提交的其他文件。

此外，以募集方式设立股份有限公司的，还应当提交创立大会的会议记录；以募集方式设立股份有限公司并公开发行股票的，还应当提交国务院证券监督管理机构的核准文件。法律、行政法规或者国务院决定规定设立股份有限公司必须报经批准的，还应当提交有关批准文件。

依法设立的公司，由公司登记机关发给"企业法人营业执照"，对外商投资公司发给"中华人民共和国企业法人营业执照"。公司营业执照签发日期为公司成立日期。公司凭公司登记机关核发的"企业法人营业执照"刻制印章，开立银行账户，申请纳税登记。

二、公司变更登记

公司变更登记，是指公司合并、分立、组织形式变更或其他重要事项（如名称、住所、经营场所、法定代表人、经营范围、注册资本、经营期限等）发生变化以及增设或撤销分支机构时所应进行的企业登记。

公司变更首先必须遵守《公司法》的规定和其他法规的有关实体性规定。公司主要登记事项变更、组织形式变更、增设或撤销分支机构的，应办理公司变更登记；公司分立、合并的，除合并后存续的接纳方和分立后存续的原公司办理变更登记外，其他须依法分别办理公司设立登记或注销登记。公司变更登记事项，应当向原公司登记机关申请变更登记。应当办理变更登记而未经变更登记的，公司不得以其变更后的事项对抗第三人。

（一）《公司登记管理条例》对公司变更登记的有关要求

1. 公司变更名称的，应当自变更决议或者决定作出之日起 30 日内申请变更登记。

2. 公司变更住所的，应当在迁入新住所前申请变更登记，并提交新住所使用证明。公司变更住所跨公司登记机关辖区的，应当在迁入新住所前向迁入地公司登记机关申请变更登记；迁入地公司登记机关受理的，由原公司登记机关将公司登记档案移送迁入地公司登记机关。

3. 公司变更法定代表人的，应当自变更决议或者决定作出之日起 30 日内申请变更登记。

4. 公司变更注册资本的，应当提交依法设立的验资机构出具的验资证明。

公司增加注册资本的，有限责任公司股东认缴新增资本的出资和股份有限公司的股东认购新股，应当分别依照《公司法》设立有限责任公司缴纳出资和设立股份有限公司缴纳股款的有关规定执行。股份有限公司以公开发行新股方式或者上市公司以非公开发行新股方式增加注册资本的，还应当提交国务院证券监督管理机构的核准文件。公司法定公积金转增为注册资本的，验资证明应当载明留存的该项公积金不少于转增前公司注册资本的25%。公司减少注册资本的，应当自公告之日起45日内申请变更登记，并应当提交公司在报纸上登载公司减少注册资本公告的有关证明和公司债务清偿或者债务担保情况的说明。公司减资后的注册资本不得低于法定的最低限额。

5. 公司变更实收资本的，应当提交依法设立的验资机构出具的验资证明，并应当按照公司章程载明的出资时间、出资方式缴纳出资。公司应当自足额缴纳出资或者股款之日起30日内申请变更登记。

6. 公司变更经营范围的，应当自变更决议或者决定作出之日起30日内申请变更登记；变更经营范围涉及法律、行政法规或者国务院决定规定在登记前须经批准的项目的，应当自国家有关部门批准之日起30日内申请变更登记。公司的经营范围中属于法律、行政法规或者国务院决定规定须经批准的项目被吊销、撤销许可证或者其他批准文件，或者许可证、其他批准文件有效期届满的，应当自吊销、撤销许可证、其他批准文件或者许可证、其他批准文件有效期届满之日起30日内申请变更登记或者依照《公司登记管理条例》有关"注销登记"的规定办理注销登记。

7. 公司变更类型的，应当按照拟变更的公司类型的设立条件，在规定的期限内向公司登记机关申请变更登记，并提交有关文件。

8. 有限责任公司股东转让股权的，应当自转让股权之日起30日内申请变更登记，并应当提交新股东的主体资格证明或者自然人身份证明。有限责任公司的自然人股东死亡后，其合法继承人继承股东资格的，公司应当依照上述规定申请变更登记。有限责任公司的股东或者股份有限公司的发起人改变姓名或者名称的，应当自改变姓名或者名称之日起30日内申请变更登记。

9. 公司登记事项变更涉及分公司登记事项变更的，应当自公司变更登记之日起30日内申请分公司变更登记。

10. 公司章程修改未涉及登记事项的，公司应当将修改后的公司章程或者公司章程修正案送原公司登记机关备案。

11. 公司董事、监事、经理发生变动的，应当向原公司登记机关备案。

12. 因合并、分立而存续的公司，其登记事项发生变化的，应当申请变更登记。公司合并、分立的，应当自公告之日起45日后申请登记，提交合并协议和合并、分立决议或者决定以及公司在报纸上登载公司合并、分立公告的有关证明和债务清偿或者债务担保情况的说明。法律、行政法规或者国务院决定规定公司合并、分立必须报经批准的，还应当提交有关批准文件。

13. 变更登记事项涉及《企业法人营业执照》载明事项的，公司登记机关应当换发营业执照。

14. 公司依照《公司法》第22条的规定向公司登记机关申请撤销变更登记的，应当提交公司法定代表人签署的申请书和人民法院的裁判文书。

（二）公司申请变更登记应当提交的文件

1. 公司法定代表人签署的变更登记申请书；

2. 依照《公司法》作出的变更决议或者决定；

3. 国家工商行政管理总局规定要求提交的其他文件。

公司变更登记事项涉及修改公司章程的，应当提交由公司法定代表人签署的修改后的公司章程或者公司章程修正案。变更登记事项依照法律、行政法规或者国务院决定规定在登记前须经批准的，还应当向公司登记机关提交有关批准文件。

三、公司注销登记

公司注销登记，是指公司因依法被吊销营业执照、责令关闭或者被撤销、自行解散、宣告破产等原因而解散或终止营业，依法清算完毕后，由登记主管机关办理的消灭公司法人资格的登记。按照我国《公司登记管理条例》的规定，公司解散，依法清算的，清算组应当自成立之日起10日内将清算组成员、清算组负责人名单向公司登记机关备案。公司注销登记由公司清算组织提出申请，公司清算组织应当自公司清算结束之日起30日内向原公司登记机关申请注销登记。

根据《公司登记管理条例》的规定，公司申请注销登记应当提交下列文件：

1. 公司清算组负责人签署的注销登记申请书；

2. 人民法院的破产裁定、解散裁判文书，公司依照《公司法》作出的决议或者决定，行政机关责令关闭或者公司被撤销的文件；

3. 股东会、股东大会、一人有限责任公司的股东、外商投资的公司董事会或者人民法院、公司批准机关备案、确认的清算报告；

4.《企业法人营业执照》；

5. 法律、行政法规规定应当提交的其他文件。

此外，国有独资公司申请注销登记，还应当提交国有资产监督管理机构的决定，其中，国务院确定的重要的国有独资公司，还应当提交本级人民政府的批准文件。有分公司的公司申请注销登记，还应当提交分公司的注销登记证明。

四、分公司登记

分公司，是指公司在其住所以外设立的从事经营活动的机构。分公司不具有企业法人资格。公司设立分公司有两种情况：一是在公司设立的同时设立分公司。在这种情况下，出资者或股东一般在公司章程中就设立分公司的事项作出规定，但《公司法》对此未作硬性要求，可由当事人任意决定。二是在公司成立以后，根据需要而决定设立分公司。分公司必须依法登记才能合法地从事活动。

（一）分公司设立登记

1. 公司设立分公司的，应当自决定作出之日起30日内向分公司所在地的公司登记机关申请登记；法律、行政法规或者国务院决定规定必须报经有关部门批准的，应当自批准之日起30日内向公司登记机关申请登记。

2. 分公司的登记事项包括：名称、营业场所、负责人、经营范围。分公司的名称应当符合国家有关规定。分公司的经营范围不得超出公司的经营范围。

3. 设立分公司，应当向公司登记机关提交下列文件：公司法定代表人签署的设立分公司的登记申请书、公司章程以及加盖公司印章的"企业法人营业执照"复印件、营业场所使用证明、分公司负责人任职文件和身份证明、国家工商行政管理总局规定要求提交的其他文件。法律、行政法规或者国务院决定规定设立分公司必须报经批准，或者分公司经营范围中属于法律、行政法规或者国务院决定规定在登记前须经批准的项目的，还应当提交有关批准文件。

分公司准予登记的，由分公司登记机关发给"营业执照"，对外商投资公司的分公司发给"中华人民共和国营业执照"。公司应当自分公司登记之日起30日内，持分公司营业执照到公司登记机关办理备案。

（二）分公司变更登记

分公司变更登记事项的，应当向其登记机关申请变更登记。申请变更登记，应当提交公司法定代表人签署的变更登记申请书。变更名称、经营范围的，应当提交加盖公司印章的"企业法人营业执照"复印件，分公司经营范围中属于法律、行政法规或者国务院决定规定在登记前须经批准的项目的，还应当提交有关批准文件。变更营业场所的，应当提交新的营业场所使用证明。变更负责人的，应当提交公司的任免文件及其身份证明。

公司登记机关准予以上变更登记的，换发分公司的"营业执照"。

（三）分公司注销登记

分公司被公司撤销、依法责令关闭、吊销营业执照的，公司应当自决定作出之日起 30 日内向该分公司的登记机关申请注销登记。

申请注销登记，应当提交公司法定代表人签署的注销登记申请书和分公司的营业执照。公司登记机关准予注销登记后，收缴分公司的营业执照。

第四节　公司登记的一般规定

一、公司登记的一般程序

公司设立登记、变更登记、注销登记和分公司登记，都应向公司登记机关提出申请，并按规定提交相应的文件。

公司登记机关收到申请人的登记申请书及有关文件后，经过形式审查合格，即发给申请人《公司登记受理通知书》。

公司登记机关对决定受理的登记申请，应当分别情况在规定的期限内，经过实质审查，即对申请人申请登记事项的真实性和合法性进行审查，作出是否准予登记的决定。

公司登记机关作出准予公司设立登记决定、变更登记决定、注销登记决定的，应当分别出具《准予设立登记通知书》、《准予变更登记通知书》和《准予注销登记通知书》，并告知申请人自决定之日起 10 日内，领取、换发、收缴营业执照；公司登记机关作出不予登记决定的，应当出具《登记驳回通知书》，说明不予核准、登记的理由，并告知申请人享有依法申请行政复议或者提起行政诉讼的权利。

二、登记费

公司办理设立登记、变更登记，应当按照规定向公司登记机关缴纳登记费。《公司登记管理条例》关于登记费的具体规定如下：

1. 领取企业法人营业执照的，设立登记费按注册资本总额的 0.8‰ 缴纳；注册资本超过 1000 万元的，超过部分按 0.4‰ 缴纳；注册资本超过 1 亿元的，超过部分不再缴纳。

2. 领取营业执照的，设立登记费为 300 元。

3. 变更登记事项的，变更登记费为 100 元。

三、公司登记机关的义务

公司登记机关应当将登记的事项记载于公司登记簿上，供社会公众查阅、复制。《公司法》第6条第3款规定，公众可以向公司登记机关申请查询公司登记事项，公司登记机关应当提供查询服务。这是登记机关履行其公共管理职能，实现公司登记维护交易安全和当事人合法权益的重要手段。公司因从事违法活动或由于其他原因被吊销企业法人营业执照或营业执照的，其公告也由公司登记机关发布。同时，公司登记机关应依法履行职责，不得对不符合规定条件的公司登记申请予以登记，包庇违法登记，或因拖延、刁难、推诿、舞弊等行为而损害登记申请人或公司的合法权益。否则，有关直接负责的主管人员和其他直接责任人员应依法承担相应法律责任，权益受到损害的当事人亦有权依法对有关公司登记机关提起行政诉讼。

第五节　公司登记监督管理

一、公司登记监督管理的概念

公司登记监督管理，是指我国工商行政管理机关基于公司登记而对公司依法实行的监督管理。除由登记主管机关在日常的公司登记工作中对公司进行监督管理外，《公司登记管理条例》中还对公司年检、公司证照和登记档案管理等制度作了规定。

二、公司年度检验制度

《公司登记管理条例》规定，每年3月1日至6月30日，公司登记机关对公司进行年度检验。

公司应当按照公司登记机关的要求，在规定的时间内接受年度检验，并提交年度检验报告书、年度资产负债表和损益表、企业法人营业执照副本。设立分公司的公司在其提交的年度检验材料中，应当明确反映分公司的有关情况，并提交营业执照的复印件。

公司应按《公司登记管理条例》的规定，向公司登记机关缴纳年度检验费。年度检验费为50元。

公司登记机关应当根据公司提交的年度检验材料，对与公司登记事项有关的情况进行审查，以了解其经营状况，确认其是否具有继续经营的资格。经审核合格的，确认其继续经营的资格。

三、公司证照管理

（一）公司证照的意义和效力

公司证照主要是指企业法人营业执照和营业执照，它们是公司取得法人资格和分公司等公司分支机构取得合法经营权的法律依据。凭借证照，公司可以刻制印章、开立银行账户、刊登广告、合法地开展生产经营活动。证照中核定的登记事项，则对公司的生产经营活动予以必要的限制。所以，公司证照对于维护公司的合法权益和社会经济秩序，加强对公司的监督管理，具有重要的作用。

公司证照有正、副本之别。二者都是工商行政管理机关核发的，其内容和法律效力完全相同。二者的不同之处是，正本置于公司住所或者分公司营业场所的醒目位置。副本则为折叠式，主要供公司在其活动中提供证明之用。此外，证照的正本为1份，副本则可以有多份，公司可以根据业务需要向公司登记机关申请核发营业执照若干副本。

（二）《公司登记管理条例》关于证照管理的若干规定

1. 公司必须将企业法人营业执照正本或者营业执照正本应当置于公司住所或者分公司营业场所的醒目位置。

2. 任何单位和个人不得伪造、涂改、出租、出借、转让营业执照。营业执照遗失或者毁坏的，公司应当在公司登记机关指定的报刊上声明作废，申请补领。公司登记机关依法作出变更登记、注销登记、撤销变更登记决定，公司拒不缴回或者无法缴回营业执照的，由公司登记机关公告营业执照作废。

3. 公司登记机关对需要认定的营业执照，可以临时扣留，扣留期限不得超过10天。

4. 营业执照正本、副本样式以及公司登记的有关重要文书格式或者表式，由国家工商行政管理总局统一制定。

四、公司登记档案管理

公司登记档案是公司登记机关对公司登记注册、监督管理过程中形成的有关记录性文字、图表和声像等，主要包括公司申请登记的报告文件、公司申请登记注册书、公司名称预先核准申请书、有关主管机关的批准文件、公司章程、公司发起人或股东和董事等基本情况、公司变更情况、公司年检报告情况、公司资信证明文件、公司违章情况和其他入档材料。

公司登记档案是对各行业及个别公司的动态的真实、客观的反映，它既可以为国家的决策和有关部门开展工作提供可靠的数据和资料，又可以为企事业单位、社会团体和个人提供公司信息和资信的查询服务。《公司登记管理条例》规定，借阅、抄录、携带、复制公司登记档案资料的，应当按照规定的权限和程序办理。任何单位和个人不得修改、涂抹、标注、损毁公司登记档案资料。

第四章　有限责任公司

第一节　有限责任公司的设立

一、有限责任公司的设立条件

根据《公司法》和有关法律、法规的规定，设立有限责任公司应当具备下列条件：

（一）股东符合法定人数和法定资格

《公司法》第23条第1项规定，设立有限责任公司，股东必须符合法定人数。《公司法》第24条规定，有限责任公司由50个以下股东出资设立，允许一个法人或一个自然人投资设立一人有限责任公司，或由国有资产监督管理机构代表国家设立国有独资公司。有限责任公司的股东除必须符合法律规定的数量要求外，还必须具备相应的身份和资格。

1. 有限责任公司的法人股东和其他机构股东。根据《公司法》和其他有关法律、法规的规定，除未经授权或中共中央、国务院明文禁止的党政机关不得开办公司外，其他法人或机构包括公司或企业、事业单位、社会团体、经授权的国家机关、外国法人或机构等，原则上都可以投资设立有限责任公司。但依《商业银行法》第43条的规定，商业银行在中华人民共和国境内不得从事信托投资和证券经营业务，不得向非自用不动产投资或者向非银行金融机构和企业投资，国家另有规定的除外。因此，商业银行依法不得充当上述规定范围内有限责任公司的股东。

2. 有限责任公司的自然人股东。自然人股东应具有民事权利能力，原则上应具有完全民事行为能力，包括中华人民共和国公民（含港澳台居民）、外国人、海外华侨、无国籍人等。投资经营企业，原则上应为完全民事行为能力人，但在继承、股权转让的情况下，无民事行为能力人和限制民事行为能力人也可以充当公司的股东。而且，法律也不禁止无民事行为能力人或限制民事行为能力人通过监护人或代理人等投资于有限责任公司而成为股东。

3. 有限责任公司的国有股股东。国有财产投资于有限责任公司（股份公司亦同）时，需由某具体的机关或企事业单位团体等作为股东或出资人；同时，对该国有财产拥有管辖权的中央或某地方政府及其有关机关如财政部门、审计机关等，须依法承担抽象的国有财产所有权职能，当好国有财产的"总老板"，对掌管着一定国有财产或股份的机关和企事业单位团体等进行监督管理，督促其依《公司法》等当好具体股东或出资人。

改革开放以来，我国积极探索国有资产管理和经营的合理形式。当前，我国对国有财产实行国务院统一领导下的分级管理，中央和地方政府分别代表国家授权各级国有资产监督管理部门对国有企业、公司行使出资人职责。国有企事业单位团体和经（中央或地方）授权的机关等依法设立或投资于公司（独资、控股、参股等）的，依"谁投资、谁拥有产权"的原则，对所投资的公司享有股东权益并承担相应的义务。

（二）股东出资达到法定资本最低限额

为了保护公司、股东和债权人的合法权益，防止滥设公司，保证公司的偿债能力和社会交易安全，股东出资总额必须达到法定资本的最低限额。《公司法》原先根据公司的经营目的、范围和方式的不同，分别规定了4类有限责任公司注册资本的最低限额。修订后的《公司法》改变了这种以经营种类划分不同最低注册资本额的做法，规定除法律、行政法规对有限责任公司注册资本的最低限额有较高规定的从其规定的外，[1]有限责任公司注册资本的最低限额一般为人民币3万元，一人有限公司则为10万元。这一修改主要基于降低公司设立门槛的考虑，以鼓励投资、支持就业，做到"物尽其用"，使更多的社会成员能够参与市场活动。

现行《公司法》在降低有限公司最低注册资本额的同时，也将原先《公司法》规定的股东须一次性缴足注册资本后公司方能成立的严格法定资本制，改

---

[1] 法律、法规有较高规定的，例如：《商业银行法》规定，商业银行无论采取何种公司形式，全国性商业银行的注册资本最低限额为10亿元人民币，城市商业银行的注册资本最低限额为1亿元人民币，农村商业银行的注册资本最低限额为5000万元人民币。《保险法》规定，设立保险公司（国有独资有限公司或股份公司）的，其注册资本最低限额为人民币2亿元。《证券法》规定，证券公司（包括有限责任公司和股份有限公司）经营证券经纪、证券投资咨询以及与证券交易、证券投资活动有关的财务顾问业务的，注册资本最低限额为人民币5000万元；经营证券承销与保荐、证券自营、证券资产管理和其他证券业务之一的，注册资本最低限额为人民币1亿元；经营上述业务中两项以上的，注册资本最低限额为人民币5亿元。

为分期缴纳的法定资本制。《公司法》第 26 条第 1 款规定："有限责任公司的注册资本为在公司登记机关登记的全体股东认缴的出资额。公司全体股东的首次出资额不得低于注册资本的 20％，也不得低于法定的注册资本最低限额，其余部分由股东自公司成立之日起 2 年内缴足；其中，投资公司可以在 5 年内缴足。"但是一人有限公司的股东应当一次足额缴纳公司章程规定的出资额。因此，除一人有限公司外，设立有限责任公司，股东只需全部认缴公司登记的注册资本额，并实际缴纳不低于法定注册资本最低限额和公司注册资本 20％的资本额，就符合了公司设立的资本条件。

（三）股东共同制定公司章程

有限责任公司的章程必须经全体股东共同制定，并签名盖章。一人有限责任公司章程由股东制定；国有独资公司章程由国有资产监督管理机构制定，或者由董事会制定报国有资产监督管理机构批准。公司章程一经制定，即产生法律效力，出资人必须按照公司章程履行认缴、缴付出资和负责筹办公司的义务。《公司法》第 25 条规定，有限责任公司章程应当载明下列事项：

1. 公司的名称和住所。

2. 公司的经营范围。

3. 公司的注册资本。

4. 股东的姓名或名称。股东为自然人的，在章程中记载其姓名；股东为法人的，则记载该法人的名称。

5. 股东的出资方式、出资额和出资时间。根据《公司法》和相关法律、法规的规定，有限公司的股东可以用货币和可以用货币估价并可依法转让的非货币财产作价出资，但不得以劳务、信用、自然人姓名、商誉、特许经营权或者设定担保的财产等作价出资。股东的出资额是指各个股东认缴和实缴的以不同标的出资的价值，以货币单位表示。根据国家工商行政管理总局 2005 年 12 月公布的《公司注册资本登记管理规定》，公司注册资本、股东出资数额或者发起人的认购额、出资或者认购的时间及方式由公司章程规定。公司注册资本及实收资本数额、股东出资数额或者发起人的认购额、出资或者认购的时间及方式发生变化的，应当修改公司章程并向公司登记机关依法申请办理变更登记。

6. 公司的机构及其产生办法、职权、议事规则。《公司法》及其他法律、法规对此有较详细的规定，公司章程应予遵守；对法无明文规定或允许当事人自行约定的，股东可以在公司章程中协商确定。

7. 公司的法定代表人。有限责任公司可在章程中规定公司法定代表人由董事长、执行董事或经理担任。

8. 股东会会议认为需要规定的其他事项。

（四）有公司名称，建立符合有限责任公司要求的组织机构

有限责任公司的组织机构包括股东会、董事会、监事会等，但由于有限责任公司的具体形式、股东人数、经营规模、资本来源不同，法律、法规要求其建立的组织机构也不尽一致。例如，根据《公司法》的规定，有限责任公司的股东人数较少或者规模较小的，可以设 1 名执行董事，不设董事会；可以设 1～2 名监事，不设监事会。又如，一人有限责任公司和国有独资有限公司的股东是单一的，故不设股东会。中外合资、合作的有限责任公司则可以不设股东会和监事会，而实行董事会（或联合管理委员会）领导下的经理负责制。

（五）有公司住所

公司住所为公司主要办事机构所在地。有限责任公司设立登记时，登记机关要求提供证明公司对其住所享有使用权的文件。

二、有限责任公司设立的程序

有限责任公司的设立步骤，包括订立股东协议、制订可行性报告及报请政府主管部门审核批准（必要时）、股东共同制定公司章程、股东认缴及缴付出资、申请设立登记等。其中有些属于《公司法》关于有限公司设立程序的一般规定，有些则属于相关法规的特别规定，须由公司设立人或股东根据拟设公司的具体形式酌情适用。

（一）订立股东协议

股东协议是股东就拟设公司的主要事宜达成的协议。其主要内容包括：公司经营的宗旨、项目、范围和生产规模，公司注册资本、投资总额、各方出资额、出资时间和出资方式，公司的组织机构和经营管理，盈余的分配和风险分担的原则等。股东协议是公司的基础性法律文件或法律关系，凸显公司是建立在契约之上的。当然，一人公司不存在订立股东协议的问题，其基础是一个投资者的独自决定。

在中外合资经营企业法中，股东协议被称为中外合资经营企业合同，中外合作经营企业的股东协议则为中外合作经营企业合同。《中外合资经营企业法实施条例》规定，申请设立合营企业，由中外合营者共同向审批机构报送：设立合营企业的申请书；合营各方共同编制的可行性研究报告；由合营各方授权代表签署的合营企业协议、合同和章程；由合营各方委派的合营企业董事长、副董事长、董事人选名单和审批机构规定的其他文件。该条例把合营各方对设立合营企业的某些要点和原则达成一致意见而订立的文件称为合营企业协议，把合营各方为设立合营企业就相互权利、义务关系达成一致意见而订立的文件称

为合营企业合同。合营企业协议与合营企业合同有抵触时，以合营企业合同为准。经合营各方同意，也可以不订立合营企业协议而只订立合营企业合同和章程。

中外合资经营企业合同一般应包括下列主要内容：

1. 合营各方的名称、注册国家、法定地址和法定代表人的姓名、职务、国籍；

2. 合营企业名称、法定地址、宗旨、经营范围和规模；

3. 合营企业的投资总额，注册资本，合营各方的出资额、出资比例、出资方式、出资的缴付期限以及出资额欠缴、股权转让的规定；

4. 合营各方利润分配和亏损分担的比例；

5. 合营企业董事会的组成、董事名额的分配以及总经理、副总经理及其他高级管理人员的职责、权限和聘用办法；

6. 采用的主要生产设备、生产技术及其来源；

7. 原材料购买和产品销售方式；

8. 财务、会计、审计的处理原则；

9. 有关劳动管理、工资、福利、劳动保险等事项的规定；

10. 合营企业期限、解散及清算程序；

11. 违反合同的责任；

12. 解决合营各方之间争议的方式和程序；

13. 合同文本采用的文字和合同生效的条件。

（二）制定公司章程

股东应当按照《公司法》和相关法律、法规的要求制定公司章程，并在章程上签名、盖章。

（三）政府主管部门审核批准

除一般采准则主义外，仍有一些有限责任公司如外商投资企业的设立及其经营事项须经政府审批。我国对外商投资企业的设立实行逐项审批制度，投资总额大小和《外商投资产业指导目录》的分类是划分中央政府和地方政府审批权限的主要依据。国家发改委、商务部负责审批投资总额在 3000 万美元（含 3000 万美元）以上的生产性外商投资项目和须由国务院主管部门审批的其他项目。省、自治区、直辖市及计划单列市人民政府的相应主管部门负责审批：①投资总额在 3000 万美元以下的非限制类外商投资项目。②投资总额在 3000 万美元以下的限制类外商投资项目，并报国务院主管部门和行业主管部门备案；涉及配额、许可证的外商投资项目，须先向商务部门申请配额、许可证。③投资总额在 3000 万美元以上，属鼓励类且无须国家综合平衡的项目，并报国务院主管部门备案。[1] 在项目建议书和可行性研究报告获得审批部门（发改委）批准后，由中方投资者将合同、章程等法律文件报送审批部门（商务部或地方相应政府机构）审批。审批部门在收到可行性研究报告和合同、章程等文件之日起，对中外合资有限公司和外商独资有限公司在 90 日内决定批准或不批准，对中外合作有限公司在 45 日内决定批准或不批准。经批准后，由审批部门颁发外商投资企业批准证书。中外投资者在领取外商投资企业批准证书之日起，30 日内向工商行政管理部门办理登记注册手续，并领取营业执照。

申请设立商业银行有限公司，应当经国务院银行业监督管理机构审查批准，获得批准后，由国务院银行业监督管理机构颁发经营许可证，并凭该许可证向工商行政管理部门办理登记，领取营业执照。申请设立国有独资保险公司，必须经保险监督管理机构批准，获得批准后，由批准部门颁发经营保险业务许可证，并凭经营保险业务许可证向工商行政管理机关办理登记，领取营业执照。

（四）股东认缴及缴付出资

股东认缴出资，是指股东承诺按一定的比例和金额购买公司的股本，由此获得股东身份并承担股东的权利义务。在法定资本制下，各股东应当认足公司的全部注册资本，这是有限公司设立的前提和必经程序。而在实行授权资本制或折中授权资本制的情况下，股东只需认足公司第一期发行的资本或股东首次认缴的出资达到公司注册资本的一定比例，公司即可依法设立。

我国现在改变了严格的法定资本制，实行分期缴纳的法定资本制，即股东必须在公司设立时认缴公司的全部注册资本，首次缴纳的出资额必须符合法定限额，剩余的认缴出资额可以在一定期限内分期缴纳。《公司法》第 28 条规定："股东应当按期足额缴纳公司章程中规定的各自所认缴的出资额。股东以货币出资的，应当将货币出资足额存入有限责任公司在银行开设的账户；以非货币财产出资的，应当依法办理其财产权的转移手续。股东不按照前款规定缴纳出资的，除应当向公司足额缴纳外，还应当向已按期足额缴纳出资的股东承担违约责任。"

（五）选举或确定公司的机关

这是指按照《公司法》和其他法律、法规的规定，根据公司的具体形式、股东人数、经营规模和资本来源等，选举或确定公司的股东会、董事会（执行

---

〔1〕 http://wzs.mofcom.gov.cn/table/04tzzn_3.doc（中华人民共和国商务部外国投资管理司网站），2012 年 6 月 20 日访问。

董事）、监事会（监事）等公司机关。

（六）申请设立登记

股东的首次出资经依法设立的验资机构验资后，由全体股东指定的代表或者共同委托的代理人或股东本人向公司登记机关报送公司登记申请书、公司章程、验资证明等文件，申请设立登记。

第二节 有限责任公司股东的出资

一、出资的概念和意义

出资首先是与股份对应的一个概念，通常是指资本不分为等额股份的有限责任公司的股东或者出资人对公司的直接投资及所形成的相应资本份额。但出资的概念也可泛指各种公司（包括股份有限公司）的股东对公司的直接投资，如《公司法》第83、84条等多处将股份有限公司发起人缴付认缴的股本称为"出资"。

反之，出资作为股东在公司股本中占有的份额，在不十分严格的场合被称为股份亦无不可。如"股份"制企业也包括有限公司，转让有限公司的出资或出资额通常也被称为"股份"或"股权"转让等。

股东向有限责任公司出资的意义在于，它既是公司资本的来源，也是产生股东资格即股东对公司的权利义务的依据。

二、股东出资的方式

（一）出资方法

大陆法系的公司法中有限责任公司股东出资的方法，概括起来大体有三种制度：

1. 出资均等主义。这是指股东认缴出资时，可以只认缴一份，也可以认缴多份，但每份出资额应当均等。

2. 出资可不均等主义。这是指股东只能认缴一份出资，各股东所认缴的出资额可以不同。

3. 出资均等与不均等结合主义。这是指每一股东只能认缴一份出资，每一份出资额可以不等，但必须是某数的整数倍。

我国《公司法》对出资方法未作强行规定，当事人可以自行决定采取何种出资方法。

（二）出资额和出资比例

出资额通常就是指股东的出资份额，也可以指每个股东出资的具体金额。除注册资本最低限额外，我国《公司法》对有限公司股东的出资额未作其他限定。

出资比例是指各个股东或出资人的出资额占公司资本总额的比例，亦即以分数或百分数表示的出资份额。

《公司法》对股东出资比例没有法定的要求。《中外合资企业法》第4条第2款规定了外商投资比例的下限，即"在合营企业的注册资本中，外国合营者的投资比例一般不低于25%"，否则，该公司不享受外商投资企业的待遇。之所以这样规定，主要是为了尽可能吸引外商投资。而根据国际上通行的做法，各国一般要根据其市场开放或准入的程度及相应的政策法规，在诸如电信、银行、保险、运输等对国民经济影响较大的行业，限制外国资本在公司、企业中的份额，对此，我国也不例外。如在国家发改委和商务部共同发布的《外商投资产业指导目录（附件）》中，就对运输、电信、保险、证券等限制外商投资的产业规定了外商投资比例的具体要求。

（三）出资的形式

2005年全国人大常委会在对《公司法》修订稿审议过程中，有些常委委员、全国人大代表和地方、部门、企业、专家提出，在实际生活中，股东向公司出资的财产形式呈现多样化，如以依法取得的采矿权出资，通过"债转股"形式以债权出资等，法律、行政法规难以对此一一列举，最好采用概括的办法，以适应实际需要。从我国的实践和其他国家的规定看，可以作为股东出资的财产，应当是公司生产经营所需要、可以用货币评估作价并可以独立转让的财产。同时，为保证公司资本的确定性，防止以价值不确定的财产向公司出资可能带来的风险，法律、行政法规可以根据实际情况，对不得作为出资的财产作出规定。[1] 据此，现行《公司法》采用列举和概括相结合的办法，在第27条中规定："股东可以用货币出资，也可以用实物、知识产权、土地使用权等可以用货币估价并可以依法转让的非货币财产作价出资；但是，法律、行政法规规定不得作为出资的财产除外。"

---

[1] 参见全国人大法律委员会副主任委员洪虎于2005年8月23日在第十届全国人民代表大会常务委员会第十七次会议上所作的"全国人大法律委员会关于《中华人民共和国公司法（修订草案）》修改情况的汇报"。载 http://www.npc.gov.cn/zgrdw/common/zw.jsp?label=WXZLK&id=343119（中国人大网）。

1. 货币出资。货币出资是指用支付现金的方式出资。其特点是价值量准确，无须作价，简便易行，不受限制。因公司的具体情况而异，货币出资可以是注册资本的全部或一部分。

股东的货币出资一般应当是自有资金。为了保证公司有足够的现金满足公司经营的需要，一些国家的法律对现金出资应占有限责任公司注册资本的比例作了规定，我国《公司法》也对此作出了相应规定，其第27条第3款规定："全体股东的货币出资金额不得低于有限责任公司注册资本的30%。"这只是对股东货币出资占注册资本比例的要求，而对公司成立时货币出资在股东缴纳出资中的比例没有规定。

《公司法》规定，股东以货币出资的，应当将货币出资足额存入有限责任公司在银行开设的账户。中外合资、中外合作有限公司中，外国合营者出资的外币，按缴款当日中国人民银行公布的基准汇率折算成人民币或者套算成约定的外币。中国合营者出资的人民币现金，需要折算成外币的，按缴款当日中国人民银行公布的基准汇率折算。

根据最高人民法院《关于适用〈中华人民共和国公司法〉若干问题的规定（三）》第7条的规定，以贪污、受贿、侵占、挪用等违法犯罪所得的货币出资后取得股权的，对违法犯罪行为予以追究、处罚时，应当采取拍卖或者变卖的方式处置其股权。

2. 实物出资。实物出资又称有形资产出资，是指用建筑物、机器设备、原材料、运输工具等作价出资。《公司法》规定，以实物出资应当评估作价，核实财产，不得高估或低估作价。《中外合资经营企业法实施条例》对外商的实物出资还有一些特殊规定，即作为外国合营者出资的机器设备或者其他物料，应当是合营企业生产所必需的，其作价不得高于同类机器设备或者其他物料当时的国际市场价格。

股东对出资的实物必须拥有排他性的合法支配权，不得以租赁或他人的财产作为自己的出资，不得以虽为己有但已对他人设置担保的实物出资。出资人以不享有处分权的财产出资的，根据最高人民法院《关于适用〈中华人民共和国公司法〉若干问题的规定（三）》，该出资行为在性质上属于无权处分行为，在公司等第三人构成善意的情形下，也应当适用善意取得制度。这样有利于维持公司资本，从而保障交易相对人的利益。因此，如果符合《物权法》第106条规定的善意取得条件的，该出资行为有效，出资实物的原所有权人有权向无处分权的出资人请求损害赔偿。

3. 知识产权。知识产权是基于创造性智力成果和工商业标记依法产生的权利，包括著作权、专利权、商标权等。现行《公司法》用"知识产权"取代原先《公司法》中所称的"工业产权和非专利技术"，是因为作为一种典型的非货币财产权的著作权，尤其是计算机软件和电路布局等可以在工业上应用的版权，也是可以对公司出资的。

现行《公司法》删除了原先"以工业产权、非专利技术作价出资的金额不得超过有限责任公司注册资本的20%，国家对采用高新技术成果有特别规定的除外"的规定。因此，考虑货币出资占注册资本最低限额的规定，从理论上而言，知识产权出资最高可达到公司注册资本的70%，这样就大大扩展了知识拥有者与物质财富拥有者合作经营的可能性及其讨价还价的空间。

根据《中外合资企业法》及相关法律、法规的规定，外国合营者出资的工业产权或者专有技术，必须符合下列条件之一：能显著改进现有产品的性能、质量，提高生产效率的，或者能显著节约原材料、燃料、动力的。外国合营者作为投资的技术和设备，必须确实是适合我国需要的先进技术和设备。如果有意以落后的技术和设备进行欺骗，造成损失的，应赔偿损失。

以知识产权出资的，应当依法办理权利转移手续，即向公司提交专利证书、商标注册证书以及证明其有效状况、技术水平、实用价值、作价依据、产权转让的有效文件和完整的技术资料。股东将某项知识产权作价出资后，不得再以其作为投资或作价转让给其他公司、企业或者个人。

4. 土地使用权出资。股东以土地使用权出资的，必须依法评估作价，核实财产，并依法办理土地使用权转移手续。根据最高人民法院《关于适用〈中华人民共和国公司法〉若干问题的规定（三）》，出资人以划拨土地使用权出资，或者以设定权利负担的土地使用权出资，公司、其他股东或者公司债权人主张认定出资人未履行出资义务的，人民法院应当责令当事人在指定的合理期间内办理土地变更手续或者解除权利负担；逾期未办理或者未解除的，人民法院应当认定出资人未依法全面履行出资义务。

在中外合资、中外合作的有限责任公司中，合营企业所需场地的使用权，已为中国合营者所拥有的，中国合营者可以将其作为对合营企业的出资，其作价金额应当与取得同类场地使用权所应缴纳的使用费相同。场地使用费标准应当根据该场地的用途、地理环境条件、征地拆迁安置费用和合营企业对基础设施的要求等因素，由所在地的省、自治区、直辖市人民政府规定，并向商务部和国家土地主管部门备案。场地使用费作为中国合营者投资的，在该合同期限内不得调整。

5. 其他可以用货币估价并可依法转让的非货币财产。即除实物、知识产权、土地使用权之外的其他可用货币估价并可以依法转让的非货币资产，但是法律、行政法规规定不得作为出资的财产除外。这一规定增强了股东对出资形式的选择，各股东可以根据自身的投资需要以及公司的行业特性、发展要求等，更为灵活地安排出资方式和资本的财产形态构成。这些非货币财产包括股权、债权、可用货币估价并可以依法转让的用益物权等。

《公司登记管理条例》第 14 条规定："股东的出资方式应当符合《公司法》第 27 条的规定。股东以货币、实物、知识产权、土地使用权以外的其他财产出资的，其登记办法由国家工商行政管理总局会同国务院有关部门规定。股东不得以劳务、信用、自然人姓名、商誉、特许经营权或者设定担保的财产等作价出资。"这就明定了劳务、信用、自然人姓名、商誉、特许经营权和设定担保的财产这几种非货币财产不得作为出资。

（四）出资义务的履行

大陆法系国家关于有限责任公司股东出资采取了公司设立时一次缴清和分期缴纳这两种不同的立法例。如前所述，我国现行《公司法》允许股东对所认缴的资本自公司成立之日起的一定期限内缴足。

《公司法》规定，股东应当按期足额缴纳公司章程中规定的各自所认缴的出资额。

股东以货币出资的，应当将货币出资足额存入有限责任公司在银行开设的账户；以非货币财产出资的，应当依法办理其财产权的转移手续。股东缴纳出资后，必须经依法设立的验资机构验资并出具证明。根据《公司注册资本登记管理规定》，公司成立后，公司登记机关发现公司涉嫌实收资本不实的，可以要求公司到指定的验资机构进行验证，并要求其在规定期限内提交验资证明。

根据最高人民法院《关于适用〈中华人民共和国公司法〉若干问题的规定（三）》，出资人以房屋、土地使用权或者需要办理权属登记的知识产权等财产出资，已经交付公司使用但未办理权属变更手续，公司、其他股东或者公司债权人主张认定出资人未履行出资义务的，人民法院应当责令当事人在指定的合理期间内办理权属变更手续；在前述期间内办理了权属变更手续的，人民法院应当认定其已经履行了出资义务；出资人主张自其实际交付财产给公司使用时享有相应股东权利的，人民法院应予支持。出资人以上述规定的财产出资，已经办理权属变更手续但未交付给公司使用，公司或者其他股东主张其向公司交付并在实际交付之前不享有相应股东权利的，人民法院应予支持。

出资人以非货币财产出资，未依法评估作价，公司、其他股东或者公司债权人请求认定出资人未履行出资义务的，人民法院应当委托具有合法资格的评估机构对该财产评估作价。评估确定的价额显著低于公司章程所定价额的，人民法院应当认定出资人未依法全面履行出资义务。但出资人以符合法定条件的非货币财产出资后，因市场变化或者其他客观因素导致出资财产贬值，公司、其他股东或者公司债权人请求该出资人承担补足出资责任的，人民法院不予支持。但是，当事人另有约定的除外。

出资人以其他公司股权出资，符合下列条件的，人民法院应当认定出资人已履行出资义务：①出资的股权由出资人合法持有并依法可以转让；②出资的股权无权利瑕疵或者权利负担；③出资人已履行关于股权转让的法定手续；④出资的股权已依法进行了价值评估。股权出资不符合前述第①~③项的规定，公司、其他股东或者公司债权人请求认定出资人未履行出资义务的，人民法院应当责令该出资人在指定的合理期间内采取补正措施，以符合上述条件；逾期未补正的，人民法院应当认定其未依法全面履行出资义务。股权出资不符合上述第④项的规定，公司、其他股东或者公司债权人请求认定出资人未履行出资义务的，人民法院应当按照《关于适用〈中华人民共和国公司法〉若干问题的规定（三）》第9条的规定处理。

对中外合资企业而言，《中外合资经营企业合营各方出资的若干规定》及其补充规定对中外合资经营企业设立过程中合营各方的出资要求也作了详细的规定。例如，合营企业合同约定一次缴纳出资的，合营各方应当在营业执照签发之日起6个月内缴清出资；合同约定分期缴纳出资的，合营各方的第一期出资，不得低于所认缴出资额的15%，并且应当在营业执照签发之日起3个月内缴清；对通过收购内资企业设立外商投资企业的外方投资者，应自外商投资企业营业执照颁发之日起3个月内支付全部购买金；对特殊情况需延长支付者，经审批机关批准后，应自营业执照颁发之日起6个月内支付购买总金额的60%以上，在1年内付清全部购买金，并按实际缴付的出资额的比例分配收益。控股股东在付清全部购买金之前，不得取得企业的决策权，不得将其在企业中的权益、资产以合并报表的方式纳入该投资者的财务报表。中外合资经营企业的投资者均须按合同规定的比例和期限同步缴付认缴的出资额。因特殊情况不能同步缴付的，应报原审批机构批准，并按实际缴付的出资额比例分配收益。对中外合资经营企业中控股（包括相对控股）的投资者，在其实际缴付的投资额未达到其认缴的全部出资额前，不能取得企业决策权，不得将其在企业中的权益、资产以合并报表的方式纳入该投资者的财务报表。合营各方到期未缴纳出资的，合营企业自动解散，合营企业批准证书自动失效；合营一方未按期缴纳出资的，则构成违约，守约方应当催告违约方在1个月内缴付或缴清出资，并有权请求违约方赔偿因此而造成的损失。

（五）未（全面）履行出资义务的责任

最高人民法院《关于适用〈中华人民共和国公司法〉若干问题的规定（三）》对股东未（全面）履行出资义务的情形、法律后果和相关责任作了比较具体的规定。

1. 司法解释既拓宽了出资民事责任的主体范围，也明确了请求股东履行出资义务的主体范围：①股东未履行或者未全面履行出资义务，公司或者其他股东请求其向公司依法全面履行出资义务的，人民法院应予支持。②公司债权人请求未履行或者未全面履行出资义务的股东在未出资本息范围内对公司债务不能清偿的部分承担补充赔偿责任的，人民法院应予支持；未履行或者未全面履行出资义务的股东已经承担上述责任，其他债权人提出相同请求的，人民法院不予支持。③股东在公司设立时未履行或者未全面履行出资义务，公司、其他股东和公司债权人依照前述规定提起诉讼，请求公司的发起人与被告股东承担连带责任的，人民法院应予支持；公司的发起人承担责任后，可以向被告股东追偿。④股东在公司增资时未履行或者未全面履行出资义务，公司、其他股东和公司债权人依照前述规定提起诉讼，请求未尽忠实义务和勤勉义务而使出资未缴足的董事、高级管理人员承担相应责任的，人民法院应予支持；董事、高级管理人员承担责任后，可以向被告股东追偿。⑤有限责任公司的股东未履行或者未全面履行出资义务即转让股权，受让人对此知道或者应当知道，公司请求该股东履行出资义务、受让人对此承担连带责任，人民法院应予支持；公司债权人请求未履行或者未全面履行出资义务的股东在未出资本息范围内对公司债务不能清偿的部分承担补充赔偿责任，同时请求前述受让人对此承担连带责任的，人民法院应予支持。受让人承担责任后，向该未履行或者未全面履行出资义务的股东追偿的，人民法院应予支持。但是，当事人另有约定的除外。⑥第三人代垫资金协助发起人设立公司，双方明确约定在公司验资后或者在公司成立后将该发起人的出资抽回以偿还该第三人，发起人依照前述约定抽回出资偿还第三人后又不能补足出资，相关权利人请求第三人连带承担发起人因抽回出资而产生的相应责任的，人民法院应予支持。

2. 司法解释认可了公司对未尽出资义务或抽逃出资的股东所设定的权利限制。根据规定，股东未履行或者未全面履行出资义务，或者公司成立后抽逃出资的，公司根据公司章程或者股东会决议对其利润分配请求权、新股优先认购权、剩余财产分配请求权等股东权利作出相应的合理限制，该股东请求认定该限制无效的，人民法院不予支持。

3. 司法解释从总体上确认了股东资格解除规则，并设定了相应的程序规范。即"有限责任公司的股东未履行出资义务，或者事后抽逃全部出资，经公司催告缴纳或者返还，其在合理期间内仍未缴纳或者返还出资，公司以股东会决议解除该股东的股东资格，该股东请求确认该解除行为无效的，人民法院不予支持；人民法院在判决时应当释明，公司应当及时办理法定减资程序或者由其他股东或者第三人缴纳相应的出资。"需要注意的是，由于这种解除股东资格的方式比较严厉，也更具有终局性，因此，司法解释将其限定在股东"未履行"出资义务或者"抽逃全部出资"的场合，未全面履行出资义务或者抽逃部分出资的股东不适用该种规则。并且股东资格解除后，由于该股东所认缴的出资依旧处于空洞状态，为了保证债权人利益，法院应当向公司释明：要么将资本中该股东未出资部分的"空洞"数额减除（即减资），要么将该"空洞"补起来，即由其他股东或者第三人缴纳，这些是公司后续的义务。

4. 司法解释限制了股东在出资民事责任中的抗辩。首先是诉讼时效抗辩的限制，公司股东未履行或者未全面履行出资义务或者抽逃出资，公司或者其他股东请求其向公司全面履行出资义务或者返还出资，被告股东以诉讼时效为由进行抗辩的，人民法院不予支持。公司债权人的债权未过诉讼时效期间，其请求未履行或者未全面履行出资义务或者抽逃出资的股东承担赔偿责任，被告股东以出资义务或者返还出资义务超过诉讼时效期间为由进行抗辩的，人民法院不予支持。其次是身份抗辩的限制，即股东不得以自己仅为名义股东来抗辩出资义务的履行，即使其为名义股东，也应履行出资义务。这一规定会在下文"实际出资人与名义出资人"部分中具体阐释。

三、股东出资证明书和股东名册

（一）出资证明书

《公司法》第32条第1款规定："有限责任公司成立后，应当向股东签发出资证明书。"出资证明书与验资证明（书）不同。虽然股东的出资在公司成立之前就已经缴纳并经验证，但因为出资证明书是确定并记载股东与公司这两个主体之间发生投资与被投资关系的凭证及法律形式，在公司成立之前，公司的主体资格尚未取得，所以，出资证明书必须在公司成立以后才能向股东签发。

出资证明书的法律意义在于：一方面，它表明公司设立人已履行了缴付所认缴的出资的义务，已成为该有限责任公司的股东；另一方面，股东依出资证明书记载的事项享有相应的权利，并承担相应的义务和责任。出资证明书是有限责任公司股东出资或持股的证券形式，在性质上属于股单，是一种证据证券，不能流通，股东依法转让出资时，则可随其出资一同转让。

依《公司法》，出资证明书必须记载以下事项：公司名称、公司成立日期、公司注册资本、股东的姓名或者名称、缴纳的出资额和出资日期、出资证明书的编号和核发日期。出资证明书必须加盖公司印章，股东依据出资证明书行使对公司的权利。

（二）股东名册

《公司法》第33条规定："有限责任公司应当置备股东名册，记载下列事项：①股东的姓名或者名称及住所；②股东的出资额；③出资证明书编号。记载于股东名册的股东，可以依股东名册主张行使股东权利。公司应当将股东的姓名或者名称及其出资额向公司登记机关登记；登记事项发生变更的，应当办理变更登记。未经登记或者变更登记的，不得对抗第三人。"

股东名册反映着公司的信用和集资情况，股东和债权人可以亲自查阅，也可以委托律师或其他人代为查阅。公司备置股东名册，便于公司接受查询、向股东发放股利、登记股东出资的转让、与股东进行联络及接受有关部门的审查监督。

备置公司股东名册的法律意义主要有三个方面：一是对股东身份具有确定的效力，只有在册登记的股东才能对公司行使权利；二是对股东关系具有推定的效力，公司仅以股东名册上当前记载的股东为其股东；三是公司免责的效力，公司依法对股东名册上记载的股东履行了通知送达、公告、支付股利、分配公司剩余财产等义务后，即可免除其相应的责任。

股东向公司依法缴纳出资后，公司应当向股东签发出资证明书，将股东的名称在相关文件上登记记载等，这些是公司对股东的义务。对股东资格发生争议，实质是对公司履行上述义务提出的异议，因此确认股东资格诉讼的诉讼主体应以公司作为被告。根据最高人民法院《关于适用〈中华人民共和国公司法〉若干问题的规定（三）》，当事人向人民法院起诉请求确认其股东资格的，应当以公司为被告，与案件争议股权有利害关系的人作为第三人参加诉讼。请求人民法院确认其享有股权的一方，应当证明其已经依法向公司出资或者认缴出资，或者已经受让或以其他形式继受公司股权，且均不违反法律法规强制性规定。

而如果是公司本身未依法履行向股东签发出资证明书、将股东的名称在相关文件上登记记载义务的，股东有权提起诉讼要求公司履行该义务。根据前述司法解释，当事人依法履行出资义务或者依法继受取得股权后，公司未根据《公司法》第32、33条的规定签发出资证明书、记载于股东名册并办理公司登记机关登记，当事人请求公司履行上述义务的，人民法院应予支持。

四、实际出资人与名义出资人

实践中，由于各种原因，公司相关文件中记载的股东（即名义出资人、名义股东）与真正投资人（即实际出资人）相分离的情形并不鲜见，双方有时就股权和投资收益的归属发生争议。《公司法》对此问题未涉及，最高人民法院《关于适用〈中华人民共和国公司法〉若干问题的规定（三）》则对相关股权投资收益产生的争议，以及如何保护相关第三人的利益作了必要的规定。

（一）隐名合同效力及争议处理

根据该司法解释，有限责任公司的实际出资人与名义出资人订立合同，约定由实际出资人出资并享有投资权益，以名义出资人为名义股东，实际出资人与名义股东对该合同效力发生争议的，如无《合同法》第52条规定的情形，人民法院应当认定该合同有效。因此，如果名义股东与实际出资人约定由名义股东出面行使股权，但由实际出资人享受投资权益时，这属于双方间的自由约定，即双方达成了隐名合同，根据契约自由的精神，如无其他违法情形，该合同应有效，实际出资人可依照合同约定向名义股东主张相关权益。当实际出资人与名义股东因投资权益的归属发生争议，实际出资人以其实际履行了出资义务为由向名义股东主张权利的，人民法院应予支持。名义股东以公司股东名册记载、公司登记机关登记为由否认实际出资人权利的，人民法院不予支持。

关于实际出资人与名义股东因投资权益归属发生争议时应当如何处理，根据该司法解释，"实际出资人以其实际履行了出资义务为由向名义股东主张权利的，人民法院应予支持。名义股东以公司股东名册记载、公司登记机关登记为由否认实际出资人权利的，人民法院不予支持"。这样规定的原因在于，《公司法》第33条第2款规定股东名册中的记名，是名义股东（即记名人）用来向公司主张权利或向公司提出抗辩的身份依据，而不是名义股东对抗实际出资人的依据。同样，《公司法》第33条第3款虽然规定未在公司登记机关登记的不得对抗第三人，但在名义股东与实际出资人就股东资格发生争议时，名义股东并不属于此处的"第三人"，实际出资人与名义出资人之间的关系也并非基于对登记信息的信赖而建立的，所以名义股东不得以该登记而否认实际出资人的合同权利。

在实际出资人与名义股东间，实际出资人的投资权益应当依双方合同确定并依法保护。但如果实际出资人请求公司变更股东、签发出资证明书、记载于股东名册、记载于公司章程并办理公司登记机关登记等，此时实际出资人的要求就违反了隐名合同，实际出资人将从公司外部进入公司内部而成为公司的成员。基于有限责任公司属于人合兼资合的法律属性，此种情况下，应当参照适用《公司法》第72条第2款关于股东向股东以外的人转让股权应经其他股东过半数同意的规定。因此，司法解释中规定"实际出资人未经公司其他股东半数以上同意，请求公司变更股东、签发出资证明书、记载于股东名册、记载于公司章程并办理公司登记机关登记的，人民法院不予支持"。

值得注意的是，最高人民法院在司法解释中仅确认了实际出资人的投资权益，而并非直接承认实际出资人的股东资格。而司法解释对"投资权益"的概念及内涵并未予以明确，对此仍应以当事人的约定为准。

（二）相关第三人的利益保护

在最高人民法院的司法解释中，还对在存在实际出资人和名义股东的情形下，如何保障相关第三人即股权受让人和公司债权人的利益作了规定。

该司法解释规定，"名义股东将登记于其名下的股权转让、质押或者以其他方式处分，实际出资人以其对于股权享有实际权利为由，请求认定处分股权行为无效的，人民法院可以参照物权法第106条的规定处理。名义股东处分股权造成实际出资人损失，实际出资人请求名义股东承担赔偿责任的，人民法院应予支持"。《公司法》第33条第3款规定股东姓名或名称未在公司登记机关登记的，不得对抗第三人。所以第三人凭借对登记内容的信赖，一般可以合理地相信登记的股东（即名义股东）就是真实的股权人，可以接受该名义股东对股权的处分，实际出资人不能主张处分行为无效。但如果第三人明知登记记载的股东不是真实的股权人，股权应归属于实际出资人，在名义股东向第三人处分股权后如果仍认定该处分行为有效，就会助长第三人及名义股东的不诚信行为。因此，最高人民法院该条司法解释就在第三人利益和实际出资人利益的保护中予以平衡，规定在这种情况下，实际出资人主张处分股权行为无效的，应按照《物权法》第106条规定的善意取得制度处理，即登记的内容构成第三人的一般信赖，第三人可以以登记的内容来主张其不知道股权归属于实际出资人，并进而终局地取得该股权；但如果实际出资人可以举证证明第三人知道或应当知道该股权归属于实际出资人的，该第三人就不构成善意取得，处分股权行为的效力就应当被否定，其也就不能终局地取得该股权。当然，如果善意第三人取得股权后，实际出资人基于股权形成的利益就不复存在了，其可以要求作出处分行为的名义股东承担赔偿责任。

同时，该司法解释还规定，公司债权人以登记于公司登记机关的股东未履行出资义务为由，请求其对公司债务不能清偿的部分在未出资本息范围内承担补充赔偿责任，股东以其仅为名义股东而非实际出资人为由进行抗辩的，人民法院不予支持。名义股东根据上述规定承担赔偿责任后，向实际出资人追偿的，人民法院应予支持。据此，名义股东仍应当对外承担股东责任，而不能以其为名义股东作为不承担责任的抗辩理由，从而可以保障相对人应有的信赖利益，避免因隐名行为而侵害善意相对人的合法利益；同时，名义股东对实际出资人享有追偿权，体现了权利义务的对等性。

第三节 有限责任公司的组织机构

一、股东会

（一）股东会的组成

有限责任公司的股东会由全体股东组成。股东不论出资多少，都有权参加股东会。

（二）股东会的性质和职权

股东会，是指依照公司法和公司章程的规定，对公司经营管理和各种涉及股东利益的事宜拥有最高决策权的公司权力机构。

公司的一切重大事宜或问题都应当由股东会按照少数股权服从多数股权的原则作出决议，在此基础上形成公司法人的意志。由于有限公司的股东人数较少，在组织和功能上可以与董事会重合，对其不妨采取"可设可不设"的原则。我国原《有限责任公司规范意见》第22条规定，有限责任公司可以不设股东会。依现行《公司法》的规定，一人有限公司、国有独资公司因只有一个股东而不设股东会；外商投资的有限责任公司也可以不设立股东会，而将董事会作为公司的最高权力机关。

股东会作为公司的最高权力机关，原则上应有权决定公司的任何事务。《公司法》第38条对股东会的职权作了以下列举：①决定公司的经营方针和投资计划；②选举和更换非由职工代表担任的董事、监事，决定有关董事、监事的报酬事项；③审议批准董事会的报告；④审议批准监事会或者监事的报告；⑤审议批准公司的年度财务预算方案、决算方案；⑥审议批准公司的利润分配方案和弥补亏损方案；⑦对公司增加或者减少注册资本作出决议；⑧对发行公司债券作出决议；⑨对公司合并、分立、解散、清算或者变更公司形式作出决议；⑩修改公司章程；⑪公司章程规定的其他职权。

（三）股东会行使职权的方式

有限责任公司的股东会可以通过书面会商和召开股东会会议这两种方式行使职权。

由于有限责任公司具有人合性、封闭性的特点，有些有限公司的规模较小、股东人数也比较少，股东有可能对某些事项进行沟通和协商后就能取得一致意见，而无须以召开股东会的方式作出决议。德国《有限责任公司法》第48条第2款即规定，全体股东以书面方式对应作出的规定或对书面表决表示同意的，无须举行大会。[1]我国《公司法》第38条第2款也规定，对《公司法》和章程中规定的由股东会行使的职权所包含的事项，股东以书面形式一致表示同意的，可以不召开股东会会议，直接作出决定，并由全体股东在决定文件上签名、盖章。在实践中，有限公司和股份公司的董事会往往也采取书面会商方式作出决议，但鉴于股份公司资合性、开放性的特点，《公司法》未规定股份公司的股东大会可以采取这种方式行使职权。

除以书面形式直接决定外，召开股东会会议是股东会行使职权的主要方式。

（四）股东会会议的召集、议事规则和表决程序

1. 股东会的召开。股东会的会议分为定期会议和临时会议。股东会的定期会议，是指按照公司章程的规定定期召开的会议。定期会议一般每年或每半年召开一次，每年至少召开一次，并应于每一营业年度结束后的一定时间内召开。定期股东会可以讨论、决议股东会权限范围内的任何议题。年度结束后召开的股东年会的主要任务，则是审议决定公司的利润分配方案及批准公司的年度报告和财务报告。

股东会的临时会议，是指可于需要时随时召开的股东会会议。公司在运作中，会不时遇到一些较重大的问题，如不及时作出决策，就会影响公司的正常活动，并损害股东的利益。在此情形下，可以由董事、监事、少数股东等在定期股东会之外召集或请求召集临时股东会。如德国《有限责任公司法》第49条规定，除明示确定的情形外，在为公司利益而有必要时，应召集股东大会；特别是在由年度资产负债表或由在营业年度进行期间编制的资产负债表得出股本已经损失一半时，必须不迟延地召集大会；[2]还规定持有全部股东表决权或者出资额合计至少相当于1/10以上的股东，有权在说明目的与理由之后，要求召集股东会。我国《公司法》规定，有权提议召开临时股东会的人是：①代表1/10以上表决权的股东；②1/3以上的董事；③监事会或者不设监事会的公司

---

〔1〕　参见杜景林、卢谌译：《德国股份法·德国有限责任公司法·德国公司改组法·德国参与决定法》，中国政法大学出版社2000年版，第194页。

〔2〕　参见杜景林、卢谌译：《德国股份法·德国有限责任公司法·德国公司改组法·德国参与决定法》，中国政法大学出版社2000年版，第194页。

的监事。上述立法一经有效提议，股东会临时会议即应当召开。

有限责任公司首次股东会会议由出资最多的股东召集和主持。《公司法》原先规定，有限责任公司设立董事会的，股东会会议由董事会召集、董事长主持，董事长因特殊原因不能履行职务时，由董事长指定的副董事长或者其他董事主持。在实践中，如果董事会不召集股东会或者董事长不主持会议也不指定他人主持会议时，股东会会议就无法召开。因此，现行《公司法》规定，有限责任公司设立董事会的，股东会会议由董事会召集，董事长主持；董事长不能履行职务或者不履行职务的，由副董事长主持；副董事长不能履行职务或者不履行职务的，由半数以上董事共同推举 1 名董事主持。有限责任公司不设董事会的，股东会会议由执行董事召集和主持。董事会或者执行董事不能履行或者不履行召集股东会会议职责的，由监事会或者不设监事会的公司的监事召集和主持；监事会或者监事不召集和主持的，代表 1/10 以上表决权的股东可以自行召集和主持。上述规定采用了一种递进、替补式的方法，规定了公司各机关和符合法定条件的股东在特定情形下的股东会召集权，在程序上保证了股东会能够及时、有效地召集和主持，以防止公司重要的权力机构陷入瘫痪，从而将股东通过股东会行使的权力落到实处。

《公司法》第 42 条第 1 款规定："召开股东会会议，应当于会议召开 15 日前通知全体股东；但是，公司章程另有规定或者全体股东另有约定的除外。"因此，公司章程和全体股东可以另行规定或约定通知时间。通知的方式可以是口头的，也可以是书面的。通知时应将会议议题同时通知全体股东，以便股东事先了解会议议题而有所准备，从而提高会议的决策水平，保证股东有效地行使其股东权。

2. 股东会的表决权依据、表决程序或方式。《公司法》第 43 条规定："股东会会议由股东按照出资比例行使表决权；但是，公司章程另有规定的除外。"一般而言，股东行使表决权的依据是出资比例，这体现了资本的本质，也是世界各国通行的做法。但如果公司章程有特殊规定的，例如，按实际出资比例或对某些事项按股东一人一票的原则进行表决的，则依公司章程的规定。这是公司自治原则在股东表决权确定依据上的体现。

在股东会的议事方式和表决程序上也体现了这一原则。《公司法》第 44 条规定："股东会的议事方式和表决程序，除本法有规定的外，由公司章程规定。股东会会议作出修改公司章程、增加或者减少注册资本的决议，以及公司合并、分立、解散或者变更公司形式的决议，必须经代表 2/3 以上表决权的股东通过。"因此，股东会对一般事项的表决，可依表决权的简单多数或更高比例的多数表决通过，法律没有强行性的要求。而对修改公司章程、增资减资等特别事项的表决方式，则必须以不得低于法律规定的 2/3 以上表决权方可通过。因为上述事项对公司及股东的意义重大，要求经代表 2/3 以上表决权的股东通过，能够较好地保护多数股东的利益，避免控制股东利用简单多数的办法决定上述重大问题。这一要求是强制性规定，不能通过公司章程或其他方式予以改变，但可高于这一比例。实践中有许多有限责任公司的章程规定，对这些事项必须由全体股东一致同意，方可作出决议。

股东会会议应当对所议事项的决定作成会议记录，出席会议的股东应当在会议记录上签名。

二、董事会

（一）董事会的性质和职权

董事会是公司的经营决策机关和股东（大）会的常设执行机关。公司不设股东会的，董事会同时也是公司的权力机关或议事机关。

1. 董事会的组成。董事会由股东会选举产生的董事和由其他方式产生的董事组成，向股东会负责。

董事既可由股东担任，也可推举非股东担任。《公司法》规定，两个以上的国有企业或者两个以上的其他国有投资主体投资设立的有限责任公司，其董事会成员中应当有公司职工代表；其他有限责任公司董事会成员中可以有公司职工代表。董事会中的职工代表由公司职工通过职工代表大会、职工大会或者其他形式民主选举产生。公司也可推举既非股东也非职工的人担任董事。但由于公司是资本企业的典型形式，迄今在任何国家或地区，股东或股东的代表在董事会中均居于主导地位，否则市场经济和资本主义就被颠覆了。

董事可以是自然人，也可以是法人。法人担任董事时，必须指定 1 名具有民事行为能力的自然人作为其代表或代理人参加董事会。例如我国台湾地区"公司法"第 27 条第 1 款规定："政府或法人为股东时，得当选为董事或监察人。但须指定自然人代表行使职务。"董事按照董事会的决议行事，个别董事不得自行其事。董事不称职或有违反法律或公司章程的行为时，其选任人和股东会可随时予以罢免。

关于董事的任期，各国规定不同，原则上由公司章程规定。我国《公司法》规定，董事任期由公司章程规定，但每届任期不得超过 3 年。董事任期届满，连选可以连任。董事任期届满未及时改选，或者董事在任期内辞职导致董事会成员低于法定人数的，在改选出的董事就任前，原董事仍应当依照法律、行政法规和公司章程的规定履行董事职务，以维护公司经营管理机构的稳定性和连续性。

关于董事会的组成人数，各国规定不一。我国《公司法》规定，有限责任公司设董事会的，其成员为 3～13 人。之所以规定为奇数，是为了便于董事会的决议能以简单多数通过。

董事会设董事长 1 人，可以设副董事长。董事长、副董事长的产生办法由公司章程规定。股东人数较少或者规模较小的有限责任公司，可以设 1 名执行董事，不设董事会，这样有利于企业及时决策、灵活经营和降低经营管理成本。董事长、副董事长、董事和执行董事都可以兼任公司经理，其职权由公司章程规定。

2. 董事会的职权。对于董事会的职权，各国法律的规定也不尽相同。有的国家概括地赋予董事会以广泛的职权；有的国家的法律对董事会的职权不作具体规定，而是提供示范章程供公司参考选用；[1]有的国家规定董事会与股东会分权，依法列举董事会的职权，股东会不得干预或直接行使这些职权，从而凸显董事会中心主义，也即大股东中心主义；有的采用排除的方法，赋予董事会行使由股东会行使的权力之外的经营管理和决策权。我国《公司法》分别规定了股东会和董事会的部分职权，并赋予公司章程对上述规定以外的其他事项在股东会和董事会间进行职权分配的权力。其第 47 条对董事会职权列举如下：①召集股东会会议，并向股东会报告工作；②执行股东会的决议；③决定公司的经营计划和投资方案；④制订公司的年度财务预算方案、决算方案；⑤制订公司的利润分配方案和弥补亏损方案；⑥制订公司增加或者减少注册资本以及发行公司债券的方案；⑦制订公司合并、分立、解散或者变更公司形式的方案；⑧决定公司内部管理机构的设置；⑨决定聘任或者解聘公司经理及其报酬事项，并根据经理的提名决定聘任或者解聘公司副经理、财务负责人及其报酬事项；⑩制定公司的基本管理制度；⑪公司章程规定的其他职权。

（二）中外合资、合作有限责任公司的董事会

我国《中外合资经营企业法》和《中外合作经营企业法》规定，中外合资、中外合作有限责任公司不设股东会，而由董事会作为公司的最高权力机关，其有权按照公司章程的规定，讨论决定公司的一切重大问题，如公司发展规划、生产经营活动方案、收支预算、利润分配、劳动工资计划、停业，以及总经理、

---

〔1〕　如英国 2008 年颁布的《示范非开放股份责任有限公司章程》第 3 条规定："根据本章程，董事会对公司的经营管理负责，为此目的董事可以行使公司的各种权力。"载 http：//www. companieshouse. gov. uk/a-bout/modelArticles/modelArticles. shtml（the website of Companies House），2011 年 10 月 5 日访问。

副总经理、总工程师、总会计师、审计师的任命或聘请及其职权和待遇等。

董事会成员由中外股东参照出资比例或者提供的合作条件等协商确定名额后，分别委派。董事会成员不得少于 3 人。中外合资有限公司董事的任期为 4 年，中外合作有限公司董事的任期不得超过 3 年，经委派方继续委派可以连任。董事会设董事长和副董事长，董事长和副董事长由中外股东协商确定或由董事会选举产生。董事长可由中方担任，亦可由外方担任；但一方担任董事长的，由他方担任副董事长。在公司内部事务上，董事长主要负责召集并主持董事会会议，在董事会会议的表决中与其他董事的权利平等，既没有两票表决权，也没有最后决定权。

董事会会议每年至少召开 1 次，由董事长负责召集并主持。董事长不能召集时，由董事长委托副董事长或者其他董事负责召集并主持董事会会议。经1/3以上董事提议，可以由董事长召开董事会临时会议。董事会会议应当有 2/3 以上董事出席方能举行。董事不能出席的，可以出具委托书委托他人代表其出席和表决。中外合资有限公司中，公司章程的修改、公司的中止和解散、注册资本的增加或减少以及公司的合并和分立等事项须由出席董事会会议的董事一致通过方可作出决议，其他事项则可根据公司章程载明的议事规则作出决议。中外合作有限公司中，公司章程的修改，注册资本的增加或减少，公司解散，公司的资产抵押，公司的合并、分立和变更组织形式，以及合作各方约定由董事会会议一致通过方可作出决议的其他事项等，须由出席董事会会议的董事或者委员一致通过，方可作出决议；其他事项的决议，可以按公司章程载明的议事规则和表决程序进行。

（三）董事会的议事方式和表决程序

1. 董事会会议的召集。公司的董事会会议，由董事长召集和主持；董事长不能履行职务或者不履行职务的，由副董事长召集和主持；副董事长不能履行职务或者不履行职务的，由半数以上董事共同推举 1 名董事召集和主持。

2. 董事会会议的议事方式和表决程序。《公司法》第 49 条第 1 款规定："董事会的议事方式和表决程序，除本法有规定的外，由公司章程规定。"因此，公司可以在章程中对董事会的议事方式和表决程序自行作出规定，例如，可以规定以巡回表决或者通讯方式进行磋商、表决。

董事会的表决基础是人，董事以一人一票的表决权进行表决。由于各国的实践都是按出资比例来确定各股东委派的董事人数，因此，董事会的表决实质上仍是资本多数决；同时小股东依股东协议或公司章程可能不参加董事会，所以，董事会的表决或决议实际上又是大股东意志的表达。参照《公司法》第

113 条第 3 款关于股份有限公司的董事决策责任的规定，有限责任公司的董事也应当对董事会的决议承担责任。当董事会的决议违反法律、行政法规或者公司章程、股东大会的决议，致使公司遭受严重损失的，参与决议的董事应当对公司承担赔偿责任。但经证明在表决时曾表明异议并记载于会议记录的，该董事可以免除责任。

董事会应当将所议事项的决定作成会议记录，出席会议的董事应当在会议记录上签名。

三、经理

（一）经理的法律地位

经理又称经理人，是指公司中负责公司的具体业务和行政工作的高级职员，是辅助董事会等机关进行工作的行政负责人。

《公司法》规定，有限责任公司可以设经理，改变了修订前的《公司法》关于有限责任公司应当设经理的强制性规定，赋予了公司对这一事项的自主决定权。因此，经理并非有限公司的必设机关。在国外，《公司法》中对经理通常不作规定，经理是雇员或公司任意设置的辅助业务执行机构。经理对内有业务管理权，对外有职务代理权。

在传统的公司架构中，董事会和董事既负责经营决策，又实际从事经营管理活动。随着经济向社会化、专业化方向发展，多由股东出任的董事会在公司经营管理方面往往力所不及，辅助董事会执行业务的经理便应运而生了。经理设置的普遍化，使公司经营管理更加专门和专业，从而能够提高公司的经营管理水平和竞争能力，并适应公司所有权与经营权分离的发展趋势。社会化生产经营在客观上也要求公司设置一个对企业日常运作全权负责的职位，这就是美国式首席执行官（Chief Excecutive Officer，CEO）的由来。CEO 并非法定，其实质是在企业内部或内部人中确立一个"一把手"，以排除个别董事（包括董事长）、股东的不当干预或指挥，适应在企业内部树立"权威"的需要。实践中，我国的许多公司也设立了 CEO。

一般规模的公司设经理、副经理；较大的公司则可设总经理、副总经理、经理等。公司设分公司或同时经营数种业务时，可以在每一分公司或就每一种业务设置经理人员。需要注意的是，《公司法》中"经理"的含义同实践中"经理"的含义并不完全相同。《公司法》中的经理是指对公司日常经营管理工作负总责的管理人员，实践中一般称为总经理；实践中的负责公司某一部门具体管理工作的所谓经理或部门经理，一般是在总经理领导下，协助总经理负责日常管理工作的中级管理人员，不是《公司法》所讲的"经理"，不享有《公司法》规定的经理职权。

我国《公司法》规定，有限责任公司的经理由董事会决定聘任或者解聘。经理对董事会负责。股东人数较少或者规模较小的有限公司，可由执行董事兼任公司经理。

（二）经理的职责

《公司法》规定，有限责任公司（股份有限公司亦同）的经理行使下列职权：①主持公司的生产经营管理工作，组织实施董事会决议；②组织实施公司年度经营计划和投资方案；③拟订公司内部管理机构设置方案；④拟订公司的基本管理制度；⑤制定公司的具体规章；⑥提请聘任或者解聘公司副经理、财务负责人；⑦决定聘任或者解聘除应由董事会决定聘任或者解聘以外的负责管理人员；⑧董事会授予的其他职权；⑨列席董事会会议。经理列席董事会会议，可以在会上向董事会报告公司的日常经营管理情况，也便于其了解董事会会议的讨论情况，掌握董事会的决策意图，贯彻执行董事会的决议。

《公司法》规定，公司章程对经理职权另有规定的，从其规定。因此，公司可以根据自身需要在章程中规定与上述事项不同的经理职责，使经理职权不再法定化。因此，公司章程宜对经理的权限作更具体的规定。例如，规定经理有权审批的最高金额，财务总监对董事会或监事会负责而不对经理负责，等等。总之，凡属公司营业上的事务，应尽量授权公司经理办理；反之，与日常营业无关的事务，则不宜由经理处理，并在公司内部实现合理有效的权力制衡。

四、监事会或监事

（一）监事会的设置

监事会是由股东会选举产生、负责对公司的经营和财务实行监督的公司机关，代表股东暨所有者行使监督职能。将监事会作为公司中专司监督职能的机关，是一些大陆法系国家或地区的公司法所实行的一种制度，英美法系公司法以董事会作为公司经营决策管理和监督的中心，没有在公司中设置专门监督机关的制度或做法。法国等大陆法系国家的公司法，传统上也没有监事会制度；在建立了监事会制度的国家或地区，监事会只适用于股份公司，而对有限公司不作强行要求。因此，在公司中设监事会，并非各国公司制度和公司实践的一种通例。

根据德国2011年修订后的《有限责任公司法》[1]第52条的规定，如果公司设立协议（Gesellschaftsvetrag）规定设立监事会（Aufsichtsrat），则股份有限

---

[1] 参见 http://www.gesetze-im-internet.de/drittelbg/，2012年3月21日访问。

公司监事会的有关规定对其适用。德国 2011 年修订后的《参与决定法》[1]第 1条第 1 款规定，所有雇员人数在 2000 人以上的股份有限公司、股份两合公司、有限责任公司和合作社的雇员都根据该法在监事会中享有共决权。按德国的模式，监事会是股东会常设的决策及监督机关，相当于我国和日本等国公司法规定的董事会和监事会的双重地位。

依我国《公司法》的规定，有限责任公司设监事会，其成员不得少于 3 人。监事会应当包括股东代表和适当比例的公司职工代表，其中职工代表的比例不得低于 1/3，具体比例由公司章程规定。监事会中的职工代表由公司职工通过职工代表大会、职工大会或者其他形式民主选举产生。监事会设主席 1 人，由全体监事过半数选举产生。监事会主席召集和主持监事会会议；监事会主席不能履行职务或者不履行职务的，由半数以上监事共同推举 1 名监事召集和主持监事会会议。股东人数较少或者规模较小的有限责任公司，可以设 1 ~ 2 名监事，不设监事会。我国有关外商投资企业法对外商投资的有限公司中是否设置监督机构，则未作强制性规定。

监事的任期每届为 3 年。监事任期届满，连选可以连任。监事任期届满未及时改选，或者监事在任期内辞职导致监事会成员低于法定人数的，在改选出的监事就任前，原监事仍应当依照法律、行政法规和公司章程的规定，履行监事职务。由于董事、高级管理人员是公司中被监督的对象，因此，他们依法不得兼任监事。

（二）监事会的职权

我国《公司法》赋予有限责任公司的监事会或不设监事会的公司的监事以下主要职权：

1. 检查公司财务。监事会或监事可以对公司的各种财务账目、报表等会计资料进行检查，审查其是否健全、真实和准确，是否符合公司财务会计准则，并将审核意见向股东会报告；

2. 对董事、高级管理人员执行公司职务的行为进行监督，对违反法律、行政法规、公司章程或者股东会决议的董事、高级管理人员提出罢免的建议；

3. 当董事、高级管理人员的行为损害公司的利益时，要求董事、高级管理人员予以纠正；

4. 提议召开临时股东会会议，在董事会不履行本法规定的召集和主持股东会会议职责时召集和主持股东会会议；

---

[1]　参见 http：//www.gesetze-im-internet.de/bundesrecht/mitbestg/gesamt.pdf，2012 年 3 月 21 日访问。

5. 向股东会会议提出提案；

6. 董事、高级管理人员执行公司职务时违反法律、行政法规或者公司章程的规定，给公司造成损失的，有限责任公司的股东可以书面请求监事会或者监事向人民法院提起诉讼，要求董事或高级管理人员承担赔偿责任；

7. 发现公司经营情况异常，可以进行调查；必要时，可以聘请会计师事务所等协助其工作，费用由公司承担；

8. 公司章程规定的其他职权。

除上述职权外，《公司法》还规定，监事可以列席董事会会议，并对董事会决议事项提出质询或者建议。监事会或监事行使职权所必需的费用，由公司承担。

（三）监事会的议事方式和表决程序

《公司法》第 56 条规定，监事会每年度至少召开一次会议，监事可以提议召开临时监事会会议。监事会的议事方式和表决程序，除《公司法》有规定的外，由公司章程规定。监事会决议应当经半数以上监事通过。监事会应当对所议事项的决定作成会议记录，出席会议的监事应当在会议记录上签名。

第四节　一人有限责任公司

一、一人有限责任公司的概念、发展趋势及学理解释

根据《公司法》第 58 条第 2 款的规定，一人有限责任公司是指只有一个自然人股东或者一个法人股东的有限责任公司。

一人公司由于其股东的惟一性，使该类公司失去了联合性或团体性的特点，因此，是否应当赋予一人公司以法人资格，并允许其以公司形态存在，在理论上和各国立法实践上，都经历了一个"由普遍禁止，到限制存在，再到许可设立的制度变迁过程"。[1]1926 年，列支敦士登的《自然人和公司法》首开"一人公司"先例，规定各种公司都可以由一个自然人或法人来设立，并以一个股东维持其存续。美国 1971 年的示范商事公司法，顺应许多州的公司法承认一人公司的趋势，于该法第二版的修订版第 53 条中承认，单一个人或法人也可以成为公司的发起人。[2]德国于 1980 年修订有限公司法，承认有限公司可以由一人

---

〔1〕　范健、蒋大兴：《公司法论》，南京大学出版社 1997 年版，第 576 页。
〔2〕　参见赵德枢：《一人公司详论》，中国人民大学出版社 2004 年版，第 38 页。

设立，1994 年修订股份法，取消发起人最低为 5 人的限制，而变更为一人或数人。法国于 1985 年颁行"有限责任一人企业"的相关规定，允许一人设立有限公司，[1]且于 1994 年通过立法创设简化股份公司（法文为 Société par action simplifiée，SAS），并于 1999 年允许由一个自然人设立简化股份公司。[2]日本则于 1990 年修正商法和有限责任公司法，删除股份公司和有限公司章程中应记载股东最低人数的规定，以及有限公司股东最低人数的限制规定，[3]从而默认有限公司和股份公司均可由一人设立及维持。

　　由于一人公司现象背离了公司的联合性或团体性，国外遂出现了以下主要学说，[4]试图对一人公司现象及其性质加以解释。

　　1. 立法政策说。这一学说认为，法律上承认一人公司的合法性，是因为实践中出现了许多形式上的公司，鉴于公司在运作中的股东人数会经常变化，难免发生少于法定最低股东数乃至只有一人的情况，故为了有利于公司的运作及存续，维持经济生活的稳定，法律便对没有社团实体的一人公司予以政策上的承认。

　　2. 特别财产说。这一学说认为，一般公司享有权利能力的前提是多数股东的联合；而一人公司享有权利能力的前提则是单独股东将其一定的财产依法设定为公司的财产，并以该特别设定的财产作为对公司债权人的担保。一人公司的特别财产是一种股东承担责任的形式，类似于破产财团，但公司并不因此而成为财团法人。

　　3. 潜在社团说。这一学说认为，公司的股份是可以转让的，一人公司的单独股东如果将其持有的部分股份转让给他人或将其全部股份转让给多数人，或者有转让的意图，该一人公司的社团法人性质就随时可能恢复。因此，一人公司是典型公司法人的一种特例，当公司在运营中出现一人公司情形时，仍应承认它的社团法人性质。

　　4. 股份社团说。这一学说认为，股份公司的股东资格已被物化为股份，故而只要公司的资本分为多数股份，即使只有一个股东，该公司也不失其社团法人性质。

　　5. 营利财团说。这一学说认为，股份公司实质上是一种股份式的财团，其

〔1〕　参见赵德枢：《一人公司详论》，中国人民大学出版社 2004 年版，第 77 页。
〔2〕　参见［法］保罗·勒嘉铉，孙涛编译："向所有人开放的简化股份公司（SAS）"，载《法学家》2000 年第 4 期。
〔3〕　参见赵德枢：《一人公司详论》，中国人民大学出版社 2004 年版，第 112 页。
〔4〕　参见柯菊："一人公司"，载《台大法学论丛》第 22 卷（1994 年）第 2 期，第 328～332 页。

股份由一人持有是正常现象，因此从股份公司的本质上来说，一人公司也是正常、合理的，应为法律所许可。

法律是现实社会关系的产物及其反映，上述立法政策说和潜在社团说对一人公司现象作了比较客观的解释和评价，特别财产说也有一定的道理，其他学说则流于形式主义。2005年《公司法》修改过程中，对是否允许设立一人有限责任公司也出现过争论。立法部门认为，"从实际情况看，一个股东的出资额占公司资本的绝大多数而其他股东只占象征性的极少数，或者一个股东拉上自己的亲朋好友作挂名股东的有限责任公司，即实质上的一人公司，已是客观存在，也很难禁止。根据我国的实际情况，并研究借鉴国外的通行做法，应当允许一个自然人投资设立有限责任公司，将其纳入公司法的调整范围"，[1]从而在现行《公司法》中确立了一个自然人或法人投资经营有限责任公司的制度。我们认为，允许股东承担有限责任的"一人公司"存在，是因为在市场经济充分发展的情况下，一人公司确实不可避免，应在法律上有条件地予以承认，否则，就不利于保护善意的经营和交易活动及维护社会交易安全；但同时也应当看到，一人公司是公司和公司法上的一种特例，它不反映公司这种社会现象的本质，也不代表公司和公司法的发展方向，特别是在我国国家、社会对自然人的监控能力低下、社会信用差的现实情况下，一人有限公司更不应成为公司实践中的普遍现象。

二、《公司法》对一人有限责任公司的特别规制

一人有限公司不存在多数股东相互制约、牵制和监督的机制，单一股东及其财产与公司及其财产、营业等极易发生混同，导致股东滥用公司法人人格，致使公司债权人或其他利害关系人承担较大的风险乃至利益受损。由于一人公司这种固有的弊端，在允许一人公司设立及存在的国家，法律上都对它加以一定的限制，以抑制其弊端滋生。我国《公司法》只允许一个自然人或法人设立一人有限责任公司，而不允许设立一人股份有限公司；同时对一人有限责任公司的设立、注册资本额及其缴纳、信息公开等方面作了特别规定。对一人有限责任公司的设立和组织没有特别规定的，则仍适用《公司法》关于有限责任公司的一般规定。

---

〔1〕 全国人大法律委员会副主任委员洪虎于2005年10月22日在第十届全国人民代表大会常务委员会第十八次会议上所作的"全国人大法律委员会关于《中华人民共和国公司法（修订草案）》审议结果的报告"。

（一）相对严格的注册资本制度

《公司法》第 59 条第 1 款规定："一人有限责任公司的注册资本最低限额为人民币 10 万元。股东应当一次足额缴纳公司章程规定的出资额。"这是对一人公司的一种事前规制，以提高其门槛，防止滥设，并企图在其成立时就有比较充实的资本额和具备承担责任的基本能力，为债权人切实提供某种担保。

其他国家也有相似的立法，如德国《有限责任公司法》原来规定，设立一人有限公司的股东必须已缴纳 1/4 的股款、基本出资总额达到 1.25 万欧元，并且股东已经为其余部分的金钱出资提供担保时，才可以进行申报、登记注册。[1]2008 年德国的《有限责任公司法改革法》则删除了股东需为其余部分的金钱出资提供担保时才可以进行申报、登记注册的规定。德国学者认为，该规定是对一人公司的一种歧视；在实践中，这一规定也没有起到多大积极的作用，相反却助长了注册机构的官僚主义作风，增加了设立的难度。[2]

（二）自然人设立的一人有限公司和该自然人股东不得再设一人有限公司

《公司法》第 59 条第 2 款规定："一个自然人只能投资设立一个一人有限责任公司。该一人有限责任公司不能投资设立新的一人有限责任公司。"这样规定是为了防止一人公司的自然人股东通过对其个人财产的细分，设立若干个一人有限公司，从而削弱对公司债权人的担保，致使其滥用公司独立人格和股东有限责任。法国商法中也有相同条款，其"有限责任公司"一章中规定，一个自然人只得成为一个有限责任公司的一人股东；一个有限责任公司不得成为另一个由一人组成的有限责任公司的一人股东。违背上述规定的，任何利害关系人可要求解散公司。如该非法因素是因拥有一人以上股东的公司的全部股份归集于一人之手造成的，则不得在股份汇集于一人之手后不到 1 年的时间里提出解散公司的要求。法庭可给予最长 6 个月的期限以纠正非法状态，公司如于法庭进行实质审理之日已依法纠正，则法庭不得判决解散公司。[3]

（三）必要信息的公示及财务监督

我国《公司法》第 60 条规定："一人有限责任公司应当在公司登记中注明自然人独资或者法人独资，并在公司营业执照中载明。"由于一人有限公司的交易相对人所承担的特殊风险，《公司法》作此要求，旨在对交易相对人作出提

〔1〕　杜景林、卢谌译：《德国股份法·德国有限责任公司法·德国公司改组法·德国参与决定法》，中国政法大学出版社 2000 年版，第 178、182 页。

〔2〕　参见高旭军、白江："论德国《有限责任公司法改革法》"，载《环球法律评论》2009 年第 1 期，第 122 页。

〔3〕　卞耀武主编：《法国公司法规范》，李萍译，法律出版社 1999 年版，第 36 页。

示，以使潜在的交易对手能够在信息较为充分的基础上，决定是否以及如何与一人有限公司进行交易。

一人股东主观上有恶意、滥用了公司人格来规避债权或其他责任时，应当适用公司人格否认制度，让一人股东承担无限责任。而判断一人股东主观上是否恶意滥用公司人格的依据，就是对公司财务的监督，这就要求公司建立健全财务会计制度，因此，《公司法》还对一人有限公司实行财务法定审计的制度。该法第63条规定："一人有限责任公司应当在每一会计年度终了时编制财务会计报告，并经会计师事务所审计。"需要说明的是，该条规定与《公司法》"公司财务、会计"一章中第165条规定的"公司应当在每一会计年度终了时编制财务会计报告，并依法经会计师事务所审计"的含义不同。第165条是对所有类型公司的一般原则性规定，并不是说所有公司都必须经过会计师事务所进行年度审计，而是公司法、会计法等有关法律、法规明确要求进行审计的公司，其财务会计报告才须经会计师事务所审计。而对一人有限公司而言，年度财务会计报告必须经会计师事务所审计，这是法律的强制性规范。这样有利于公司债权人及利益相关者了解一人有限公司的经营和财产状况，从而保障交易安全。

（四）一人有限公司的法人人格否认

在一人公司出现弊端或发生任何滥用权利的情形时，发达国家亦采取由法院判令股东或行为人对公司债务直接承担责任的做法，即所谓"刺破公司法人面纱"或"否认公司法人资格"。这一原则或理论不仅仅针对一人公司，只要公司成了其背后的主体借以逃避法律责任或牟取不当利益的"合法"外衣，从而损害到他人和社会的利益，司法机关即可根据该理论或原则，酌情判令公司股东或其他有关主体直接承担公司的债务或责任。我国现行《公司法》也确立了公司人格否认制度，该法第20条规定，公司股东应当遵守法律、行政法规和公司章程，依法行使股东权利，不得滥用公司法人独立地位和股东有限责任损害公司债权人的利益。公司股东滥用公司法人独立地位和股东有限责任，逃避债务，严重损害公司债权人利益的，应当对公司债务承担连带责任。该条规定是对公司人格否认的一般性规定，适用于《公司法》中规定的所有公司类型，一人有限公司也不例外。

同时，鉴于一人有限公司的特殊性和固有弊端，《公司法》第64条还规定，在一人有限责任公司的股东不能证明公司财产独立于其自己的财产时，也应当对公司债务承担连带责任。因为一人有限责任公司的最大缺点就在于惟一股东可以任意控制公司，二者的财产容易混同，导致"公私"不分。因此，根据该条，一人有限责任公司的股东应就其个人财产是否与公司财产相分离负举证责任，在其不能证明自己的财产与公司的财产没有混同、相互独立时，其就应当对公司的债务承担连带责任，从而加重了一人有限责任公司股东的义务和责任。为了保证股东个人财产与公司财产的独立，我国也有必要借鉴国外有关一人有限责任公司股东的个人财产公示制度，使惟一股东定期向公司登记机关或社会公示其财产状况，促使惟一股东的财产与一人公司财产分开，从而保护债权人利益和社会交易秩序。

三、一人有限责任公司的组织和运作

《公司法》第61、62条是针对一人有限公司组织机构的专门规定。依其规定，一人有限责任公司不设股东会，其章程由股东制定。股东作出本法第38条第1款（有限责任公司股东会行使的职权）所列决定时，应当采用书面形式，并由股东签名后置备于公司。这是为了使股东决定透明化、公开化，也是对一人有限责任公司股东进行监督，防止其滥用公司人格，或者对其适用公司人格否认，要求其对公司债务承担连带责任所不可或缺的重要依据。

除上述有关股东（会）的规定外，根据《公司法》关于有限责任公司的一般性规定，一人有限公司也应当设董事会或者设1名执行董事，可以设经理，应当设监事会或者设1~2名监事。但由于一人有限责任公司天然地缺乏内部监督、制衡机制，其内部机构设置主要是为了经营的需要，能否起到制衡、监督作用则很不可靠。因此，一人有限责任公司的制衡和监督机制主要依赖《公司法》的有关特殊规制，特别是股东对公司债务承担连带责任的公司人格否认制度，这才是最有效并具实质性的。

第五节　国有独资公司

一、国有独资公司的概念和特征

（一）国有独资公司的概念

依《公司法》第65条第2款的规定，国有独资公司是指由国家单独出资、国务院或者地方人民政府授权本级人民政府国有资产监督管理机构履行出资人职责的有限责任公司。它是国有企业的一种，在《公司法》中对其加以规定，是对传统公司立法或制度的一种突破。

《公司法》在2005年修改后，保留了"国有独资公司"一节，同时根据国有企业改革和国有资产监督管理体制改革的成果，对原有规定作了修改完善，

以继续为国有企业改革的不断深入提供制度支持。[1]

（二）国有独资公司的特征

1. 国有独资公司是国有一人公司。国有"独资"公司意在投资主体为中央或某一级人民政府授权的本级国有资产监督管理机构，而不在公司出资的国有属性。由一个普通的国有企业或其他国有单位充当股东的有限责任公司，不是国有独资公司；由几个国有出资人投资成立的有限责任公司，虽然其出资都为国有，但由于其股东并非一个而是多个，也不是国有独资公司。因此，国有独资公司具有某种超脱于"商事"的性质。《公司法》原先规定国务院确定的生产特殊产品的公司或者属于特定行业的公司，应当采取国有独资公司的形式，现在取消了这一规定。但实际上，关系国计民生如国防、社会安全或者国家专营的产品、行业，包括央企的集团公司，基本上都采取国有独资公司的形式。

2. 国有独资公司是有限责任公司的一种。一方面，国有独资公司的资本不分为股份，不是一人股份公司；另一方面，国有独资公司与一般的有限责任公司在股东性质、章程、组织机构、监管等方面均有不同。同时，国有独资公司的设立和组织适用《公司法》有关国有独资公司的专门规定，没有专门规定的，仍适用《公司法》关于有限责任公司的一般规定。

3. 国有独资公司的出资人须经国家特别授权。根据国务院机构改革方案，国务院授权国资委代表国家履行出资人职责。国资委的主要职责是：根据授权，依照公司法等法律和行政法规履行出资人职责，指导推进国有企业改革和重组；代表国家向部分大型企业派出监事会；通过法定程序对企业负责人进行任免、考核并根据其经营业绩进行奖惩；通过统计、稽核对所管国有资产的保值增值情况进行监管；拟订国有资产管理的法律、行政法规和制定规章制度，依法对地方国有资产进行指导和监督；承担国务院交办的其他事项。当然，经国家特别授权的出资人不限于国资委，根据《企业国有资产法》的规定，国务院和地方人民政府根据需要，也可以授权其他部门、机构代表本级人民政府对国家出资企业履行出资人职责。实践中，金融、烟草等企业、公司的出资人职责就是由国资委以外的其他部门承担的。[2]地方国资委除对国有独资公司履行出资人职责外，也对本级地方所属企业、公司的国有财产或股份依法进行监管。

---

[1] 安建主编：《中华人民共和国公司法释义》，法律出版社 2005 年版，第 99～100 页。

[2] 例如，财政部对中央所属金融类企业依法履行国有资产管理职责，县以上（含县级）地方财政部门依法对地方所属金融类企业的国有资产进行监督管理。中国烟草总公司所属国有资产，在财政部单列，由财政部负责对中国烟草总公司的监管，中国烟草总公司依法对所属工商企业的国有资产行使出资人权利，经营和管理国有资产，承担保值增值责任。

二、国有独资公司的组织机构

国有独资公司在管理体制和组织机构上依然带有探索性。它的机构设置、权限职责划分和监督机制，既不同于《企业法》和《全民所有制工业企业转换经营机制条例》（简称《转换经营机制条例》）中确立的厂长（经理）负责制，即由厂长（经理）全权负责、管委会协助决策、职代会民主管理、党组织保证监督的企业体制，也不同于一般有限责任公司和股份有限公司那样的股东会、董事会、监事会一应俱全的通常模式。在国有资产管理部门的指导、监督和考核下，国有独资公司依照《公司法》和《国有企业监事会暂行条例》等法规的规定，由国有资产监督管理机构、董事会、经理、监事会等机构分别行使国有独资公司的决策权、经营管理权、业务执行权和监督权。

（一）国有资产监督管理机构

《公司法》规定，国有独资公司不设股东会，由国有资产监督管理机构行使股东会职权。因此，国有资产监督管理机构依照公司法等法律和行政法规履行出资人职责，行使下列职权：①制定国有独资公司的章程或批准由公司董事会制订的公司章程；②委派国有独资公司董事会成员，从董事会成员中指定董事长、副董事长；③可以授权公司董事会行使《公司法》规定的股东会的部分职权；④决定公司的合并、分立、解散、增加或者减少注册资本和发行公司债券；⑤审核重要的国有独资公司的合并、分立、解散、申请破产，并报本级人民政府批准，"重要的国有独资公司"按照国务院的规定确定；⑥委派国有独资公司中除职工代表以外的监事会成员，从监事会成员中指定监事会主席；⑦《公司法》规定的应当由股东会行使的其他职权。

应当指出，作为承担经营性国有资产监管职责的"总老板"的国有资产监督管理机构，同时又担当各个国有独资公司的具体老板（出资人或股东）身份，这两种角色是有利益冲突的。因此，我国国有资产监管体制或者说国有独资公司制度还有进一步探索和改革的必要。

（二）董事会

国有独资公司设董事会，董事会成员由国有资产监督管理机构委派。董事会成员中应当有公司职工代表，董事会成员中的职工代表由公司职工代表大会选举产生。董事会设董事长1人，可以设副董事长。董事每届任期不得超过3年。经国有资产监督管理机构同意，董事会成员可以兼任经理。

鉴于其国有和全民所有制的性质，国有独资公司应当实行职工民主管理，建立职工董事制度是完善国有独资公司法人治理的重要内容，因此，与一般有限公司不同，《公司法》要求国有独资公司设职工董事。

国有独资公司的董事长、副董事长、董事和高级管理人员，未经国有资产监督管理机构同意，不得在其他有限责任公司、股份有限公司或者其他经济组织兼职。因此，在国有资产监督管理机构同意的情况下，国有独资公司的董事长、副董事长、董事和高级管理人员可以在其他公司或经济组织中兼职，但也不能违背竞业禁止的要求，以免其工作与本公司发生竞争或损害本公司的利益。之所以这样规定，是因为考虑到，国有独资公司往往根据需要设立子公司或者分公司，包括与其他经济组织共同投资设立诸如有限责任公司（包括中外合资、中外合作的有限公司）、股份有限公司等。在这种情况下，国有独资公司作为法人股东需要委派代表参加被投资公司的董事会或被任命为经理；而国有资产监督管理机构也可能担任几个国有独资公司或其他企业的股东，应当允许某个国有独资公司的董事或经理担任相关企业的董事或经理。

国有独资公司董事会的职权，适用《公司法》关于有限责任公司董事会职权的规定，并可经国有资产监督管理机构的授权行使股东会的部分职权。因此，国有独资公司董事会可能比一般有限公司的董事会享有更多的职权。

（三）经理

国有独资公司设经理，其产生和职权与一般有限责任公司的经理相同，由董事会聘任或者解聘。

（四）监事会

《公司法》原先对国有独资公司的监督机构未作专门规定，1999 年修改《公司法》，规定在国有独资公司中设立监事会。现行《公司法》对国有独资公司的监事会作了更具体、更明确的规定。除《公司法》中的规定外，国有独资公司的监事会也要适用国务院颁布的《国有企业监事会暂行条例》。[1]

1. 国有独资公司监事会的性质。国有独资公司的监事会由国有资产监督管理机构委派，属于外部监事会。而一般有限责任公司的监事会或监事是公司的内部机构。国有独资公司的监事会以财务监督为核心，根据有关法律、法规的规定，对公司的财务活动及公司经营层的行为进行监督。

2. 监事会的组成。监事会成员由国有资产监督管理机构委派；但是，监事会成员中的职工代表由公司职工代表大会选举产生。国有独资公司的监事会成员不得少于 5 人，其中职工代表的比例不得低于 1/3，具体比例由公司章程规定。监事会主席由国有资产监督管理机构从监事会成员中指定。

3. 监事会的职责。《公司法》规定，国有独资公司监事会行使《公司法》

---

[1]　国务院令第 283 号，2000 年 2 月 1 日国务院第 26 次常务会议通过，2000 年 3 月 15 日颁布实施。

规定的有限责任公司监事会的部分职权和国务院规定的其他职权：

（1）检查公司贯彻、执行有关法律、行政法规和规章制度的情况；

（2）检查公司财务，查阅公司的财务会计资料及与公司经营管理活动有关的其他资料，验证公司财务会计报告的真实性、合法性；

（3）检查公司的经营效益、利润分配、国有资产保值增值、资产运营等情况；

（4）对董事、高级管理人员执行公司职务的行为进行监督，对其经营管理业绩进行评价，提出奖惩、任免建议；

（5）当董事、高级管理人员的行为损害公司的利益时，要求董事、高级管理人员予以纠正；

（6）监事会主席根据监督检查的需要，可以列席或者委派监事会其他成员列席企业有关会议；

（7）监事会根据对公司实施监督检查的需要，必要时，经国有资产监督管理机构同意，可以聘请注册会计师事务所对公司进行审计。监事会根据对公司进行监督检查的情况，可以建议国务院责成国家审计机关依法对企业进行审计。

第六节　有限责任公司的股权转让

由于有限责任公司兼具资合与人合的因素，注重股东之间的联系和稳定，因此，与公司股东的关系不紧密的人，不能随意向公司出资而成为公司的股东。故而大陆法系国家的法律对有限责任公司股东出资的转让都有限制，英美法系国家对非开放公司也有限制。

一、股权的对内转让和对外转让

股东向公司的其他股东转让其全部或者部分股权的，既不会影响到公司的资合性质也不会造成人合的矛盾，因此公司法对此无限制，只要转让方和受让方就转让的股权份额、价格、时间等事项达成协议即可，其他股东无权干涉。

限制股东向有限责任公司股东以外的人转让股权，是为了防止新的股东加入而影响公司原股东之间的关系。

我国《公司法》第 72 条规定：“有限责任公司的股东之间可以相互转让其全部或者部分股权。股东向股东以外的人转让股权，应当经其他股东过半数同意。股东应就其股权转让事项书面通知其他股东征求同意，其他股东自接到书面通知之日起满 30 日未答复的，视为同意转让。其他股东半数以上不同意转让的，不同意的股东应当购买该转让的股权；不购买的，视为同意转让。经股东同意转让的股权，在同等条件下，其他股东有优先购买权。两个以上股东主张行使优先购买权的，协商确定各自的购买比例；协商不成的，按照转让时各自的出资比例行使优先购买权。公司章程对股权转让另有规定的，从其规定。"

相较于《公司法》原先关于股权对外转让"需经全体股东过半数同意"的规定，现行《公司法》"其他股东"过半数同意通过的规定，防止了在只有两名股东时，股东间因股权对外转让的意见分歧可能导致的僵局；这里的"过半数"是股东人数的过半数，而不是股东表决权的过半数。因为这是"人合"问题，而非"资合"问题，需要考虑的是每个股东的意愿，而非大股东的意志。

根据《公司法》的规定，股东在向股东以外的人转让股权前，应就该转让事项书面通知其他股东以征求意见，其他股东应当自接到书面通知之日起30日之内作出同意或不同意的答复，30日满而未作出答复的，视为同意转让，即这部分股东人数也算在同意转让的"其他股东"之内。如果经书面通知后，其他股东半数以上明确表示不同意转让的，不同意的股东应当购买该转让的股权；不购买的，也视为同意转让。这样就使股权或者能够转让给股东以外的人，或者能够转让给不同意转让的其他股东，从而使拟转让股权的股东最终能够实现其股权转让。

股东对其他股东转让股权的优先购买权，则意味着只有当公司的其他股东不愿购买、无力购买或其出价低于非股东的出价时，非股东始得购买所转让的出资。规定优先购买权的目的，在于保护老股东对公司的控制权，由老股东通过行使优先购买权来间接地选择是否接受新股东，可以保障有限公司的人合性。

上述规定并非强制性规范，股东可以根据实际情况在公司章程中另行规定转让办法。但是，按照本条规定的宗旨，其"另行规定"应以不导致公司僵局及不损害一些股东的合法权益为限。

股东依法转让其股权后，公司应当注销原股东的出资证明书，向新股东签发出资证明书，并相应修改公司章程和股东名册中有关股东及其出资额的记载。对公司章程的该项修改不需再由股东会表决。但实践中存在这样的情况，即原股东转让股权后，由于种种原因股权所对应的股东名称未及时在公司登记机关进行变更，此时原股东又将该股权再次转让。这种情况下，第三人凭借对既有登记内容的信赖，一般可以合理地相信登记的股东（即原股东）就是真实的股权人，可以接受该股东对股权的处分，未登记记名的受让股东不能主张处分行为无效。但是，当确有证据证明第三人在受让股权时明知原股东已不是真实的股权人，股权权属已归于受让股东，此时，在原股东向该第三人处分股权后如果仍认定该处分行为有效，会助长第三人及原股东的不诚信行为。因此，最高人民法院《关于适用〈中华人民共和国公司法〉若干问题的规定（三）》规定，"股权转让后尚未向公司登记机关办理变更登记，原股东将仍登记于其名下的股权转让、质押或者以其他方式处分，受让股东以其对于股权享有实际权利为由，请求认定处分股权行为无效的，人民法院可以参照物权法第 106 条的规定处理"。因此，如果没有证据证明第三人明知原股东已不是真实的股权人，那么第三人可以取得该股权，受让股东的股权利益也不存在了，其可以要求原股东承担赔偿责任。而在实践中，受让股东受让股权后之所以未及时在公司登记机关办理变更登记，常常是由于公司的管理层（如董事、高管人员）或实际控制人等未及时代表公司向登记机关申请且提供相应材料而造成的，此时，该类人员对受让股东的损失也有过错，应当对受让股东承担相应的赔偿责任；受让股东有过失的，可以减轻上述人员的责任。因此，该司法解释进一步规定，"原股东处分股权造成受让股东损失，受让股东请求原股东承担赔偿责任、对于未及时办理变更登记有过错的董事、高级管理人员或者实际控制人承担相应责任的，人民法院应予支持；受让股东对于未及时办理变更登记也有过错的，可以适当减轻上述董事、高级管理人员或者实际控制人的责任"。

由于一人有限责任公司和国有独资公司的股东只有一个，因而不存在股东之间转让出资的问题。股权转让时涉及国有资产转让的，根据《企业国有资产法》的规定，"国有资产转让由履行出资人职责的机构决定。履行出资人职责的机构决定转让全部国有资产的，或者转让部分国有资产致使国家对该企业不再具有控股地位的，应当报请本级人民政府批准"。

二、强制执行股权时的股权转让

股权作为财产权，可以作为强制执行的标的。当债务人拒绝向债权人自动履行具有强制执行效力的已经生效的法院判决、裁定或法律规定由人民法院执行的其他法律文书所确认的债权时，其所拥有的公司股权可以作为强制执行的标的。

1998 年，《最高人民法院关于人民法院执行工作若干问题的规定（试行）》（法释［1998］15 号）规定，对被执行人在有限责任公司中被冻结的投资权益或股权，人民法院可以在征得全体股东过半数同意后，予以拍卖、变卖或以其他方式转让；不同意转让的股东，应当购买该转让的投资权益或股权，不购买的，视为同意转让，不影响执行；人民法院也可允许并监督被执行人自行转让其投资权益或股权，将转让所得收益用于清偿对申请执行人的债务。

由于股权转让可能涉及其他股东的购买及非股东的加入，在股东被强制执行股权时，应当给其他股东一个合理的考虑期限，以体现公平原则。如依我国台湾地区"公司法"的规定，法院依强制执行程序，将股东的出资转让他人时，应通知公司及其他全体股东于 20 日内依法指定受让人；逾期未指定或指定的受让人不依同一条件受让时，视为同意转让，并同意修改章程有关股东及其出资额事项。这样，为保障有限公司股东的债权人的权益，容许股东的债权人对股东的出资申请强制执行，而又顾及有限公司具有闭锁性的特质，赋予公司及其他全体股东指定受让人行使优先受让权的权利。[1] 现行《公司法》第 73 条也作了类似的规定："人民法院依照法律规定的强制执行程序转让股东的股权时，应当通知公司及全体股东，其他股东在同等条件下有优先购买权。其他股东自人民法院通知之日起满 20 日不行使优先购买权的，视为放弃优先购买权。"从而在债权人利益和公司股东利益之间求得平衡。

三、异议股东的股权收购请求权制度

异议股东股权收购请求权，是指对于提交股东大会表决的公司重大交易事项表示异议的股东，在该事项经股东大会通过时，有依法定程序要求公司以公平价格买回股票从而退出公司的权利。随着"资本多数决"原则的普遍适用，中小股东不能阻止其有异议的公司决策已被人们视为理所当然，该原则甚至成了大股东排挤压迫小股东的手段。在此情况下，平衡同意股东与异议股东利益的股权收购请求权就成了保护中小股东的有力工具之一。

英美法系和大陆法系的公司法许多都允许异议股东的股份收购请求权，只是在股份收购请求权适用的公司种类和具体事项上可能有所不同。我国台湾地区"公司法"第 317 条及第 186 条规定可行使收购请求权的事项为：①公司分割或与其他公司合并；②缔结、变更或终止关于出租全部营业、委托经营或与他人经常共同经营之契约；③让与全部或主要部分之营业或财产；④受让他人全部营业或财产，对公司营运有重大影响者。

《公司法》于 2005 年修订前，只在《上市公司章程指引》和《到境外上市公司章程必备条款》这两个规范性文件中对异议股东的股权收购请求权作了一些原则性规定。如 2006 年修订前的《上市公司章程指引》第 173 条规定："公司合并或者分立时，公司董事会应当采取必要的措施保护反对公司合并或者分立的股东的合法权益。"《到境外上市公司章程必备条款》第 149 条第 1 款规定："……反对公司合并、分立方案的股东，有权要求公司或者同意公司合并、分立方案的股东，以公平价格购买其股份……"

---

[1] 参见柯芳枝：《公司法论》，中国政法大学出版社 2004 年版，第 553 页。

现行《公司法》引进了异议股东的股权收购请求权制度，其第75条第1款规定："有下列情形之一的，对股东会该项决议投反对票的股东可以请求公司按照合理的价格收购其股权：①公司连续5年不向股东分配利润，而公司该5年连续盈利，并且符合本法规定的分配利润条件的；②公司合并、分立、转让主要财产的；③公司章程规定的营业期限届满或者章程规定的其他解散事由出现，股东会会议通过决议修改章程使公司存续的。"因此，当出现上述情形时，有限责任公司异议股东有权行使其股权收购请求权。

日本、韩国以及我国台湾地区都规定收购价格原则上由股东与公司协议，达不成协议时则请法院决定。[1]例如，我国台湾地区"公司法"第187条规定，股东与公司间协议决定股份价格者，公司应自决议日起90日内支付价款，自决议日起60日内未达协议者，股东应于此期间经过后30日内，声请法院为价格之裁定。我国《公司法》第75条第2款规定："自股东会会议决议通过之日起60日内，股东与公司不能达成股权收购协议的，股东可以自股东会会议决议通过之日起90日内向人民法院提起诉讼。"根据最高人民法院《关于适用〈中华人民共和国公司法〉若干问题的规定（一）》，超过90日向人民法院提起诉讼的，人民法院不予受理。但该解释并没有规定当股东与公司不能达成股权收购协议时，股东是否有权直接请求人民法院决定股权收购价格，对此还需要在司法实践中探索并总结经验。

由于公司收购股东的股权会引起注册资本的减少及实收资本的变更，因此，根据《公司注册资本登记管理规定》，有限责任公司依据《公司法》第75条的规定收购其股东的股权的，应当依法申请减少注册资本及相应的实收资本的变更登记。

四、股权的继承

《公司法》第76条规定："自然人股东死亡后，其合法继承人可以继承股东资格；但是，公司章程另有规定的除外。"

有限公司股东的出资或股权作为财产权，理应可以继承。由于股东身份（资格）是基于股东的财产权产生的，一般来说，其身份权应当随财产权一同转让；另一方面也考虑到被继承人作为公司的股东，其死后如无遗嘱另作安排，由其法定继承人继承其股东资格有合理性，也符合我国传统。但由于有限责任公司的人合性特点，也应当允许股东通过公司章程对股东资格是否可以继承的

---

〔1〕 参见闻德锋、梁三利："论公司股东股份收购请求权"，载《商业研究》2005年第13期，第171页。

问题另行约定，因为继承人毕竟不是原股东本人，其他股东在继承发生后不一定愿意与继承人合作。如 2011 年修订后的德国《有限责任公司法》第 15 条第 1 款即规定，"股份可以转让和继承"；同时该条第 4 款规定，"公司合同（Gesellschaftsvertrag）可以为股份转让设定其他条件。特别是使其受制于公司的批准"。

第五章　股份有限公司

第一节　股份有限公司的设立

一、股份有限公司的设立条件

（一）发起人符合法律规定的条件和人数

与有限责任公司相比，股份有限公司的筹资和经营具有开放性，股东人数较多，流动性也较大，因此，设立股份有限公司的发起人往往只是公司成立时的股东的一部分。为防止发起人在公司设立过程中徇私舞弊，损害其他认股人和公众的利益，维护社会经济秩序，法律对其的要求较之发起设立有限责任公司的股东来说，也更为严格。

发起人就其性质来说，是设立中公司的机关，他们对外代表设立中的公司，对内履行公司设立行为；其相互关系类似于合伙，依发起人协议和法律确定其各自及相互的权利与义务。依我国《公司法》，发起人可以是自然人，也可以是法人。作为自然人的发起人，必须具有完全的民事行为能力。

传统上大陆法系国家对股份有限公司股东人数的要求，高于对有限责任公司股东人数的要求，现在则已普遍允许设立一人股份公司。英国原先要求开放性公司的股东为7人以上，1980年修改公司法时则改为与非开放公司一样只需2人，2006年公司法则允许一个自然人可以设立任何类型的公司（包括开放性公司）。美国《商事公司示范法》允许1人设立开放性公司，但因股份的发行和流通，公司成立后在运作中一般不会只有1名股东。

我国《公司法》第79条规定，设立股份有限公司，应当有2人以上200人以下为发起人。大多数国家的公司法对发起人的国籍不作限制，不论是本国人还是外国人，都可以发起设立股份有限公司。我国《公司法》未限制发起人的国籍，但对发起人的住所作了限制性规定，从而间接地对发起人的国籍作了某种限制。《公司法》规定，须有过半数的发起人在中国境内有住所。所谓在中国境内有住所，就自然人而言，是指其户籍所在地或者其经常居住地在中国境内；就法人而言，是指其主要办事机构所在地在中国境内。这样规定便于国家对其进行监督管理，以防在股份有限公司设立过程中滋生流弊。

（二）发起人认购和募集的股本达到法定资本最低限额

大陆法系国家对股份有限公司的资本一般都规定了最低限额；英美法系国家和地区则实行授权资本制，法律上一般不规定公司资本的最低限额。国外关于股份有限公司资本的最低限额，一般也高于对有限责任公司的要求。如德国要求股份有限公司股本的最低名义数额为 5 万欧元，有限公司则为 2.5 万欧元。

我国现行《公司法》第 81 条第 3 款规定："股份有限公司注册资本的最低限额为人民币 500 万元。法律、行政法规对股份有限公司注册资本的最低限额有较高规定的，从其规定。"有关股份有限公司注册资本最低限额的特别规定，除了前述《商业银行法》、《保险法》和《证券法》等的规定外，由原对外贸易经济合作部颁布的《外商投资股份公司暂行规定》，要求外商投资股份有限公司的注册资本的最低限额为人民币 3000 万元；《证券法》中还规定了股份有限公司申请股票上市，公司股本总额不得少于人民币 3000 万元，等等。

如前所述，对有限责任公司，现行《公司法》改变了原有的股东一次性缴足注册资本公司方能成立的严格的法定资本制。而对股份有限公司，《公司法》对发起设立的股份公司也改为分期缴纳的法定资本制，而对募集设立的股份公司仍然采用严格的法定资本制。《公司法》第 81 条第 1、2 款规定："股份有限公司采取发起设立方式设立的，注册资本为在公司登记机关登记的全体发起人认购的股本总额。公司全体发起人的首次出资额不得低于注册资本的 20%，其余部分由发起人自公司成立之日起 2 年内缴足；其中，投资公司可以在 5 年内缴足。在缴足前，不得向他人募集股份。股份有限公司采取募集方式设立的，注册资本为在公司登记机关登记的实收股本总额。"因此，发起设立的股份公司，只要全体发起人首次实缴的出资额不低于注册资本的 20% 即可成立；募集设立的股份公司，发起人及全体认股人应当在缴付全部注册资本额后公司方得成立。

（三）股份发行、公司筹办事项等符合法律规定

这是指设立股份有限公司的，其股份发行、筹办事项要符合法律规定。发起人应制订公司章程，采用募集方式设立的，所订章程还应经创立大会通过；应依法确定公司名称，建立符合股份有限公司要求的组织机构，并有公司住所。

二、股份有限公司设立的程序

设立股份有限公司，发起设立的，其程序与有限责任公司设立的程序类似；募集设立的则较为复杂，要经过募集股份和召开创立大会等特有的程序。

（一）订立发起人协议

这是指由发起人协商订立设立股份有限公司的股东协议。其性质和内容与设立有限责任公司的股东协议基本相同。《公司法》第80条规定："股份有限公司发起人承担公司筹办事务。发起人应当签订发起人协议，明确各自在公司设立过程中的权利和义务。"根据《外商投资股份公司暂行规定》，发起人协议包括以下主要内容：发起人的名称、住所、法定代表人的姓名、国籍、住所、职务；组建公司的名称、住所；公司的宗旨、经营范围；公司设立的方式、组织形式；公司注册资本、股份总额、类别、发起人认购股份的数额、形式及期限；发起人的权利和义务；违约责任；适用法律及争议的解决；协议的生效与终止；订立协议的时间、地点，发起人签字；其他需要载明的事项。协议应由各发起人签字，法人作发起人的还应加盖法人的公章。

（二）发起人共同制订公司章程

《公司法》第82条规定，股份有限公司章程应当载明下列事项：公司名称和住所；公司经营范围；公司设立方式；公司股份总数、每股金额和注册资本；发起人的姓名或者名称、认购的股份数、出资方式和出资时间；董事会的组成、职权和议事规则；公司法定代表人；监事会的组成、职权和议事规则；公司利润分配办法；公司的解散事由与清算办法；公司的通知和公告办法；股东大会会议认为需要规定的其他事项。

（三）报请政府主管部门审核批准

法律、行政法规规定必须报经审批的，应当在股份有限公司申请设立登记前依法办理批准手续，主要包括外商投资股份公司、银行、保险公司等。

（四）发起设立的步骤

发起设立，是指由发起人认购公司应发行的全部股份而设立公司。以上程序完成后，以发起设立方式设立股份有限公司的，发起人尚须履行或经过三个步骤：

1. 以书面形式认足公司章程规定其认购的股份，所有发起人认购的股本总额应等于公司的注册资本额。

2. 缴纳所认缴股份的首期或全部股款。由于我国对发起设立的股份有限公司实行分期缴纳的法定资本制，因此，《公司法》第84条第1款要求发起人在认足公司发行的所有股份后，按照公司章程的规定，一次缴纳的，应即缴纳全部出资；分期缴纳的，应即缴纳首期出资。股份有限公司发起人的出资方式与有限责任公司股东的出资方式相同。发起人不依照上述规定缴纳出资的，应当按照发起人协议承担违约责任。

3. 选举董事和监事，组成董事会和监事会。发起人首次缴纳出资后，就应当选举董事和监事，组成公司的董事会和监事会，以健全公司的组织结构，使公司能够顺利成立。

（五）募集设立的步骤

募集设立，是指由发起人认购公司应发行股份的一部分，其余股份向社会公开募集或发行，或者向特定对象募集或发行而设立公司。《证券法》对"公开发行证券"作了界定：①向不特定对象发行证券的；②向特定对象发行证券累计超过 200 人的；③法律、行政法规规定的其他发行行为。所谓"特定对象"，在实践中主要是法人和机构投资者，如某些企业法人、各类投资基金、保险基金等。

《公司法》施行前的《股份有限公司规范意见》，将股份有限公司的募集设立分为定向募集设立和社会募集设立。定向募集与向特定对象发行是一个意思，是指公司发行的股份，除由发起人认购一部分外，其余部分不向社会公开发行，而向特定法人或本公司职工发行。1993 年《公司法》制定时，取消了定向募集设立的做法。而在 2005 年修订《公司法》的过程中，"证监会提出，为了避免公开募集设立方式的风险和弊端，建议删去公开募集设立方式，但可以采用向机构投资者等对投资风险具有较强的判断、承受能力的特定对象募集股份的定向募集设立方式。国务院法制办、国资委、工商总局、人民银行等部门则认为，现行公司法已经规定了股份有限公司的公开募集设立方式，保留这一方式，有利于拓宽投资渠道，方便公司设立，促进经济发展。法律委员会研究认为，允许股份有限公司采用公开募集和定向募集的方式设立，有利于适应投资者选择不同投资方式的需求，鼓励投资创业；同时，应当加强监管，防范风险。考虑到在证券法修订草案中，已对采用公开募集方式和定向募集方式发行股份设立股份有限公司的行为作了规定，建议在公司法中保留股份有限公司的公开募集设立方式，并增加定向募集设立方式。"[1]

采用募集设立方式时，在申请公司设立登记之前，同发起设立的股份公司一样，需经过订立发起人协议、发起人共同制订公司章程和报请政府主管部门审核批准的程序。除此之外，还须履行或经过以下步骤：

1. 由发起人认购不低于法定数额的、公司章程规定发行的股份。《公司法》

---

[1]　参见全国人大法律委员会副主任委员洪虎于 2005 年 10 月 22 日在第十届全国人民代表大会常务委员会第十八次会议上所作的全国人大法律委员会"关于《中华人民共和国公司法（修订草案）》审议结果的报告"。

第 85 条规定，发起人认购的股份不得少于公司股份总数的 35%；但是，法律、行政法规另有规定的，从其规定。其余股份，则可以向社会公开募集或者向特定对象募集。法律规定发起人必须认购一定数额的股份，是为了加重发起人对公司的责任，防止出现利用募集设立公司进行集资欺诈的行为，并增加广大投资者和债权人对公司的信心。

2. 公开或向特定对象募集股份。向特定对象募集或发行，不涉及公开招股广告，发起人或设立中的公司与特定对象间的邀约、承诺、认购和成交等，原则上只需适用合同法和公司法的一般规定即可。而公开募集或发行股份涉及社会公众利益，关系到经济和金融秩序的正常与稳定，所以，法律上对其有较为严格的规定。《公司法》、《证券法》规定了向社会公开募集的条件、程序及方式。向包括发起人在内的特定对象募集累计超过 200 人的，也视为公开发行，以防发起人规避证券监管，扰乱市场秩序。

（1）须经国务院证券监督管理机构批准。发起人以募集方式设立股份有限公司公开发行股票的，应当向国务院证券监督管理机构递交募股申请和下列文件：公司章程、发起人协议、发起人姓名或者名称、发起人认购的股份数、出资种类及验资证明、招股说明书、代收股款银行的名称及地址、承销机构名称及有关的协议。依照《证券法》的规定需要聘请保荐人的，还应当报送保荐人出具的发行保荐书。经国务院证券监督管理机构审核批准后，发起人方得实施募集行为。

（2）公告招股说明书并制作认股书。招股说明书也称招股章程，它是发行人对非特定人发出的认购股份的要约邀请和申请募股的必备文件。根据《公司法》第 87 条的规定，招股说明书应当附有发起人制订的公司章程，并载明下列事项：发起人认购的股份数；每股的票面金额和发行价格；无记名股票的发行总数；募集资金的用途；认股人的权利、义务；本次募股的起止期限及逾期未募足时认股人可以撤回所认股份的说明。发起人在公告招股说明书时，应当一并制作认股书。认股书上应当载明招股说明书的内容，由认股人填写认购股数、金额、住所，并签名、盖章。

（3）由证券公司承销股份发行。依《公司法》第 88 条的规定，发起人向社会公开募集股份，不得自行募集，而应当与依法设立的证券公司签订承销协议，由证券公司承销。股份承销采取代销或者包销方式。代销，是指证券公司代发行人发售证券，在承销期结束时，将未售出的证券全部退还给发行人的承销方式。包销，是指证券公司将发行人的证券按照协议全部购入或者在承销期结束时将售后剩余证券全部自行购入的承销方式。向不特定对象发行的证券票面总值超过人民币 5000 万元的，应当由承销团承销。承销团由主承销和参与承销的证券公司组成。

（4）签订代收股款协议。根据《公司法》的规定，发起人向社会公开募集股份，应当同银行签订代收股款协议。代收股款的银行应当按照协议代收和保存股款，向缴纳股款的认股人出具收款单据，并负有向有关部门出具收款证明的义务。

3. 缴纳股款。发起人和其他认股人应当一次缴清所认购股份的股款，不得分期缴纳。根据最高人民法院《关于适用〈中华人民共和国公司法〉若干问题的规定（三）》，认股人未按期缴纳所认股份的股款，经发起人催缴后在合理期间内仍未缴纳，公司发起人对该股份另行募集的，人民法院应当认定该募集行为有效。认股人延期缴纳股款给公司造成损失，公司请求该认股人承担赔偿责任的，人民法院应予支持。这是为了保障股份公司资本尽快充实，实质上授予了发起人的另行募集权。股款缴足后，经依法设立的验资机构验资并出具证明。

4. 召集创立大会。创立大会又称创设会，是指募集设立公司时，在公司成立前应由全体认股人参加的会议，相当于拟设公司的第一次"股东大会"。《公司法》第 90 条第 1 款规定，发起人应当自股款缴足之日起 30 日内主持召开公司创立大会。

创立大会的任务是讨论决定公司设立过程中有关公司成立的重大事项；公司一旦成立，创立大会即被股东大会所取代。创立大会召开之前，公司设立事宜均由发起人操办。因此，凡是认购公司发行的股份并缴足股款的人，都有权参加创立大会，以审议发起人的行为及其制订的公司章程等文件，讨论、决议公司成立的各种事宜。《公司法》规定，创立大会应有代表股份总数过半数的发起人、认股人出席，方可举行。

依《公司法》的规定，发起人应当在创立大会召开 15 日前将会议日期通知各认股人，如果认股人较多或者地址不详，也可以将会议日期予以公告。创立大会行使下列职权：

（1）审议发起人关于公司筹办情况的报告。报告的事项包括公司章程，认股人名册，已发行股份的金额，实收股款金额，以非货币财产出资的出资人姓名或名称及其财产的种类、数量、价格，应归公司负担的设立费用等。

（2）通过公司章程。发起人制订的公司章程经创立大会核准或修改审定后，才能对认股人发生效力。

（3）选举董事和监事。创立大会上选举的董事和监事，组成董事会和监事会后，即取代作为设立中公司机关的发起人。

（4）对公司的设立费用和发起人用于抵作股款的财产的作价进行审核。审核时，发现设立费用有假冒和滥用情况的，可予以核减；发起人抵作股款的财产估价过高或者过低的，可予以增减，或者令其补交股款；发起人的行为对公司造成损失的，可责令发起人赔偿损失。

（5）发生不可抗力或者经营条件发生重大变化直接影响公司设立的，可以作出不设立公司的决议。如果创立大会决议不设立公司，则公司不得成立。

创立大会对上述所列事项作出决议，必须经出席会议的认股人所持表决权过半数通过。

（六）申请设立登记

以发起设立方式设立股份有限公司的，发起人缴纳首次出资并选举出董事会和监事会后，由董事会向公司登记机关报送公司章程、由依法设立的验资机构出具的验资证明以及法律、行政法规规定的其他文件，申请设立登记。以募集设立方式设立股份有限公司的，依《公司法》第93条的规定，董事会应于创立大会结束后30日内，向公司登记机关报送公司登记申请书，创立大会的会议记录，公司章程，验资证明，法定代表人、董事、监事的任职文件及其身份证明，发起人的法人资格证明或者自然人身份证明，公司住所证明等文件，申请设立登记。以募集方式设立股份有限公司公开发行股票的，还应当向公司登记机关报送国务院证券监督管理机构的核准文件。

三、股份有限公司发起人的责任

在股份有限公司设立过程中，发起人的行为对公司设立的成败及公司成立后的经营活动都有重要影响。为设立公司而签署公司章程、向公司认购出资或者股份并履行公司设立职责的人，应当认定为公司的发起人。我国《公司法》和最高人民法院《关于适用〈中华人民共和国公司法〉若干问题的规定（三）》规定了发起人的如下法律责任：

（一）公司设立阶段发起人所订立合同的责任及因履职引发的侵权之债

在公司设立阶段发起人对外订立的合同，有的是为了设立公司即为了公司利益，有的则可能是为了实现自身利益。从理论上说，前一类合同中的责任应当由公司承担，后一类合同中的责任应当由发起人自己承担。但实践中，上述合同的相对人往往并不能确切地知道该合同是为了实现谁的利益，所以如果按照利益归属标准来确定合同责任主体，将使合同相对人的利益面临较大风险。为了适当降低合同相对人的查证义务、加强对相对人利益的保护，司法解释从总体上按照"外观主义"标准来确定上述合同责任的承担。

发起人为设立公司以自己名义对外签订合同，合同相对人请求该发起人承担合同责任，或者公司成立后确认该合同或公司已经实际享有合同权利或履行合同义务，合同相对人请求公司承担合同责任的，人民法院都应予以支持。发起人以设立中公司名义对外签订合同，公司成立后合同相对人请求公司承担合同责任的，人民法院也应予支持。公司成立后有证据证明发起人利用设立中公司的名义为自己的利益与相对人签订合同，公司以此为由主张不承担合同责任的，人民法院应予支持，但相对人为善意的除外。而针对发起人因履行公司设立职责而引发的侵权之债的处理，以职务行为为理论基础，司法解释规定，发起人因履行公司设立职责造成他人损害，公司成立后受害人请求公司承担侵权赔偿责任的，人民法院应予支持；公司未成立，受害人请求全体发起人承担连带赔偿责任的，人民法院应予支持。公司或者无过错的发起人承担赔偿责任后，可以向有过错的发起人追偿。

（二）公司不能成立时发起人应承担的责任

公司不能成立，是指发起人在筹办公司设立的各种事务后，公司最终没有成立。公司不能成立的原因可能是各种各样的，但无论发起人对公司不能成立是否有主观上的过错，都应该连带地承担这种责任。

公司不能成立的原因可能有：①发起设立的发起人首次没有缴足其认缴股份的；募集设立的公司发行的股份超过招股说明书规定的截止期限尚未募足的，或者发行股份的股款缴足后，发起人在30日内未召开创立大会的；②募集设立时，创立大会决议不设立公司的；③公司的设立不符合《公司法》规定的条件而不能成立的。

公司不能成立时，发起人应当承担的责任包括：①对设立行为所产生的债务和费用负连带责任。"债务"包括合同之债和侵权之债；"费用"是指为设立公司支付的各项费用，比如租用房屋费用、购买办公用品费用、支付验资费用、承销股票费用等。②对认股人已缴纳的股款，负返还股款并加算银行同期存款利息的连带责任。公司不能成立，发起人对认股人已缴纳的股款应当返还，并加算银行同期存款利息，作为对认股人的补偿。

根据最高人民法院《关于适用〈中华人民共和国公司法〉若干问题的规定（三）》，公司因故未成立，债权人请求全体或者部分发起人对设立公司行为所产生的费用和债务承担连带清偿责任的，人民法院应予支持；部分发起人承担责任后，请求其他发起人分担的，人民法院应当判令其他发起人按照约定的责任承担比例分担责任；没有约定责任承担比例的，按照约定的出资比例分担责任；没有约定出资比例的，按照均等份额分担责任。因部分发起人的过错导致公司未成立，其他发起人主张其承担设立行为所产生的费用和债务的，人民法院应当根据过错情况，确定过错一方的责任范围。

（三）发起人对公司的损害赔偿责任

根据《公司法》的规定，在公司设立过程中，由于发起人的过失致使公司利益受到损害的，应当对公司承担赔偿责任。与公司不能成立时发起人应承担的无过错责任和连带责任不同的是，这种赔偿责任是在公司设立过程中由发起人的过失导致的，且发起人的过失已经导致了公司的实际损害；这种责任并不需要发起人承担连带责任，某个或多个发起人的过失行为给公司造成了损害，就由行为人承担赔偿责任。而且，该种责任承担的前提是公司已经成立。公司成立后，可以要求有过失的发起人就其行为给公司造成的损害承担赔偿责任。

（四）发起人的出资责任

与有限责任公司股东的出资义务和出资责任相同，股份有限公司的发起人也对公司资本的充实承担责任。根据《公司法》的规定，股份有限公司成立后，发起人未按照公司章程的规定缴足出资的，应当补缴；其他发起人承担连带责任。股份有限公司成立后，发现作为设立公司出资的非货币财产的实际价额显著低于公司章程所定价额的，应当由交付该出资的发起人补足其差额；其他发起人承担连带责任。

第二节　股份有限公司的股份和股票

一、股份有限公司的股份和股票的概念

（一）股份的概念

《公司法》第126条第1款规定："股份有限公司的资本划分为股份，每一股的金额相等。"因此，股份是股份有限公司资本的基本构成单位，公司的股份总数乘以每股金额，即构成公司股本总额；同时，股东以其所持股份数来确定其在公司中的权利义务的大小，是股东权或股东地位的表现形式。

（二）股票的概念

《公司法》第126条第2款规定："公司的股份采取股票的形式。股票是公司签发的证明股东所持股份的凭证。"因此，股票是股份有限公司股份的表现形式，是资本有价证券。

股票又是流通证券，它可以转让和流通，意味着股份可以转让和流通，亦即股份流通证券化。这是股份有限公司区别于有限责任公司的重要特征之一。

股票又是一种要式证券，其形式、制作程序、记载的事项（内容）、记载的方式等，都必须合乎法律的要求。股票可以采取纸面形式，也可以采取国务

院证券监督管理机构规定的其他形式。

根据国务院 1993 年发布的《股票发行与交易管理暂行条例》的规定，发行人可以发行簿记券式股票，也可以发行实物券式股票。实物券式股票，是指发行人按照证监会规定的统一格式印制的书面股票，即纸面形式；簿记券式股票是指发行人按照证监会规定的统一格式制作的、记载股东权益的股票名册，由证监会指定的机构保管。

实物券式的股票，应在票面上记载公司名称、公司成立日期、股票种类、票面金额及代表的股份数、股票的编号，并由公司由法定代表人签名，公司盖章。发起人的股票，应当标明"发起人股票"字样。簿记券式的股票，也应在证券公司对股东出具的股东账户簿或账户卡上记载公司名称、股票种类及股份数等事项。

股份有限公司成立后，即向股东正式交付股票。《公司法》规定，公司成立前不得向股东交付股票。因为公司在登记成立前，其股票所代表的权利具有或然性，该股票如在市场上流通，一旦设立中的公司由于种种原因不能成立，所有因该股票所产生的交易都会受到影响，当事人的权利也无法得到有效保障。而公司一旦成立，则应当立即向股东交付股票，以确认股东地位，方便股东及时行使权利。

二、股份和股票的分类

由于股票是股份的表现形式，所以股票的类型与股份的类型是一致的。股份和股票依不同的标准，可以划分为不同的类型。

（一）记名股和无记名股

我国《公司法》规定，公司发行的股票，可以为记名股票，也可以为无记名股票。记名股是在票面上记载股东姓名或者名称的股份。《公司法》第 130 条第 2 款规定："公司向发起人、法人发行的股票，应当为记名股票，并应当记载该发起人、法人的名称或者姓名，不得另立户名或者以代表人姓名记名。"另外，根据《国务院关于股份有限公司境外募集股份及上市的特别规定》，股份有限公司向境外投资人募集并在境外上市的股份（境外上市外资股），应当采取记名股票形式，以人民币标明面值，以外币认购。公司发行记名股票的，应当置备股东名册，记载股东的姓名或者名称及住所、各股东所持股份数、各股东所持股票的编号和各股东取得股份的日期等。

无记名股是在票面上不记载股东姓名或者名称的股份。发行无记名股票的，公司应当记载其股票数量、编号及发行日期。

记名股的持有人，只有其本人或其委托的代理人才能够行使股东权。记名股转让时，须由股东背书或以法律规定的其他方式转让。记名股可以挂失，股东可以依法向公司申请补发股票。无记名股的持有人凭股票即可行使股东权，参加股东大会时则要求其将股票交存于公司；转让时，只需交付给受让人即可发生转让的法律效力。

（二）额面股和无额面股

额面股是规定每股股份的金额或在股票上标明金额的股份。无额面股则是不规定每股股份的金额或在股票上不标明金额的股份。

按照国外的通例，公司发行无额面股的，因股份或股票没有面额，所以是将无额面股的每股实际发行价格乘以所发行的股份数，列为公司的股本或资本金。如果授权公司成立以后发行无额面股，在公司章程中就无法规定注册资本的确切数额。我国《公司法》没有规定无额面股，国家目前也不允许股份有限公司发行无额面股。

（三）普通股和特别股

普通股是股份有限公司发行的标准股份或股票。持有普通股的股东，根据法律或章程的一般规定享有权利或承担义务，不享有或不承担特别的权利义务。特别股是其所代表的权利义务大于或小于普通股的股份或股票，包括后配股和优先股两类。后配股股东只能后于普通股股东参加公司利润或剩余财产的分配。例如，有的国家在私有化或民营化过程中，将国有企业改组为股份公司，把公司的部分股份出售给私人或公众，规定国家股为后配股；同时，国家仍对企业的经营方针和重大事项拥有决定权。

最普遍、最常见的特别股，则是优先股。优先股是股东在分配股利或公司剩余财产时享有优先权的股份或股票。作为代价，优先股的股东通常不享有在股东大会上参与决定公司事务的表决权。公司对优先股按约定的固定股利率支付股利；在支付了优先股的股利后，普通股股东才可以参与公司利润的分配。我国《公司法》中对优先股未作具体规定，但该法第 132 条规定："国务院可以对公司发行本法规定以外的其他种类的股份，另行作出规定。"因此，股份有限公司可以根据其他有关法规和规章的规定，发行优先股。例如根据 2005 年国家发改委等部门发布的《创业投资企业管理暂行办法》的规定，经与被投资企业签订投资协议，创业投资企业可以以股权和优先股、可转换优先股等准股权方式对未上市企业进行投资。

按照原《股份有限公司规范意见》的规定，当年可供分配股利的利润不足以按约定的股利率支付优先股股利的，由以后年度的可供分配股利的利润补足。这样的优先股，称为累积的优先股。反之，公司在某一会计年度的利润不足以按约定的股利率支付优先股股利，优先股股东即无权要求公司在今后有盈利的年度予以补足的，则为非累积的优先股。

优先股还可以是可转换的优先股，即股东可以根据该优先股发行时确定的条件，在条件成就时，选择将其转换为一定数量的普通股。不附有这种转换条件的，则为非转换的优先股。可转换优先股的股东，对按规定条件将其转换或不转换成普通股，拥有选择权。

（四）国家股、法人股、个人股和外资股

这是按出资及持股主体不同而对股份所作的划分。

国家股，是指有权代表国家投资的机构或部门向股份公司出资形成或依法定程序取得的股份。原先国家股不能在证券二级市场上流通，从而将A股市场的股份按能否在证券交易所交易区分为非流通股和流通股，即股权分置。这样做扭曲了资本市场定价机制，制约了资源配置功能的有效发挥；使公司股价难以对大股东、管理层形成市场化的激励和约束，公司治理缺乏共同的利益基础；资本流动存在非流通股协议转让和流通股竞价交易两种价格，使资本运营缺乏市场化操作基础。为此，证监会、国资委、财政部等五部门于2005年提出了《关于上市公司股权分置改革的指导意见》，证监会颁布了《上市公司股权分置改革管理办法》，国资委作出了《关于上市公司股权分置改革中国有股股权管理有关问题》，财政部印发了《上市公司金融类国有股股东参与股权分置改革审批程序的有关规定》等一系列文件，据此进行股权分置改革，[1]由各相关股份公司在召开的相关股东会议上通过决议采取一定的方式平衡非流通股股东与流通股股东的利益，从而解除对非流通股的限制，取消了非流通股和流通股的流通制度差异。

法人股，是指企业法人以其依法可支配的资产投入公司形成的股份，或具有法人资格的事业单位和社会团体以国家允许其用于经营的资产向公司投资形成的股份。法人股分为国有法人股和社会法人股。

国家股和国有法人股统称为国有股。在对国有股的流通限制取消之后，区分国有股仍具有法律意义，其取得、持有和处分必须遵守国有资产管理的相关法律和制度。

个人股包括两种：一种是社会公众个人以合法财产投入公司形成的股份；

---

[1] 上市公司股权分置改革，是通过非流通股股东和流通股股东之间的利益平衡协商机制，消除A股市场股份转让制度性差异的过程。参见《上市公司股权分置改革管理办法》（证监发［2005］86号）。

另一种是本公司职工以个人合法财产投入公司形成的股份，即内部职工股。由于占股本总额比例不大的内部职工股并不能改变公司的性质，允许职工以非市场价取得股份对其他股东也不公平，加上内部职工股往往会流向社会，扰乱证券市场秩序，因此随着原国家体改委于 1994 年发出《关于立即停止审批定向募集股份有限公司并重申停止审批和发行内部职工股的通知》，内部职工股就逐渐退出了历史舞台。

外资股，是指外国和我国港澳台地区的企业、其他组织或个人向境内股份有限公司投资而形成的股份。

（五）A 股、B 股、H 股等

这是按投资的币种、主体或地点形成的一种股票或股份的分类。

A 股的正式名称是人民币普通股票。它是由我国境内的公司发行，供境内机构、组织或个人（不含台、港、澳投资者）以人民币认购和交易的普通股股票。

B 股又称境内上市外资股，它以人民币标明面值，以外币认购和买卖。其投资人只限于外国的自然人、法人和其他组织，香港、澳门、台湾地区的自然人、法人和其他组织，定居在国外的中国公民以及中国证监会规定的其他投资人。B 股市场是中国证券市场国际化的窗口，允许境内居民参与 B 股市场交易，有利于促进我国资本市场国际化进程。因此，证监会于 2001 年 2 月 19 日作出了允许境内居民以合法持有的外汇开立 B 股账户、交易 B 股股票的决定，从此，境内居民个人可以按照《关于境内居民个人投资境内上市外资股若干问题的通知》从事 B 股投资。

H 股，即注册地在内地，上市地在香港的外资股。取香港的英文字首，在港上市外资股就叫做 H 股。依此类推，纽约的第一个英文字母是 N，新加坡的第一个英文字母是 S，在纽约和新加坡上市的股票就分别叫做 N 股和 S 股，等等。

三、股份或股票的发行

（一）股份或股票发行的概念

股份或股票的发行分为两种情况：一种是经批准拟成立的股份有限公司为了筹措股本而初次发行股份或股票，这是股份有限公司设立或成立的必要条件和必经程序，在股份有限公司一章中对此有相关论述；另一种是已经成立的股份有限公司，为了增加公司的资本或股本而发行新股。发起设立的股份有限公司成立以后或者有限责任公司转换为股份有限公司公开募股的，又称首次公开发行（IPO，Initial Public Offering）；其中又有首次公开发行股票并上市和首次公开发行股票且不上市之分。证监会于 2006 年发布了《首次公开发行股票并上市管理办法》。

（二）股份或股票发行的原则

《公司法》第 127 条第 1 款规定："股份的发行，实行公平、公正的原则，同种类的每一股份应当具有同等权利。"

1. 公开原则。这是指公司发行股份或股票时，应将有关发行情况和公司的基本情况向社会公开。《公司法》曾将公开原则作为股票发行的原则之一，而在 2005 年的修订中删除了这一规定。原因是向特定对象募集股份的，并不需要向社会公开公司的有关资料。但这并不否定公司公开募集股份时，仍必须将可能影响投资者作出是否购买其股票的决定的一切信息公之于众。《证券法》第 3 条也规定，公开募集、发行股份必须坚持公开原则。公开的内容，包括本次股份或股票发行的种类和对象、发行条件、发行价格、招股说明书、公司章程、有关财务会计报表等。公开的方式，包括向社会公告，将有关文件置备于公司和有关发行机构营业地，上市公司还应将其资料存放于证交所和国务院证券监督管理机构，以供公众查阅。只有实行公开原则，才能在公开募集股份中保护投资者和社会公众的利益，以便投资者恰当地决策，并对发行的公司实行有效监督，维护社会经济秩序。

2. 公平原则。《公司法》第 127 条第 2 款规定："同次发行的同种类股票，每股的发行条件和价格应当相同；任何单位或者个人所认购的股份，每股应当支付相同价额。"这就是股份发行中贯彻公平原则的含义。也就是说，同一次发行的同一种类的股份或股票，不允许针对不同的主体规定不同的发行条件和发行价格。而不同次发行的同种类股票，投资暨持股者的权利固然相同，但发行价格可因市场条件差异而有所不同；如为不同种类的股票，如普通股和特别股、A 股和 H 股等，则无论是否同一次发行，其发行条件和价格都可能不同，这并不违反"同股同权、同股同利"。

3. 公正原则。这是指在股份或股票的发行中禁止内幕交易、欺诈等不公正行为，对投资者应一视同仁，公平对待。

（三）股份或股票发行的价格

根据《公司法》第 128 条的规定，股票发行价格可以按票面金额，也可以超过票面金额，但不得低于票面金额。低于票面金额发行，意味着公司不能募足公司章程中规定的注册资本金额或公司拟新增的股本额，这是资本确定原则和资本维持原则所不允许的。

股份或股票可以超过票面金额发行，即溢价发行。这是由二级市场股票交易价格形成的规律所决定的。该规律可以表示为：

$$股票价格 = \frac{股票面额 \times 预期的股本年收益率}{交易当时银行存款年利率}$$

也就是说，股票持有人可以接受的股票转让价格，不会低于这样一笔金额：如果将该金额存入银行，其利息应不低于继续持有该股票所可能获得的股利。例如，面额为 1 元的某只股票，如其预期的年收益为 0.3 元（股本收益率为 30%），而当时银行的 1 年期存款利率为 2%，则该股票至少可以卖 15 元。同时，供求规律对于股票交易价格的形成，也起着重要的作用。这样，公司在发行股份或股票时，就可以根据公司的盈利状况和银行利率水平，并参考二级市场的股价指数，决定其是否溢价发行或以何价格溢价发行；如果溢价发行，则公司可以获得一笔超过票面金额的溢价金额，这对于设立中的公司来说就是所谓的"创业利润"。

可见，股份或股票发行的价格，一方面要受公司资本或股本的制约，发行价不得低于股票面值所代表的股本金额，同一次发行的股份价格是公司确定的一个固定的价格；另一方面，股份发行的价格也受股份或股票转让、交易价格的影响，后者是前者定价时要考虑的因素。但是，股份或股票的发行价与交易价之间又没有直接联系。交易价格随行就市，因人们对公司经营状况和其他市场因素的不同预期以及市场供求状况而处于变动之中。股份或股票的转让或交易价格可以低于股票面值，它与公司的资本或股本没有直接关系，比如某一公司如果濒临倒闭或破产，其股票就会一文不值，人们避之惟恐不及。

（四）新股发行

股份有限公司发行新股，主要是为了增加资本，扩大公司资本的总量和规模。此外，公司也可能因其他特殊目的发行新股，如把公司盈利或者公积金的全部或部分转为新股，按原有股份比例配送给股东，把公司发行的可转换债券转换为股票，等等。

1. 新股发行的条件。根据《证券法》第 13 条的规定，公司公开发行新股，应当符合下列条件：①具备健全且运行良好的组织机构；②具有持续盈利能力，财务状况良好；③最近 3 年财务会计文件无虚假记载，无其他重大违法行为；④经国务院批准的国务院证券监督管理机构规定的其他条件。

上市公司非公开发行新股，应当符合经国务院批准的国务院证券监督管理机构规定的条件，并报国务院证券监督管理机构核准。

2. 新股发行的程序。《公司法》第 134～137 条对新股发行的程序作了如下规定：

（1）股东大会就拟发行的新股种类及数额、新股发行价格、新股发行的起止日期和向原有股东发行新股的种类及数额作出决议。根据《公司法》第136条的规定，公司发行新股，可以根据公司经营情况和财务状况，确定其作价方案。当然，新股的发行价格也不得低于股票的票面金额。

（2）股东大会作出发行新股的决议后，公开发行新股的公司应当向国务院证券监督管理机构报送募股申请和公司营业执照、公司章程、股东大会决议、招股说明书、财务会计报告、代收股款银行的名称及地址、承销机构名称及有关的协议；依照《证券法》的规定应当聘请保荐人的，还应当报送保荐人出具的发行保荐书。

（3）公司经国务院证券监督管理机构核准公开发行新股时，必须公告新股招股说明书和财务会计报告，并制作认股书。

（4）公司公开发行新股，应当由依法设立的证券公司承销，签订承销协议。还要同银行签订代收股款协议，代收股款的银行应当按照协议代收和保存股款，向缴纳股款的新股购买人出具收款单据，并负有向有关部门出具收款证明的义务。

（5）公司发行新股募足股款后，必须向公司登记机关办理变更登记并公告。

四、股份或股票的转让

（一）股份或股票转让概说

股份的转让或买卖、交易一般不受限制，这是股份有限公司作为典型的资合公司和开放性公司的重要特点。

《公司法》第138、139条规定，股东持有的股份可以依法转让；股东转让其股份，应当在依法设立的证券交易场所进行或者按照国务院规定的其他方式进行。这里"依法设立的证券交易场所"包括证券交易所和场外交易场所两种。证券交易所是依法设立的为上市公司股票提供集中竞价交易场所的组织，我国目前有两家证券交易所，即上海证券交易所和深圳证券交易所。场外交易场所是依法设立的供非上市公司股票进行非集中竞价交易的场所，主要包括柜台交易场所和联合报价系统两种。我国刚建立股份有限公司制度时，所进行的股份交易主要就是柜台交易；现在未上市股份公司的股票交易主要是通过联合报价系统和协议的方式进行。如2012年建立的"全国中小企业股份转让系统"被称为"新三板"，主要为全国的高新区企业提供挂牌和股份报价交易服务。

股票转让的实质是股份转让，由于股票是股份的载体，所以股份转让必须通过交付股票才能得以完成。

（二）记名股份的转让

记名股票为要因证券，其转让必须严格依照法律和公司章程的规定进行。

如德国 2011 年修订后的《股份法》[1]第 68 条规定，记名股票可以背书转让，背书转让的形式、持票人的权利证明以及出票义务适用《汇票法》第 12、13、16 条；章程可以规定其转让受制于公司的同意，该同意由董事会作出，章程也可以规定由监事会或者股东大会就该同意进行决议，并可以规定拒绝同意转让的事由；在背书转让时，公司有义务审查背书的连续性，但无需审查签名本身；对于临时证书准用上述规定。

我国《公司法》第 140 条规定，记名股票由股东以背书方式或者法律、行政法规规定的其他方式转让。记名股票以背书方式转让的，须为实物券式股票，由转让人（持票人）作成背书，即在股票上签署本人姓名（名称），背书转让无需受让人签名。若记名股票为簿记券式股票，以无纸化的形式通过证券交易所的计算机系统交易，其转让就无法采取背书方式，通常是将股票交证券交易所托管。在此情况下，每一股东的持股数表现为证券交易所中央电脑内的电子信息，股东本人仅有股东账户簿或账户卡，上面记载着股东持有某种股份的总数及其增减情况。记名股票转让后，由公司将受让人的姓名或名称及住所记载于股东名册，未经记载的不得以其转让对抗公司；基于公司正常运作的需要，在股东大会召开前 20 日内或者公司决定分配股利的基准日前 5 日内，不得进行股东名册的变更登记。但是，法律对上市公司股东名册变更登记另有规定的，从其规定。

（三）无记名股份的转让

无记名股票为不要因证券，其转让比记名股票方便，由股东将该股票交付给受让人后，即发生转让的效力。

（四）对股份转让的限制

《公司法》基于维持公司正常运作，维护公司、股东、公众和债权人利益的需要，对股份有限公司的发起人、股东、董事、监事、经理或公司本身转让或买卖股份，规定了一些特殊的限制：

1. 股份有限公司的发起人持有的本公司股份，自公司成立之日起 1 年内不得转让。这是从保护其他股东和公众的利益出发，有助于增强发起人在公司创办阶段的责任感和防止发起人利用设立公司进行投机活动。

2. 股份有限公司公开发行股份前已发行的股份，自公司股票在证券交易所上市交易之日起 1 年内不得转让。这是因为公司公开发行股份前的股东，其地位类似于公司的发起人，规定其持有的股份自上市交易之日起 1 年内不得转让，

---

[1]　参见 http：//www.gesetze-im-internet.de/bundesrecht/aktg/gesamt.pdf.，2012 年 8 月 7 日访问。

有利于保护广大公众的利益，防止内幕交易、市场操纵等不公正交易行为的发生。同时，从我国实际情况看，股份有限公司的股票在证券交易所上市交易后，其价格往往比上市前的股票价格要高，因此出现了低价抢购公司公开发行前的股份（即所谓原始股）、在公司上市后大量抛售以赚取差价的现象，产生了大量的不正当交易，扰乱了证券市场的秩序，也影响了公司的正常运营，为了防止上述现象的发生，《公司法》作了这样有针对性的规定。[1]

3. 公司董事、监事、高级管理人员应当向公司申报所持有的本公司的股份及其变动情况，在任职期间每年转让的股份不得超过其所持有本公司股份总数的25%；所持本公司股份自公司股票上市交易之日起1年内不得转让。上述人员离职后半年内，不得转让其所持有的本公司股份。公司章程可以对公司董事、监事、高级管理人员转让其所持有的本公司股份作出其他限制性规定。由于公司的董事、监事、高级管理人员分别负责公司的经营决策、内部监督和日常经营管理，对公司的内幕信息十分了解，这一限制，一方面，是为了防止担任这些职务的高级管理人员利用内幕信息从事股票交易，并削弱其造假抬高股价出手变现的动机；另一方面，通过将公司经营状况同这些人员的利益联系起来，以促使其兢兢业业地工作。

4. 公司原则上不得收购本公司的股票。公司收购自己的股份，可以使公司方便地利用其掌握的公司内部信息操纵其股票的交易、扰乱证券市场秩序；也将使被收购股份所代表的资本实际上处于虚置的地位，违反了公司资本充实的原则。因此，各国公司法一般都对公司拥有自己的股份进行限制，原则上禁止，但特殊情况下允许。我国《公司法》第143条规定："公司不得收购本公司股份。但是，有下列情形之一的除外：①减少公司注册资本；②与持有本公司股份的其他公司合并；③将股份奖励给本公司职工；④股东因对股东大会作出的公司合并、分立决议持异议，要求公司收购其股份的。公司因前款第①～③项的原因收购本公司股份的，应当经股东大会决议。公司依照前款规定收购本公司股份后，属于第①项情形的，应当自收购之日起10日内注销；属于第②项、第④项情形的，应当在6个月内转让或者注销。公司依照第1款第③项规定收购的本公司股份，不得超过本公司已发行股份总额的5%；用于收购的资金应当从公司的税后利润中支出；所收购的股份应当在1年内转让给职工。……"

5. 对股票质押的限制。公司的股份作为一种权益，股票作为一种特殊的种类物，是可以作为质押物用作质押的，但是，公司不得接受本公司的股票作为

---

[1] 安建主编：《中华人民共和国公司法释义》，法律出版社2005年版，第201页。

质押权的标的。这是因为质押权的设立，以债权人可以取得质押权标的物的所有权为前提，而根据《公司法》的规定，除法定情形外，公司不得拥有本公司股份。当公司的债务人无力清偿到期债务时，如果公司有权对债务人质押的股票变卖受偿或者将其归为己有，这就与上述规定相冲突。同时，如果允许公司接受他人持有的本公司股票作为质押，就等于允许其用自己的资金为债务人提供担保，或者收回投资、减少公司资本。

6. 对特定主体买卖股票的限制。基于证券交易的公平和公正原则，为了防止内幕交易、操纵证券交易市场行为的发生和保护中小股东的利益，法律禁止或限制某些主体买卖股票。

（1）对上市公司董事、监事、高级管理人员和大股东买卖所持本公司股份的限制。根据《证券法》第47条的规定，上市公司董事、监事、高级管理人员、持有上市公司股份5%以上的股东，将其持有的该公司的股票在买入后6个月内卖出，或者在卖出后6个月内又买入，由此所得收益归该公司所有，公司董事会应当收回其所得收益。

（2）对收购公司的投资者所持股票转让的限制。《证券法》第86条规定，通过证券交易所的证券交易，投资者持有或者通过协议、其他安排与他人共同持有一个上市公司已发行的股份达到5%时，应当在该事实发生之日起3日内，向国务院证券监督管理机构、证券交易所作出书面报告，通知该上市公司，并予以公告；在上述期限内，不得再行买卖该上市公司的股票。投资者持有或者通过协议、其他安排与他人共同持有一个上市公司已发行的股份达到5%后，其所持该上市公司已发行的股份比例每增加或者减少5%，应当依照前款规定进行报告和公告。在报告期限内和作出报告、公告后2日内，不得再行买卖该上市公司的股票。

（3）对证券服务机构和有关人员所持股票转让的限制。《证券法》第45条规定，为股票发行出具审计报告、资产评估报告或者法律意见书等文件的证券服务机构和人员，在该股票承销期内和期满后6个月内，不得买卖该种股票。除前款规定外，为上市公司出具审计报告、资产评估报告或者法律意见书等文件的证券服务机构和人员，自接受上市公司委托之日起至上述文件公开后5日内，不得买卖该种股票。

（4）对证券内幕信息的知情人和非法获取内幕信息的人所持证券转让的限制。《证券法》第76条规定，证券交易内幕信息的知情人和非法获取内幕信息的人，在内幕信息公开前，不得买卖该公司的证券，或者泄露该信息，或者建议他人买卖该证券。[1]

五、记名股票被盗、遗失或者灭失的处理

依照《公司法》第144条的规定，记名股票被盗、遗失或者灭失，可以适用《中华人民共和国民事诉讼法》规定的公示催告程序进行处理。

（一）依公示催告程序宣告股票无效

民事诉讼法规定的公示催告程序如下：

1. 以背书转让的票据（也适用于记名股票）持有人，因票据被盗、遗失或者灭失，可以向票据支付地的基层人民法院申请公示催告。申请人应当向人民法院递交申请书，写明票面金额、发票人、持票人、背书人等票据的主要内容和申请理由、事实。

2. 人民法院决定受理申请的，应当同时通知支付人停止支付，并在3日内发出公告。这是为了催促利害关系人履行申报权利。公示催告的期间，由人民法院根据情况决定，但不得少于60日。

3. 支付人收到人民法院停止支付的通知后，在公示催告程序终结前，应当停止支付。公示催告期间，转让该股票的行为无效。

4. 利害关系人应当在公示催告期间向人民法院申报。人民法院收到利害关系人的申报后，应当裁定终结公示催告程序，并通知申请人和支付人。申请人或者申报人可以向人民法院起诉。

5. 没有人申报的，人民法院应当根据申请人的申请，作出判决宣告股票无效。判决应当公告，并通知支付人。自判决公告之日起，申请人有权向支付人请求支付。

6. 利害关系人因正当理由不能在判决前向人民法院申报的，自知道或者应

---

[1] 《证券法》第74条规定，证券交易内幕信息的知情人包括：①发行人的董事、监事、高级管理人员；②持有公司5%以上股份的股东及其董事、监事、高级管理人员，公司的实际控制人及其董事、监事、高级管理人员；③发行人控股的公司及其董事、监事、高级管理人员；④由于所任公司职务可以获取公司有关内幕信息的人员；⑤证券监督管理机构工作人员以及由于法定职责对证券的发行、交易进行管理的其他人员；⑥保荐人、承销的证券公司、证券交易所、证券登记结算机构、证券服务机构的有关人员；⑦国务院证券监督管理机构规定的其他人。第75条规定，证券交易活动中，涉及公司的经营、财务或者对该公司证券的市场价格有重大影响的尚未公开的信息，为内幕信息。下列信息皆属内幕信息：①本法第67条第2款所列重大事件；②公司分配股利或者增资的计划；③公司股权结构的重大变化；④公司债务担保的重大变更；⑤公司营业用主要资产的抵押、出售或者报废一次超过该资产的30%；⑥公司的董事、监事、高级管理人员的行为可能依法承担重大损害赔偿责任；⑦上市公司收购的有关方案；⑧国务院证券监督管理机构认定的对证券交易价格有显著影响的其他重要信息。

当知道判决公告之日起 1 年内，可以向作出判决的人民法院起诉。

（二）申请补发股票

依照公示催告程序，人民法院宣告该股票无效后，股东可以向公司申请补发股票。

第三节 股份有限公司的组织机构

一、股东大会

（一）股份有限公司的股东

1. 概述。与有限责任公司一样，股东资格亦可经由原始取得或者继受取得。所不同的是，股份有限公司的资合性质最为典型、纯粹，它不重视股东个人的信用，除法律有特别规定外，其股份可以自由转让与买卖，因而股东的流动性很强，公司及其股东大会实际上被股东地位较为稳定的少数大股东所控制，广大小股东尤其是公众个人股东没有条件也没有兴趣出席公司的股东大会，他们只关心自益权及在维护自身权益的情况下行使相关的查阅权、质询权和诉权等。

2. 中小股东保护问题。股份有限公司股东的权利与有限责任公司股东的权利一样，不外乎共益权和自益权，但是因为股份有限公司小股东的共益权实际上丧失殆尽，大股东因缺乏制约极易操控公司，不仅可能损害其他股东、公司和债权人的利益，还会破坏现代企业应有的法人治理结构。因此，小股东保护问题在股份公司比在有限公司更为突出和重要，法律固然应当维护资本暨股份民主的基本原则，允许大股东依照法律的实体和程序要求实现对公司的控制，但是也要防止大股东基于控制地位肆意损害小股东的合法权益，如与公司进行关联交易而损害公司及小股东利益、不依法召开股东会、阻挠或限制小股东参加股东大会并发表意见、限制或妨碍小股东知悉公司经营情况、拖延或拒不分红等，通过一定的制度刻意保护小股东权益，以防大股东对公司和小股东的操控超越一定的生产力所决定的财产关系所允许的度。这也正是当前世界范围内的一种趋势——对大股东操纵和董事会中心主义的发展导致私有财产权暨所有权关系遭到破坏的一种纠正。

保护小股东体现在公司法的诸多制度之中，如股东大会召集权、提案权、质询权、表决权排除、累积投票权、异议权等，最重要的则归结为诉权，即诉诸法院请求保护其作为股东得享有的各项合法权益的权利，包括直接诉讼和派生诉讼。

股东派生诉讼的理论基础是股份民主和公司具有独立于股东的法律主体地位，即公司的意志就是多数股东的意志，少数股东不可能以公司名义对董事等经营管理者提起诉讼，而多数股东亦可追认董事等的任何行为就是公司的行为。所以，从实质上说，"公司"利益受损就是小股东利益受损，因为如果大股东的利益也受到损害的话，是不会有任何障碍妨碍他（们）以公司的名义去追究侵害人的责任的。晚近发达国家的学说和判例更以董事和大股东等对小股东负有信托义务或法定地负有义务、不得滥用权利、应当诚实守信等，认为小股东可对不法损害公司利益的董事和大股东等直接提起诉讼，因此所谓"派生"，实质上不过是一种学理解释，无非是支持小股东直接追究侵害其合法权益者的责任。当然，派生诉讼与直接诉讼仍有不同，尤其从技术上来说是有区别的，已如前述。基于派生诉讼应当为了公司利益或者全体或大多数股东利益的考虑，美国法还注重防止原被告私自和解而损害其他股东的合法权益，如果被告因私自和解向原告支付了金额，则其他股东也可以向私自和解的股东提起派生诉讼。

在亚洲金融危机中，人们发现了英美法以股东为本、注重保护小股东的价值及其较之大陆法在有关理念和制度方面的优越性。在英美法的股东派生诉讼中，原则上只要股东确实受到损害，就可以提起该诉，不受持股份额和持股时间长短的限制，而大陆法系国家和地区通常都对股东提起代表诉讼有持股份额（譬如5%或10%）和期限（譬如3个月、6个月或1年）的要求。

就我国的实践而言，在《公司法》修订之前，关于小股东保护的指导思想和规定不如人意。虽然原《公司法》在第111条专门规定了股份有限公司股东的诉权："股东大会、董事会的决议违反法律、行政法规，侵犯股东合法权益的，股东有权向人民法院提起要求停止该违法行为和侵害行为的诉讼。"但该条规定的究竟是直接诉讼抑或派生诉讼，不甚明确。因此，有关行政规章和司法解释试图建立股东派生诉讼制度。比如《到境外上市公司章程必备条款》第7条明确规定，股东可以依据公司章程起诉公司的董事、监事、经理和其他高级管理人员；《上市公司章程指引》于2006年修订前也有类似条款，其第40条进一步确认，公司的控股股东行使表决权时，不得作出有损公司和其他股东合法权益的决定。最高人民法院在1994年《关于中外合资经营企业对外发生经济合同纠纷、控制合营企业的外方与卖方有利害关系，合营企业的中方应以谁的名义向人民法院起诉问题的复函》中则称，在有限公司的控股股东与公司交易对手有直接利害关系、拒绝召开董事会以公司名义起诉该交易对手的情况下，非控股股东可以对该交易对手行使诉权，人民法院依法应当受理，从而将派生诉讼的被告扩大到与公司交易的第三人。

2005 年《公司法》修订以后，明确规定了股东直接诉讼和股东派生诉讼制度。虽然在审判实践中仍可能存在问题，但加强保护中小股东的立法理念已经凸显出来，实践的开展和完善也就指日可待了。

（二）股东大会

1. 股东大会的性质和职权。与有限责任公司的股东大会一样，股份有限公司的股东大会是公司的权力机构，由全体股东组成。根据《公司法》的规定，该法对有限责任公司股东会职权的规定，适用于股份有限公司。但是股份有限公司股东大会行使职权不能通过以书面形式直接决定的方式，而只能通过召开股东大会的方式。

2. 股东大会的形式和召开。股东大会不是常设机构，分为股东年会和临时股东大会两种。

股东年会，也称股东常会或普通股东大会，日本称为定期总会，是公司于每个会计年度结束后依法必须召开的股东大会。我国《公司法》第 101 条规定，股东年会每年应当召开 1 次。有的国家的公司法还规定了股东年会两次会议间隔的最高期限，如美国《示范商事公司法》第 7.03 条规定，如果年度会议没有在公司财政年度结束以后的 6 个月内或在上一一年度会议后 15 个月内的其中较早的时间举行，经任何有权参加年度会议的公司股东申请，公司主营办事处所在地的法院可即时地命令召开股东会议。[1]

临时股东大会，也称特别股东会，日本称为临时总会。临时股东大会是在两次普通股东大会之间遇有特殊情况，而临时召开的讨论决定公司一些重大事项的股东大会。对于特别股东会的召集事由，各国规定不尽相同，我国《公司法》第 101 条规定，有下列情况之一的，应当在 2 个月内召开临时股东大会：①董事人数不足本法规定人数或者公司章程所定人数的 2/3 时；②公司未弥补的亏损达实收股本总额 1/3 时；③单独或者合计持有公司 10% 以上股份的股东请求时；④董事会认为必要时；⑤监事会提议召开时；⑥公司章程规定的其他情形。

《公司法》第 102 条规定，股东大会会议由董事会召集，董事长主持；董事长不能履行职务或者不履行职务的，由副董事长主持；副董事长不能履行职务或者不履行职务的，由半数以上董事共同推举一名董事主持。董事会不能履行或者不履行召集股东大会会议职责的，监事会应当及时召集和主持；

---

〔1〕　虞政平编译：《美国公司法规精选》，商务印书馆 2004 年版，第 48 页。

监事会不召集和主持的，连续 90 日以上单独或者合计持有公司 10% 以上股份的股东可以自行召集和主持。因此，我国《公司法》也对董事会违反义务不召集股东大会制定了相应的救济措施，规定了监事会和少数股东的股东大会召集权。

《公司法》第 103 条第 1 款规定："召开股东大会会议，应当将会议召开的时间、地点和审议的事项于会议召开 20 日前通知各股东；临时股东大会应当于会议召开 15 日前通知各股东；发行无记名股票的，应当于会议召开 30 日前公告会议召开的时间、地点和审议事项。"规定股东大会召集的通知程序，是为了便于股东按时参加会议，提高股东大会的出席率及开会效率，也为了防止董事会或控股股东利用突袭手段控制股东大会会议而通过不利于中小股东的议案。

《公司法》第 103 条第 2 款规定："单独或者合计持有公司 3% 以上股份的股东，可以在股东大会召开 10 日前提出临时提案并书面提交董事会；董事会应当在收到提案后 2 日内通知其他股东，并将该临时提案提交股东大会审议。临时提案的内容应当属于股东大会职权范围，并有明确议题和具体决议事项。"此即各国公司法中通行的股东提案权制度。所谓股东提案权，是指股东向股东大会提出议题或议案的权利。这项规定或制度，使少数股东得以将其关心的问题提交股东大会讨论，实现其对公司决策和经营的参与、监督，有助于提高少数股东在股东大会中的主动地位，以免其消极被动地议事、表决而沦为陪座者和受气者。

根据《公司法》的规定，股东大会不得对上述两种通知中未列明的事项作出决议，否则，其作出的决议无效。

如前所述，《公司法》对股东大会有效召开的法定人数未作规定，这不是立法的疏忽或立法者的不察，而是为大股东控制公司提供方便，以利公司经营和运作的稳定。这当然不符合国际惯例，更不适应通过股东的合作、制约以健全股份公司法人治理的改革要求。因此，对于到境外上市的股份公司，有关法规曾要求应有代表有表决权的股份总数 1/2 以上的股东出席，公司才可以召开股东大会；达不到的，应经过必要的程序，即公司应当在 5 日内将会议拟审议的事项、开会日期和地点以公告形式再次通知股东，经公告通知，公司方得召开股东大会。[1]

为使股东在股东大会召开期间停止流动，并防止股票非正常的临时转移

---

[1] 参见 1994 年《国务院关于股份有限公司境外募集股份及上市的特别规定》第 22 条。

致使竞选董事或者监事的人操纵股东大会，《公司法》第140条规定，股东大会召开前20日内或者公司决定分配股利的基准日前5日内，不得进行股东名册的变更登记。但是，法律对上市公司股东名册变更登记另有规定的，从其规定。

同时，由于无记名股票谁持有谁就享有该股票所代表的股东权利，因此，为了确定哪些无记名股票的股东出席股东大会会议并在会议上行使表决权，无记名股票的持有人应当在股东大会会议召开5日前至股东大会闭会时将股票交存于公司。所以，无记名股票持有人按照规定交存股票，是其出席股东大会并行使表决权的必要条件。

3. 股东大会的决议及表决。股东大会的决议分为普通决议和特别决议。普通决议是对公司一般事项和任免董事、监事并决定其报酬事项等所作的决议。普通决议只需经出席会议的股东所持表决权过半数通过即可生效。特别决议是股东大会就《公司法》中规定的修改公司章程，增加或者减少注册资本，公司合并、分立、解散或者变更公司形式等所作的决议。特别决议必须经出席会议的股东所持表决权的2/3以上通过。另外，根据《公司法》第105条的规定，《公司法》和公司章程规定公司转让、受让重大资产或者对外提供担保等事项必须经股东大会作出决议的，董事会应当及时召集股东大会会议，由股东大会就上述事项进行表决。

股东出席股东大会会议，所持每一股份有一表决权，但是公司持有的本公司股份没有表决权。股东行使其表决权，有直接投票制和累积投票制两种。直接投票制是指在行使股东大会表决权时，针对某一项决议，股东只能将其持有股份代表的表决票数一次性直接投在这些决议上，这是通常的表决方式。累积投票制则是为了保护小股东权益而采取的一种投票方式。依《公司法》的规定，累积股票制是指股东大会选举董事或者监事时，每一股份拥有与应选董事或者监事人数相同的表决权，股东拥有的表决权可以集中使用。举例而言，如果某公司要选3名董事，公司股份共100股，股东为2人，其中大股东持有67股；另一名股东持有33股。若按直接投票制度，每一股有一个表决权，则控股67%的大股东除了能够确保自己提名的2位董事当选外，还可任意否决他所不喜欢的另一名股东提名的董事当选。但如果采取累积投票制，另一名股东可将其总共99票表决权集中投给自己提名的1名董事，确保其当选。

累积投票权制度的独特作用在于：一方面它通过投票数的累积计算，扩大了股东表决权的数量；另一方面，通过限制表决权的重复使用，限制了大股东对董事、监事选举过程的绝对控制力。[1] 累积投票制形成于 19 世纪的美国，在 20 世纪时为其他发达国家的公司法所普遍采用。2002 年 1 月，证监会和国家经贸委出台的《上市公司治理准则》第 31 条曾就累积投票制作出过尝试性规定，规定控股股东控股比例在 30% 以上的上市公司，应当采用累积投票制，但由于其与修改前的《公司法》不符，而在推行中遇到了阻力。现行《公司法》允许依照公司章程的规定或者股东大会的决议实行累积投票制，虽然没有强制规定股份公司在董、监事选任上必须实行累积投票制，但至少为其实施扫清了法律障碍。

股东可以委托代理人出席股东大会会议，代理人应当向公司提交股东授权委托书，并在授权范围内行使表决权。

股东大会应当对所议事项及结果制作会议记录。我国《公司法》第 108 条规定，股东大会应当对所议事项的决定作成会议记录，主持人、出席会议的董事应当在会议记录上签名。会议记录应当与出席股东的签名册及代理出席的委托书一并保存。有的国家对此规定得更为严格，如德国《股份法》第 130 条规定，股东大会的任何决议，均应以公证方式对讨论作成的笔录作成证书。董事会应在大会后不迟延地将笔录及其附件的公证誊本提交商业登记。[2]

二、董事会

（一）董事会的性质和法律地位

现代公司的一个重要特征是"董事会中心主义"。企业需要一个及时、高效、权威的决策中心，这是董事会中心主义的社会经济基础，也正因为如此，董事会中心主义是企业和社会发展的必然。如美国《示范商事公司法》第 8.01 条规定："公司所有权力均应由董事会或经其授权统一行使，且公司所有的商业

---

[1] 也有学者认为，相对于累积投票制保障少数派股东有当选董事的机会，以防止多数派股东利用所处优势，把持董事选举而当选全部应选席次的优点，其可能导致董事会因为少数股东派的董事参与决策而意见分歧，引发董事会内部的派系对立，阻碍公司日常运作，而致董事会无法在和谐、互信及效率的环境中执行职务。加上采用累积投票制必须进行繁复的计算候选人所得选举权数程序，容易引发有关纷争，因此程序成本的耗费亦属其缺点。参见林国全："股份有限公司董事之资格、选任与解任"，载《台湾本土法学杂志》2002 年第 36 期，第 99 ~ 100 页。由于在累积投票制的运作下，应选席次愈少，对小股东愈不利。为避免小股东取得董事席次甚而取得公司经营权的潜在危机，实务上大股东可以以变更章程降低董事人数、分期改选董事、董事不足额选任等方式削弱累积投票制的效果，参见刘连煜："累积投票制与应选董事人数之缩减"，载《法令月刊》1995 年第 46 卷第 1 期，第 15 ~ 17 页。

[2] 杜景林、卢谌译：《德国股份法·德国有限责任公司法·德国公司改组法·德国参与决定法》，中国政法大学出版社 2000 年版，第 65 页。

经营与事务管理亦均必须集中在董事会的统一指导下，但应遵循公司章程或依股东协议中所作的限制性规定。"[1]但董事会中心主义的结果，则是公司被少数大股东或内部人把持，小股东们无法对其施加有效的约束和监督，导致公司效率和竞争力的降低。纠正董事会中心主义的弊端，就是要在法律上强化小股东、职工、债权人和公众等对它的监督和约束。董事会中心主义和加强小股东权益保护是并行不悖的。

需要指出的是，在大陆法系国家，德国模式公司法的董事会是由监事会而不是股东会产生的，它对监事会负责，重要的经营活动还要受监事会直接控制，重要的经营决策是由监事会作出的，所以，这种模式下的大股东控制并不表现为董事会中心主义。法律上既规定董事会负责公司的经营决策和执行，又使它受到来自监事会暨股东方面的有效控制和监督，从而使所有权与经营权的分离和制约较为平衡，这种优越性，令传统上不属于德国法体系的欧洲国家在一体化过程中也逐渐采取德国的做法，或将其作为一种法律上可选择的模式。如法国原《商事公司法》第118条规定，公司可自行在章程中规定采用或不采用德国式的"监事会—董事会"模式，采用者仍受法国公司法中有关股份有限公司的规范调整，但第89~117条规定的董事会制度除外。[2]日本公司法则进一步发展了2002年商法典改正中形成的"股份公司机关设置的选择制"，其第326~328条规定了股份公司选择设置董事、董事会、监事、监事会、会计参与、会计检查人或委员会等机关所应遵守的规则。[3]

我国近现代公司法继受了日本的董事会与监事会平行的二元模式，根据《公司法》第109条的规定，董事会为公司的执行和经营决策机构，依法对公司进行经营管理。董事会对股东大会负责。

（二）董事会的组成

《公司法》规定，董事由创立大会或者股东大会以出席会议的股东所持过半数的表决权同意选举产生，并由全体董事组成董事会。与有限责任公司一样，董事任期由公司章程规定，但每届任期不得超过3年。董事任期届满，连选可以连任。董事任期届满未及时改选，或者董事在任期内辞职导致董事会成员低于法定人数的，在改选出的董事就任前，原董事仍应当依照法律、行政法规和公司章程的规定履行董事职务。

---

〔1〕　虞政平编译：《美国公司法规精选》，商务印书馆2004年版，第67页。

〔2〕　卞耀武主编：《法国公司法规范》，李萍译，法律出版社1999年版，第73页。

〔3〕　王保树主编：《最新日本公司法》，于敏、杨东译，法律出版社2006年版，第202~203页。

《公司法》规定，股份公司董事会成员为 5～19 人。董事会成员中可以有公司职工代表。董事会中的职工代表由公司职工通过职工代表大会、职工大会或者其他形式民主选举产生。

董事会设董事长 1 人，可以设副董事长。董事长和副董事长由董事会以全体董事的过半数选举产生。

董事长召集和主持董事会会议，检查董事会决议的实施情况。副董事长协助董事长工作，董事长不能履行职务或者不履行职务的，由副董事长履行职务；副董事长不能履行职务或者不履行职务的，由半数以上董事共同推举 1 名董事履行职务。

（三）董事会的职权

根据现行《公司法》，该法关于有限责任公司董事会职权的规定，适用于股份有限公司董事会。与有限责任公司一样，股份有限公司的公司章程也可以规定除《公司法》规定以外的其他董事会职权。

（四）董事会会议

股份有限公司的董事会会议也分为定期会议和临时会议。《公司法》第 111 条规定，董事会的定期会议每年度至少召开两次，具体由公司章程加以规定，每次会议应当于会议召开 10 日前通知全体董事和监事。

在定期会议之外，基于公司生产经营管理的需要，可以召开临时董事会会议，以就有关事项及时作出决策。根据《公司法》的规定，代表 1/10 以上表决权的股东、1/3 以上董事或者监事会，可以提议召开董事会临时会议。董事长应当自接到提议后 10 日内，召集和主持董事会会议。由于每个公司的情况不同，《公司法》还授权公司可以另定召集董事会临时会议的通知方式和通知时限。董事会会议的召开必须达到法定人数，根据《公司法》第 112 条的规定，董事会会议应有过半数的董事出席方可举行。否则，会议的召开及其作出的决议无效。

董事会会议，应由董事本人出席；董事因故不能出席的，可以书面委托其他董事代为出席，委托书中应载明授权范围。之所以不能委托董事以外的其他人代为出席，是因为董事会审议决定的是公司的经营事项，可能涉及公司的商业秘密。在委托书中，应写明所委托的董事的姓名及其出席的具体会议、授权其发表意见及表决的事项等，并签名盖章。

（五）董事会决议

《公司法》规定，董事会作出决议，必须经全体董事的过半数通过。董事会决议的表决实行一人一票制。董事会应当对会议所议事项的决定作成会议记录，出席会议的董事应当在会议记录上签名。董事应当对董事会的决议承担责任。董事会的决议违反法律、行政法规或者公司章程、股东大会决议，致使公司遭受严重损失的，参与决议的董事对公司负赔偿责任。但经证明在表决时曾表明异议并记载于会议记录的，该董事可以免除责任。

针对实践中董事会运作不规范的情况，有关部门要求境外上市公司率先规范运作。凡未按法定程序形成经董事签字的书面决议，即使每一位董事都以不同方式表示过意见，亦不具有董事会决议的法律效力。董事会的决议违反法律、行政法规和公司章程的，投赞成票的董事应承担直接责任；对经证明在表决时曾表明异议并记载于会议记录的投反对票的董事，可以免除责任；对在表决中投弃权票或未出席也未委托他人出席的董事不得免除责任；对在讨论中明确提出异议但在表决中未明确投反对票的董事，也不得免除责任。[1]

三、经理

与有限责任公司相仿，《公司法》第114条规定，股份有限公司设经理，主持公司的生产经营管理工作，组织实施董事会决议。经理由董事会聘任或者解聘，对董事会负责。该条规定的股份有限公司经理的职权，与该法第50条关于有限责任公司经理职权的规定相同。公司董事会可以决定由董事会成员兼任经理。

四、监事会

（一）监事会的性质及设置

从国外的情况看，与有限责任公司不同的是，大陆法系国家一般规定监事会是股份有限公司的必备机关，而英美法系国家则均不在董事会之外另设监督机关。

股份公司的监事会设置，分为监事会与董事会并列的二元制和由监事会产生董事会的二级制两种。所谓并列的二元制，是指由股东会选出董事会和监事会这两个平行的机关，日本、我国大陆《公司法》和我国台湾地区"公司法"规定的监事会或监察人制度，属于这种模式。所谓二级制，又称德国模式，是指由股东大会选出监事会作为决策和监督机关，相当于一个常设的小型股东会，再由监事会选任董事，组成董事会，董事会向监事会报告工作，对监事会负责。德国式体制的要义，是股东在公司中的利益代表只有一个中心，即监事会。监事会握有董事会的人事大权，并有权就公司经营和财会等各种事项进行全面监

---

〔1〕　参见国家经济贸易委员会、中国证券监督管理委员会于1999年3月29日颁布实施的《关于进一步促进境外上市公司规范运作和深化改革的意见》。

督，同时它不直接插手公司的经营管理。德国《股份法》第 111 条第 4 款规定："不得将业务执行措施移转于监事会。但章程或监事会可以规定，特定种类的行为只有在经其同意时才可以实施。监事会拒绝同意的，董事会可以请求，由股东大会对同意进行决议。股东大会同意的决议，需经至少包括所投票数的 3/4 的多数的同意。章程既不能规定另一个多数，也不能规定其他的要件。"[1]在实践中，德国的公司即普遍利用该款法律规定，为监事会或监事介入公司经营提供依据。如果监事会不同意董事会的某项动议，没有实权的董事会要获得股东大会 3/4 多数的投票权通过决议，以推翻监事会的决定，几乎是不可能的。

从基于股东共同利益进行监督的实践效果看，二元制基本上不起作用，而二级制和英美法系不设监事会的做法较佳。因为在二元制下，鉴于董事会在公司经营管理中的核心地位和主导作用，监事会与它的信息不对称，监事会成员又作为内部人在"饭碗"上受制于董事们，名义上与董事会平行的监事会难以切实有效地对董事和经理实行监督。事实上，在股东人数较少的有限公司（包括股东不多的股份公司），只需在法律暨司法上保障股东得以相互监督即可，监事会或监事对其本来就是一种形式主义的要求。对于投资社会化、股东众多的股份公司来说，由于我国近代以来形成了董事会作为公司经营管理中心的传统，观念和法律上难以接受监事会高于董事会、董事会服从监事会的做法，因而采纳德国的二级制模式也是不可行的。而鉴于有效监督的关键在于监督者既要能代表股东的共同利益，又不能受制于被监督者、与被监督者之间不能有利害关系，借鉴英美法系外部董事或独立董事的经验，以及日本在二元制模式改革中关于监事会中应有外部监事的规定，二元模式的监事会的实际意义不大，我国在实践中应着重于国有企业、公司和具有公共性质的股份公司（主要是上市公司如金融机构）外部监事会制度的落实和完善。[2]

我国《公司法》第 118 条规定，股份有限公司必须设监事会，监事会成员不得少于 3 人。相对于有限责任公司来说，股份有限公司的股东较多，规模较大，因此不存在只设 1~2 名监事、不设监事会的情况。监事会应当包括股东代表和适当比例的公司职工代表，其中职工代表的比例不得低于 1/3，具体比例由公司章程规定。监事会中的职工代表由公司职工通过职工代表大会、职工大会或者其他形式民主选举产生。监事会设主席 1 人，与有限责任公司不同的是，

〔1〕 杜景林、卢谌译：《德国股份法·德国有限责任公司法·德国公司改组法·德国参与决定法》，中国政法大学出版社 2000 年版，第 54 页。
〔2〕 史际春主编：《经济法》，中国人民大学出版社 2010 年版，第 152 页。

股份有限公司的监事会可以设副主席。监事会主席和副主席由全体监事过半数选举产生。监事会主席召集和主持监事会会议；监事会主席不能履行职务或者不履行职务的，由监事会副主席召集和主持监事会会议；监事会副主席不能履行职务或者不履行职务的，由半数以上监事共同推举1名监事召集和主持监事会会议。董事、高级管理人员不得兼任监事。

（二）监事会的任期及职权

根据现行《公司法》，股份有限公司监事会的任期和职权，与《公司法》对有限责任公司监事会的相关规定相同。另外，与有限责任公司一样，监事会行使职权所必需的费用，由公司承担。

（三）监事会会议及决议

《公司法》第126条规定，监事会每6个月至少召开1次会议。监事可以提议召开临时监事会会议。

监事会的议事方式和表决程序，除《公司法》有规定的外，由公司章程规定。监事会决议应当经半数以上监事通过。监事会应当对所议事项的决定作成会议记录，出席会议的监事应当在会议记录上签名。

第四节　上市公司

一、上市公司的概念

根据股份有限公司的股票是否在证券交易所交易，可以将其分为上市公司和非上市公司两种形式。上市公司是指其股票在证券交易所上市交易的股份有限公司。由于上市公司的股东人数众多、股票公开挂牌交易，其运作及股票交易活动会对广大公众投资者的利益和证券市场秩序带来重大影响，因此需要从法律上对股票上市条件、交易规则，对上市公司组织机构的特殊要求以及信息披露制度等作出规定。

公司上市与证券法相衔接，《公司法》于2005年修订之后，有关股份有限公司申请股票上市的条件、股票上市的程序以及股票上市的暂停和终止等都被纳入《证券法》，而只对上市公司的组织机构和信息公开等作了相关规定。

二、上市公司组织机构的特别规定

（一）上市公司重大事项经股东大会决议

《公司法》第99条和第104条分别规定了股份有限公司股东大会会议的一般决议事项和特别决议事项，这些规定也适用于上市公司。由于上市公司股东人数众多，股本规模大，重大的资产变动会产生较大的风险，从而给公司的长期经营和广大股东的长远利益带来影响，据此，《公司法》规定，上市公司在1年内购买、出售重大资产[1]或者担保金额超过公司资产总额30%的，也应当由股东大会作出决议，并经出席会议的股东所持表决权的2/3以上通过。

（二）上市公司的独立董事

1. 独立董事的概念及意义。独立董事又称外部董事、独立非执行董事，是独立于公司的管理层、不存在与公司有任何可能严重影响其作出独立判断的交易和关系的非全日制工作的董事。独立董事不像内部董事那样直接受制于公司的控股股东，也不直接受制于公司的高级管理层，因此有利于在董事会决策时基于自身独立判断表达意见。由于公司尤其是国有公司被大股东或内部人控制的情况严重，董事会中往往缺乏有效的制衡，虽然《公司法》规定了董事的忠实和勤勉义务，并规定监事会或监事是公司必设机关，但实践中监事会功能弱化，董事义务和责任形同虚设，大股东和内部人等恣意通过关联交易输送利益、侵占公司财产、内外勾结操纵股价等"掏空公司"的行为，损害了公司及中小股东的利益，并危及企业改革的前程。在此背景下，我国在上市公司中引入了独立董事制度。

独立董事是美国在20世纪的公司实践中逐渐产生的，即一些人除担任董事职务外并不在公司任职，不是公司内部人。纽约证券交易所于1977年首先建立独立董事制度，要求每一个到该交易所上市的公司"在不迟于1978年6月30日以前设立并维持一个全部由独立董事组成的审计委员会，这些独立董事不得与管理层有任何会影响他们作为委员会成员独立判断的关系"。我国香港联交所于1993年提出对独立非执行董事的要求，即每家上市公司董事会至少要有2名独立的非执行董事。在英美法系国家和地区，公司实行授权资本制，不设监事会，法律上对公司也没有最低注册资本等要求，因此，在公司及其法制实践中，相应地发展出了独立的会计师审计、公司秘书、独立董事等行之有效的公司治理制度。到上世纪90年代，公司中设独立董事的做法在英美法国家和地区已比较普遍、规范。

---

[1] 根据《上市公司重大资产重组管理办法》（2011年修订）的规定，"上市公司及其控股或者控制的公司购买、出售资产，达到下列标准之一的，构成重大资产重组：①购买、出售的资产总额占上市公司最近一个会计年度经审计的合并财务会计报告期末资产总额的比例达到50%以上；②购买、出售的资产在最近一个会计年度所产生的营业收入占上市公司同期经审计的合并财务会计报告营业收入的比例达到50%以上；③购买、出售的资产净额占上市公司最近一个会计年度经审计的合并财务会计报告期末净资产额的比例达到50%以上，且超过5000万元人民币。"

我国《关于在上市公司建立独立董事制度的指导意见》(简称《指导意见》)第 1 条第 1 款规定,上市公司独立董事是指不在公司担任除董事外的其他职务,并与其所受聘的上市公司及其主要股东不存在可能妨碍其进行独立客观判断的关系的董事。其功能在于:①董事会可以利用独立董事来提高董事会的形象和整体水平,独立董事都有自己的专业性和权威性,能从某个方面弥补董事会构成和决策方面的不足;②能对大股东推荐的董事长起到牵制和权力平衡作用,有利于形成规范的工作程序;③我国上市公司中有许多是国有股占优势地位,易生大股东滥权和老板不到位现象,建立独立董事制度,可望对其起到某种制约作用。

2. 我国上市公司独立董事制度的相关规定。按照美国的做法,独立董事的职能主要是审计、提名内部董事和高级管理层人选并决定其薪酬,而不参加公司的经营决策和管理,行使职能的方式往往是参加董事会下设的审计委员会、提名委员会和薪酬委员会。

1988 年,我国 H 股公司率先按照香港联交所的要求设立独立董事。1997年,中国证监会发布《上市公司章程指引》,称"公司根据需要,可以设立独立董事"。1999 年,国家经贸委和中国证监会联合发布《关于进一步促进境外上市公司规范运作和深化改革的意见》,要求境外上市公司增加外部董事的比重,设两名以上独立董事(独立于公司股东且不在公司内部任职的董事),独立董事发表的意见应在董事会决议中列明,公司的关联交易须由独立董事签字后方能生效,两名以上的独立董事可提议召开临时股东大会,独立董事也可直接向股东大会、证监会和其他部门报告情况。之后,一些 A、B 股上市公司也逐步实行独立董事制度。2001 年证监会发布《指导意见》,要求在 2002 年 6 月30 日前,董事会成员中应当至少包括 2 名独立董事,2003 年 6 月 30 日前董事会成员中应当至少包括 1/3 的独立董事。截至 2010 年底,A 股上市公司已有独立董事 7410 名。[1] 按《指导意见》的规定,独立董事中至少要有 1 名具有高级职称或注册会计师资格的会计专业人士;独立董事不得是在上市公司或者其附属企业任职的人员及其直系亲属、主要社会关系,不得是直接或间接持有上市公司已发行股份 1% 以上或者是上市公司前 10 名股东中的自然人股东及其直系亲属,不得是在直接或间接持有上市公司已发行股份 5% 以上的股东单位或者在上市公司前 5 名股东单位任职的人员及其直系亲属,不得是最近 1 年内曾

---

[1] 参见 http://www.21cbh.com/HTML/2011—8—31/yOMDcxXzM2MTcyOQ.html (21 世纪网),2011 年 8 月31 日访问。

经具有前述情形的人员，不得是为上市公司或者其附属企业提供财务、法律、咨询等服务的人员，以及公司章程和证监会确定的其他人员。

上市公司可以在董事会下设薪酬、审计、提名等委员会，如果设置这些委员会的话，独立董事应当在委员会成员中占 1/2 以上的比例。

独立董事除了履行一般董事的职权外，经全体独立董事 1/2 以上同意，还行使认可重大关联交易（指上市公司拟与关联人达成的总额高于 300 万元或高于上市公司最近经审计净资产值的 5% 的关联交易）、提议聘用或解聘会计师事务所、提请召开临时股东大会和董事会、独立聘请外部审计机构和咨询机构、在股东大会召开前公开向股东征集投票权等特别职权；并就董事提名和任免，高级管理人员聘任或解聘，董事和高级管理人员的薪酬，股东、实际控制人及其关联企业对上市公司现有或新发生的总额高于 300 万元或高于上市公司最近经审计净资产值的 5% 的借款或其他资金往来，公司是否采取有效措施回收欠款，以及独立董事认为可能损害中小股东权益的事项和公司章程规定的其他事项，向董事会或股东大会发表独立意见。

独立董事的任期与公司其他董事相同，但其连任时间不得超过 6 年。独立董事连续 3 次未亲自出席董事会会议的，由董事会提请股东大会予以撤换。

独立董事的津贴由董事会制订预案，经股东大会审议通过，并在公司年报中进行披露，此外，独立董事不得从其所任职公司及其主要股东或有利害关系的机构和人员处额外取得未经披露的其他利益。

独立董事制度是我国企业改革中进行的一项探索，对于改善上市公司治理业已发挥了一定的作用，并在实践中不断改进。如 2009 年中纪委、教育部和监察部发布《关于加强高等学校反腐倡廉建设的意见》，要求教育部直属高等学校党政领导班子成员不得在校外其他经济实体中兼职；2010 年财政部印发《关于规范财政部工作人员在企业兼职行为的暂行办法》，规定财政部副处级以上干部未经批准不得在企业兼职。相关人士据此辞去独立董事职务，改变了独董领域"官商不分"的情况。但由于此制度适用范围的局限和存在的缺陷，对其积极意义和价值不宜高估：①它仅在上市公司中适用，因担任独立董事人士的专业性和非职业化要求，此制度又不可能在所有公司中推行；②在设立了独立董事的公司中，独立董事与监事会的关系没有理顺，二者的职能重叠和作用不到位、弱化并存；③独立董事在工作中难以掌握必要的信息，与内部董事间信息不对称；④独立董事与公司及所任职务缺乏利害关联，导致其激励和约束不足。

在 2005 年修订《公司法》的过程中，全国人大财经委员会建议对修订草案规定的上市公司设监事会、独立董事等多层监督关系加以梳理，避免监督层次过多，职责不清，影响监督效果和公司决策、运行的效率。法律委员会经同国务院法制办研究认为，从实践看，我国公司的监事会制度和独立董事制度都还需要进一步完善，以有效地发挥监督作用。从国外规定看，有些国家实行独立董事制度，有些国家实行监事会制度，都没有强制规定公司必须设立两套监督机构。考虑到《公司法》已经明确规定股份有限公司都要设立监事会，对在上市公司中推行独立董事制度的问题，宜只作上市公司可以设立独立董事的原则性规定，为实践中进一步探索留下空间。[1]因此，《公司法》第123条规定："上市公司设独立董事，具体办法由国务院规定。"

（三）董事会秘书

1. 董事会秘书的概念。董事会秘书是中国特色的一个概念或做法，源自英美公司法上的公司秘书。按照英美公司法的惯常做法，每一个公司都必须配备一名秘书，其地位与公司依法聘任的注册会计师相仿。秘书既可以由自然人担任，也可以由公司担任，作为依法为公司提供秘书服务的第三人，秘书并不是公司的雇员，其职责主要是在政府和公司间上传下达、参加董事会和股东大会并进行记录、对某些文件进行认证、对股票的转让进行记录、保存公司的账簿及登记簿并制作必要的年报。秘书既对公司承担契约义务，同时也直接对政府和法律负责，如违反法定义务则有可能受到政府的处罚乃至承担刑事责任。

由于我国境外上市公司的主要上市地香港、纽约都属于英美法系，为适应这些地方的法律要求，有关上市公司必须设置"公司秘书"。但在引进公司秘书制度的过程中，公司秘书成了"董事会秘书"，由为公司提供秘书服务的第三人变成了公司雇员，徒具公司秘书的外表，而丧失了公司秘书在英美法中原本应当具有的对公司遵纪守法施加一种有效的外部制衡和约束的功能。如1993年原国家体改委发布的《到香港上市公司章程必备条款》中规定，董事会秘书为公司高级管理人员；1994年原国务院证券委员会和原国家体改委发布的《到境外上市公司章程必备条款》也强调董事会秘书是公司高级管理人员，由董事会委任，其主要职责是保管文件、向国家有关部门递交文件、保证股东名册妥善设立、确保有关人员及时得到有关记录和文件。

2. 我国关于上市公司董事会秘书的若干规定。1997年12月，中国证监会

---

[1] 参见全国人大法律委员会副主任委员洪虎于2005年8月23日在第十届全国人民代表大会常务委员会第十七次会议上所作的《全国人大法律委员会关于〈中华人民共和国公司法（修订草案）〉修改情况的汇报》。

发布《上市公司章程指引》[1]，要求所有上市公司都必须配备董事会秘书，在我国上市公司中建立了董事会秘书制度，确立了董事会秘书在上市公司中的地位和作用。《公司法》在2005年修订时，将实践中行之有效的董事会秘书制度从法律上加以认可。该法第124条规定："上市公司设董事会秘书，负责公司股东大会和董事会会议的筹备、文件保管以及公司股东资料的管理，办理信息披露事务等事宜。"在《公司法》中将中国特色的董事会秘书确定为一种专门的职位和职务，有利于更好地发挥董事会的作用，提高上市公司管理的规范化水平和效率。

（四）关联关系董事表决回避

董事与董事会会议决议事项所涉及的企业有关联关系的，应当回避董事会会议对该项事项的表决。这也是董事忠实义务的一种体现。因为如果董事与董事会会议表决事项所涉及的企业存在关联关系，董事的个人利益与公司利益存在利益冲突，该董事就有可能在该项表决中牺牲公司的利益而为自己或他人谋求利益。因此，《公司法》第125条规定，上市公司董事与董事会会议决议事项所涉及的企业有关联关系的，不得对该项决议行使表决权，也不得代理其他董事行使表决权。

同时，根据该条规定，董事会表决与董事有关联关系的事项，应当有过半数的无关联董事出席方可举行董事会会议，而董事会会议对该类事项作出决议须经无关联关系董事过半数通过，以此来保证无关联关系董事对此类关联交易事项的监督，以及有关董事会决议能够公正合理地体现上市公司利益。并且，根据《公司法》的规定，当出席董事会的无关联关系董事人数不足3人时，应将该事项提交上市公司股东大会审议，以保护上市公司及其多数股东的利益。

三、上市公司股票的交易

2005年，《公司法》和《证券法》同时修订，《公司法》中有关股票上市和交易的条款都并入到《证券法》中。因此，现行《公司法》第145条规定："上市公司的股票，依照有关法律、行政法规及证券交易所交易规则上市交易。"

根据《证券法》第50条的规定，股份有限公司申请其股票上市交易的，应当符合下列条件：①股票经国务院证券监督管理机构核准已公开发行；②公司股本总额不少于人民币3000万元；③公开发行的股份达到公司股份总数的25%以上；公司股本总额超过人民币4亿元的，公开发行股份的比例为10%以上；④公司最近3年无重大违法行为，财务会计报告无虚假记载。根据《证券法》

---

[1] 该指引于2006年修订。

的规定，上市公司的股票应当采用公开的集中交易方式或者国务院证券监督管理机构批准的其他方式进行。股票以现货交易和国务院规定的其他方式进行。上市公司发生法定情形时，证券交易所有权决定暂停或终止其股票上市交易。上市公司应当依法保证其公司的信息持续公开，禁止内幕交易和其他不正当交易，对上市公司的收购应当符合法律规定的程序等。因此，《证券法》的上述规定、有关证券监督的行政法规以及证券交易所的业务规则关于上市公司股票交易的规定，都是上市公司股票进行交易时所应当遵守的规则。

上市公司股票的自由、正常交易是一种常态，但是当出现了特定情形时，再任由上市公司股票在市场中自由交易就会出现各种弊端。《证券法》规定了上市公司股票的暂停和终止交易的具体情况。该法第55条规定，上市公司有下列情形之一的，由证券交易所决定暂停其股票上市交易：①公司股本总额、股权分布等发生变化不再具备上市条件；②公司不按照规定公开其财务状况，或者对财务会计报告作虚假记载，可能误导投资者；③公司有重大违法行为；④公司最近3年连续亏损；⑤证券交易所上市规则规定的其他情形。

根据沪深两证券交易所的规定，对财务状况或其他状况出现异常的上市公司的股票交易进行特别处理，主要是指上市公司经审计连续两个会计年度的净利润均为负值和最近一个会计年度经审计的每股净资产低于股票面值这两种状况。特别处理的方式为将股票报价日涨跌幅限制为5%、对该上市公司的中期报告必须审计。将这种处理作为对上市公司状况的一种揭示，以向投资者提示市场风险。由于"特别处理"的英文是 Special Treatment（ST），所以被特别处理的股票就称为 ST 股。

上市公司的股票被暂停上市的，持有该股票的股东就会遭受损失。为其利益考虑，沪深证券交易所曾于1999年7月~2002年4月对这类股票实施"特别转让服务"（Particular Transfer，简称 PT）。后来为了严格上市公司退出机制，遂予取消。

《证券法》第56条规定：上市公司有下列情形之一的，由证券交易所决定终止其股票上市交易：①公司股本总额、股权分布等发生变化不再具备上市条件，在证券交易所规定的期限内仍不能达到上市条件；②公司不按照规定公开其财务状况，或者对财务会计报告作虚假记载，且拒绝纠正；③公司最近3年连续亏损，在其后一个年度内未能恢复盈利；④公司解散或者被宣告破产；⑤证券交易所上市规则规定的其他情形。

四、上市公司的信息公开

上市公司基于证券市场的信用而生存发展，因此它的任何可能对投资者作出买卖或不买卖其股票的决定发生影响的信息都应依法公开，以取信于投资者、债权人、公众和政府。《公司法》第146条规定："上市公司必须依照法律、行政法规的规定，公开其财务状况、经营情况及重大诉讼，在每会计年度内半年公布一次财务会计报告。"

上市公司必须公开披露的信息包括（但不限于）：招股说明书；上市报告书；财务会计报告；定期报告，包括年度报告、中期报告；临时报告，包括重大事件公告和上市公司收购公告。

（一）定期报告

1. 中期报告。《证券法》第65条规定，上市公司应当在每一会计年度的上半年结束之日起2个月内，向国务院证券监督管理机构和证券交易所报送中期报告，并予以公告。中期报告的内容应当包括：公司财务会计报告和经营情况；涉及公司的重大诉讼事项；已发行的股票、公司债券变动情况；提交股东大会审议的重要事项；国务院证券监督管理机构规定的其他事项。

2. 年度报告。该法第66条又规定，上市公司应当在每一会计年度结束之日起4个月内，向国务院证券监督管理机构和证券交易所报送年度报告，并予以公告。年度报告的内容应当包括：公司概况；公司财务会计报告和经营情况；董事、监事、高级管理人员简介及其持股情况；已发行的股票、公司债券情况；包括持有公司股份最多的前10名股东的名单和持股数额；公司的实际控制人；国务院证券监督管理机构规定的其他事项。

（二）临时报告

1. 重大事件公告。凡发生可能对上市公司股票交易价格产生较大影响的重大事件，投资者尚未得知时，上市公司应当立即将有关该重大事件的情况向国务院证券监督管理机构和证券交易所报送临时报告，并予以公告，要在报告中说明事件的起因、目前的状态和可能产生的法律后果。

《证券法》第67条第2款对重大事件的界定为：公司的经营方针和经营范围的重大变化；公司的重大投资行为和重大的购置财产的决定；公司订立重要合同，可能对公司的资产、负债、权益和经营成果产生重要影响；公司发生重大债务和未能清偿到期重大债务的违约情况；公司发生重大亏损或者重大损失；公司生产经营的外部条件发生的重大变化；公司的董事、1/3以上监事或者经理发生变动；持有公司5%以上股份的股东或者实际控制人，其持有股份或者控制公司的情况发生较大变化；公司减资、合并、分立、解散及申请破产的决定；涉及公司的重大诉讼，股东大会、董事会决议被依法撤销或者宣告无效；公司涉嫌犯罪被司法机关立案调查，公司董事、监事、高级管理人员涉嫌犯罪被司法机关采取强制措施；国务院证券监督管理机构规定的其他事项。

2. 上市公司收购公告。上市公司收购公告有两种情况及不同的意义：一种是为了稳定证券市场秩序和上市公司的正常经营，在上市公司收购过程中依法进行公告，以防股市被操纵或发生重大波动、被收购公司的运作受到干扰；另一种是收购完成后将股东和公司变动的情况进行公告。

（1）收购过程中的公告。其中又分上市收购中的公告和协议收购公告。

第一，上市收购中的公告。《证券法》规定，通过证券交易所的证券交易，投资者持有或者通过协议、其他安排与他人共同持有一个上市公司已发行的股份达到5%时，应当在该事实发生之日起3日内，向国务院证券监督管理机构、证券交易所作出书面报告，通知该上市公司，并予以公告；在上述期限内，不得再行买卖该上市公司的股票。投资者持有或者通过协议、其他安排与他人共同持有一个上市公司已发行的股份达到5%后，其所持该上市公司已发行的股份比例每增加或者减少5%，应当依照上述规定进行报告和公告。在报告期限内和作出报告、公告后2日内，不得再行买卖该上市公司的股票。前述书面报告和公告，应当包括下列内容：持股人的姓名、住所；持有的股票的名称、数额；持股达到法定比例或者持股增减变化达到法定比例的日期。

通过证券交易所的证券交易，投资者持有或者通过协议、其他安排与他人共同持有一个上市公司已发行的股份达到30%时，继续进行收购的，应当依法向该上市公司所有股东发出收购上市公司全部或者部分股份的要约，并事先向国务院证券监督管理机构报送上市公司收购报告书。收购报告书应当载明：收购人的名称、住所，收购人关于收购的决定，被收购的上市公司名称，收购目的，收购股份的详细名称和预定收购的股份数额，收购期限、收购价格，收购所需资金额及资金保证，报送上市公司收购报告书时持有被收购公司股份数占该公司已发行的股份总数的比例。

收购人还应当将上市公司收购报告书同时提交证券交易所。收购人在依照规定报送上市公司收购报告书之日起15日后，公告其收购要约。在上述期限内，国务院证券监督管理机构发现上市公司收购报告书不符合法律、行政法规规定的，应当及时告知收购人，收购人不得公告其收购要约。收购要约约定的收购期限不得少于30日，并不得超过60日。在收购要约确定的承诺期限内，收购人不得撤销其收购要约。收购人需要变更收购要约的，必须事先向国务院证券监督管理机构及证券交易所提出报告，经批准后，予以公告。

第二，协议收购的公告。《证券法》第94条规定，以协议方式收购上市公司时，达成协议后，收购人必须在3日内将该收购协议向国务院证券监督管理机构及证券交易所作出书面报告，并予以公告。在公告前不得履行收购协议。

（2）收购完成后的公告。《证券法》第100条规定，收购行为完成后，收购人应当在15日内将收购情况报告国务院证券监督管理机构和证券交易所，并予以公告。

发行人、上市公司公告的招股说明书、财务会计报告、上市报告文件、年度报告、中期报告、临时报告以及其他信息披露资料，有虚假记载、误导性陈述或者重大遗漏，致使投资者在证券交易中遭受损失的，发行人、上市公司应当承担赔偿责任；发行人、上市公司的董事、监事、高级管理人员和其他直接责任人员以及保荐人、承销的证券公司，应当与发行人、上市公司承担连带赔偿责任，但是能够证明自己没有过错的除外；发行人、上市公司的控股股东、实际控制人有过错的，应当与发行人、上市公司承担连带赔偿责任。

依法必须披露的信息，应当在国务院证券监督管理机构指定的媒体发布，同时将其置备于公司住所、证券交易所，供社会公众查阅。

第六章 公司董事、监事、高级管理人员的任职资格和义务

第一节 公司董事、监事、高级管理人员的任职资格

一、概说

随着我国市场化改革的深化，企业的设立和经营管理越来越具有社会"自治"的性质，尤其对于经济领域中不同主体（包括国有主体）"自由结社"的公司，其经营管理人员的选任已脱离党政直接操作或政府的直接控制。因此，依照发达国家通行的做法，通过法律对经营管理人员的任职资格加以规定或限制，一并适用于各种公司，是十分必要的。我国《公司法》就对公司董事、监事和高级管理人员的任职资格作了规定。根据《公司法》的规定，高级管理人员是指公司的经理、副经理、财务负责人、上市公司董事会秘书和公司章程规定的其他人员。

二、《公司法》关于董事、监事和高级管理人员任职资格的规定

《公司法》第147条对董事、监事和高级管理人员的任职资格作了规定。以下情形不得担任公司的董事、监事和高级管理人员：

1. 无民事行为能力或者限制民事行为能力。

2. 因贪污、贿赂、侵占财产、挪用财产或者破坏社会主义市场经济秩序，被判处刑罚，执行期满未逾5年，或者因犯罪被剥夺政治权利，执行期满未逾5年。这些人信用败坏，如果允许其担任公司的重要职务，公司的财产和经营就可能受到其侵害，股东和债权人的利益就缺乏保障，因此要对其从事专业或管理活动施加某种限制或禁止。

3. 担任破产清算的公司、企业的董事或者厂长、经理，对该公司、企业的破产负有个人责任的，自该公司、企业破产清算完结之日起未逾3年。我国迄今尚未建立起一个称职的经营者阶层及其劳动力市场，许多厂长、经理、董事

不称职，或不通业务，或主观武断，甚至徇私舞弊，导致企业亏损甚至倒闭、破产，但他们扔下烂摊子后往往又被调到其他企业去任职，甚至仍旧占据职位继续挥霍国家或集体财产。禁止这些人担任公司要职，可以维护公司和股东权益，以法律的手段为贤达人士在企业、公司中发挥才干打开方便之门。

4. 担任因违法被吊销营业执照、责令关闭的公司、企业的法定代表人，并负有个人责任的，自该公司、企业被吊销营业执照之日起未逾 3 年。现代市场经济是法治经济，企业公司必须依法经营，其高级经营管理人员应具有较强的法律意识。我国《产品质量法》、《环境保护法》、《食品安全法》、《药品管理法》、《矿产资源法》、《土地管理法》、《海关法》等法律、法规，均规定了对企业违法经营的停业处罚。对企业公司因违法被吊销营业执照负有个人责任的法定代表人，法制观念必定很淡薄，在一定时间内不允许其担任公司的董事、监事或者经理，可促使他们学法、知法、用法，依法经商办企业。

5. 个人所负数额较大的债务到期未清偿。这种人的个人信用不好，陷入债务困境，可能利用职务之便侵吞或挪用公司财产。禁止其担任公司的董事、监事或经理，防患于未然，是十分必要的。

公司违反上述规定选举、委派董事、监事或者聘任高级管理人员的，该选举、委派或者聘任无效。董事、监事、高级管理人员在任职期间出现上述所列情形的，公司应当解除其职务。

同时，根据《公司法》第 52 条和第 118 条的规定，公司董事和高级管理人员不得兼任监事。

有了这些规定，利害关系人也就可以依法发动争议，诉诸法律寻求救济。

第二节　董事、监事、高级管理人员的义务

一、概说

《公司法》第 148 条第 1 款规定，董事、监事、高级管理人员应当遵守法律、行政法规和公司章程，对公司负有忠实义务和勤勉义务。董事基于股东的信任取得了法律和公司章程赋予的参与公司经营决策的权力，就应当在遵循法律和公司章程的前提下，为公司的利益也即股东的共同利益服务。

为确保董事权力的正当行使，防止董事怠于行使或滥用权力，保护公司和全体股东的利益，从法律上对董事的行为加以规范和约束是非常必要的。董事义务按其内容不同可以分为注意义务和忠实义务两类，注意义务又称勤勉义务

或善管义务。

在英美法上，董事的忠实义务和注意义务都是其受信托义务的体现，董事的受信托义务源于其在公司中受托经营管理他人财产的地位。公司所有的董事，包括非执行董事，均负有该项义务。[1]董事除了对公司（也即全体股东）负有受信托义务外，他（她）首先对委派其的股东负有信托义务。在英美法上，董事注意义务与忠实义务之间的区别主要有：①忠实义务的核心是董事不得为了自己的个人利益而牺牲公司利益或放弃公司的最佳利益而追求私利；而注意义务、勤勉义务的核心是董事作为负责公司业务经营的管理人，必须以诚信的方式和应有的注意从事公司经营决策和业务监管，不得怠于履行职责。②忠实义务对于所有的董事原则上适用统一的标准，而注意义务对于经营（执行）董事和非经营（执行）董事、内部董事和外部董事等可以适用不同的标准。③在违反忠实义务时，董事的责任原则上不得免除；而董事违反注意义务的责任可以经股东会批准予以免除或限制，并且可以通过董事责任保险机制转移赔偿风险。④诉讼上，涉及违反忠实义务时，董事承担较重的举证责任；在涉及违反注意义务的场合，董事行为受经营判断准则的保护，原告需承担较重的举证责任。⑤从英美公司法的发展趋势看，对于忠实义务的规制由过去的绝对禁止转向程序化规制；对于注意义务的规制逐步由经营判断准则转向注意义务的实体内容规制。[2]

《公司法》从完善我国公司治理出发，参照国外相关立法，规定了公司董事对公司所负有的忠实义务和勤勉义务。同时，公司的监事和高级管理人员在法律和公司章程的范围内被授予了监督或者管理公司事务的职权，也应当承担相应的忠实义务和勤勉义务。

二、忠实义务

忠实义务，是指公司董事、经理、高级管理人员应当忠实履行职责，当其自身利益与公司利益发生冲突时，应当维护公司利益，不得利用其在公司中的地位牺牲公司利益而为自己或者第三人牟利。对此，两大法系均主要从自我交易规制、禁止篡夺公司机会或竞业禁止等方面规范其义务。

忠实义务的表现形式和具体内容各异，我国《公司法》借鉴其他国家（地区）的做法，对公司董事、经理、高级管理人员的忠实义务作了如下规定：

1. 不得因自己的身份而受益。《公司法》第 148 条第 2 款规定，董事、监

〔1〕 斯蒂芬·加奇：《商法》，屈广清、陈小云译，中国政法大学出版社 2004 年版，第 286 页。
〔2〕 张开平：《英美公司董事法律制度研究》，法律出版社 1998 年版，第 172～173 页。

事、高级管理人员不得利用职权收受贿赂或者其他非法收入，不得侵占公司的财产；第149条第1款第6项规定，不得接受他人与公司交易的佣金归为己有。禁止这些赤裸裸的贪腐、侵占行为，是法律和道德的最低要求。

2. 不得擅自利用或处置公司财产。根据《公司法》第149条第1款第1~3项的规定，公司董事、高级管理人员不得挪用公司资金；不得将公司资金以其个人名义或者以其他个人名义开立账户存储；不得违反公司章程的规定，未经股东（大）会或者董事会同意，将公司资金借贷给他人或者以公司财产为他人提供担保。这些行为有违董事和高级管理人员的忠实义务，给公司带来了不可预测的风险。

3. 自我交易的规制。《公司法》第149条第1款第4项规定，董事、高级管理人员不得违反公司章程的规定或者未经股东会、股东大会同意，与本公司订立合同或者进行交易。董事、高级管理人员与本公司订立合同或进行其他交易时，其个人利益与公司的利益处于相冲突的地位。在不能一概禁止公司董事和高级管理人员与公司交易的情况下，为了保护公司的利益，这种交易应当按照公司章程的规定或者经股东（大）会同意方可进行。

4. 与公司间不当竞争的规制。《公司法》第149条第1款第5项规定，董事和高级管理人员不得未经股东会或者股东大会同意，利用职务便利为自己或者他人谋取属于公司的商业机会，自营或者为他人经营与所任职公司同类的业务。该项规定包含两层内容：一是不得非法谋取属于公司的商业机会的义务；二是竞业禁止义务。商业机会是公司在经营中赢得客户和获取商业利润的机会。如果公司董事、高级管理人员利用职务便利为自己或为他人争夺、抢占本属于公司的商业机会，就可能损害公司的利益；自营或为他人经营与所任职的公司同类的业务，则形成利益冲突，使之处于与公司的商业竞争之中。《公司法》对此不是绝对禁止，经得董事和高级管理人员经股东（大）会同意后，也可以这样做。

5. 不得泄露公司秘密。《公司法》第149条第1款第7项规定，董事和高级管理人员不得擅自披露公司秘密。公司秘密的外延大于商业秘密，除商业秘密外，还包括虽不构成商业秘密但对公司的经营和竞争具有重要意义的其他秘密，如开发计划、经营决策等，这些信息如果被泄露则可能危及公司的生存和发展。

6. 其他违反忠实义务的行为。董事和高级管理人员违反对公司忠实义务的行为难以列举穷尽，因此，《公司法》第149条第1款第8项作为一项兜底条款，规定其不得有其他违反忠实义务的行为。

根据《公司法》第 149 条第 2 款的规定，董事、高级管理人员违反忠实义务所得的收入都应当归公司所有。

三、勤勉义务

勤勉义务，或注意义务、善管义务，是指公司董事、监事、高级管理人员履行职责时，必须以一个具有相当学识和经验的人通常具有的，并与自己担负的职责相称的合理注意，善意、谨慎地处理事务。这是衡量董事、监事、高级管理人员是否尽职及在行使职务中有无过错的标准，对于确定董事的决策和管理责任具有重要意义。

但对董事、监事、高级管理人员的勤勉义务，法律上不可能规定得十分具体，而只能规定抽象的标准，在司法实践中应结合个案具体分析判断。如《德国股份法》第 93 条第 1 款规定，董事会成员应在其执行业务时，尽通常及认真的业务执行人之注意。[1] 美国《示范商事公司法》第 8.30 条和第 8.42 条规定，董事和拥有自由裁量权的高级职员在履行职责时，应当：①怀有善意；②要以一个正常、谨慎的人在类似处境下应有的注意去履行职责；③采用他有理由相信是符合公司最佳利益的良好方式行事。[2]

在实践中判断某个董事、监事、高级管理人员是否有过错，不外乎适用民法上的专业（专家）注意义务、普通善良管理人注意义务和主观注意义务等几个标准。如对执行董事、CEO，应当适用商业判断规则，如果有理由相信其在特定市场条件下作出某项决策或判断合乎其职责要求，就认为其适当地履行了职责，而不必对其行为后果（包括负面后果）承担责任，反之就应当对其行为的不良后果承担法律责任，这是高于一个普通成年人所应承担的"善良管理人"注意义务的专业责任。对具有会计、法律、经济、工程等专业资格的董事、监事或高级管理人员，以相关专业人员通常应有的认识和董事、监事、财务主管、技术主管等的职责要求来衡量其是否尽到了必要的注意，也属于专业责任。主观标准是指处理公司事务时只需尽到与处理自己事务时相同的注意即可，美国判例法中将此表述为一个正常、谨慎的人在类似情况下处理自己事务时所应尽的注意，对不具有专业资格和经验的外部董事则不妨采用该标准来衡量其是否有过错。

我国《公司法》的历史不长，对董事、监事、高级管理人员的问责仍处于

---

〔1〕　杜景林、卢谌译：《德国股份法·德国有限责任公司法·德国公司改组法·德国参与决定法》，中国政法大学出版社 2000 年版，第 42 页。

〔2〕　虞政平编译：《美国公司法规精选》，商务印书馆 2004 年版，第 75 页。

起步阶段，其勤勉义务的落实，尚有待司法实践不断发展完善。

四、其他义务

《公司法》除对公司董事、监事和高级管理人员的忠实义务和勤勉义务作出规定外，还对上述人员列席股东（大）会以及协助监事会工作的义务作出了规定。

根据《公司法》第151条第1款的规定，股东会或者股东大会要求董事、监事、高级管理人员列席会议的，董事、监事、高级管理人员应当列席并接受股东的质询。

《公司法》第151条第2款规定，董事、高级管理人员应当如实向监事会或者不设监事会的有限责任公司的监事提供有关情况和资料，不得妨碍监事会或者监事行使职权。这是为了保证监事会（监事）能够充分了解董事、高级管理人员执行公司职务的有关情况，从而正确、有效地行使监督职能。

第三节　对董事、监事、高级管理人员责任的追究

公司治理的核心问题之一是规范董事、监事和高级管理人员的行为，促使他们尽忠职守，公司得以在各种利益的有效制衡中良好地运转。《公司法》确立了董事、监事和高级管理人员负有忠实义务和勤勉义务，而要保证其适当地履行义务，则有赖于其责任承担和追究机制的建立。除《公司法》对其违法、犯罪行为规定的行政和刑事责任外，股东直接诉讼和派生诉讼应是对公司董事、监事和高级管理人员追究责任的最有力、有效的方式。

一、股东直接诉讼

（一）股东直接诉讼的概念和特点

股东直接诉讼，是指股东为维护自身利益而直接对公司或董事等提起的诉讼。股东直接诉讼有如下特点：①其依据是股东作为出资人（即所有者权益承担者）的地位；②股东以其自身名义向人民法院提起诉讼，以维护自己的利益；③被告是公司或其大股东、董事、监事及高级管理人员等。

（二）股东直接诉讼的类型

1. 股东（大）会、董事会决议的无效、撤销之诉。《公司法》第22条规定，公司股东会或者股东大会、董事会的决议内容违反法律、行政法规的无效。股东会或者股东大会、董事会的会议召集程序、表决方式违反法律、行政法规或者公司章程，或者决议内容违反公司章程的，股东可以自决议作出之日起60

日内，请求人民法院撤销；超过 60 日向人民法院提起诉讼的，人民法院可不予受理。股东依照前款规定提起诉讼的，人民法院可以应公司的请求，要求股东提供相应担保。公司根据股东会或者股东大会、董事会决议已办理变更登记的，人民法院宣告该决议无效或者撤销该决议后，公司应当向公司登记机关申请撤销变更登记。

2. 有限责任公司股东的查阅请求之诉。根据《公司法》第 34 条的规定，有限责任公司股东可以要求查阅公司会计账簿。股东要求查阅公司会计账簿的，应当向公司提出书面请求，说明目的。公司有合理根据认为股东查阅会计账簿有不正当目的，可能损害公司合法利益的，可以拒绝提供查阅，并应当自股东提出书面请求之日起 15 日内书面答复股东并说明理由。公司拒绝提供查阅的，股东可以请求人民法院要求公司提供查阅。

3. 对董事、高级管理人员等的损害赔偿之诉。《公司法》第 153 条规定，董事、高级管理人员违反法律、行政法规或者公司章程的规定，损害股东利益的，股东可以向人民法院提起诉讼。依该条文义，任何股东，只要具备股东身份，无论其持股时间和数量如何，都可以在普通民事诉讼时效期间内提起该诉讼。

除上述法有明文的股东直接诉讼外，应当进一步从"有权利就有诉权、有义务就有责任和救济"的法治要求来理解股东直接诉权，即只要行为及其结果关涉股东合法权益，就应允许股东提起诉讼，既可以是确认之诉、侵权之诉，也可以是赔偿之诉，以此达到优化公司治理和保护股东合法权益的效果。

二、股东派生诉讼

（一）股东派生诉讼的概念和意义

股东派生诉讼，是指公司的权益受到他人特别是控制股东、董事、高级管理人员等的侵害，而公司怠于行使诉权的，股东以其自身名义为公司的利益对行为人提起诉讼，也称股东代表诉讼、代位诉讼等。

股东作为公司的所有者权益承担者，在公司的权益受到侵害时，其利益也必然受到了损害，但由于公司是独立于股东的法律主体，公司是否及如何追究行为人的法律责任要由公司乃至股东共同决定，对此个别股东无权决定或干涉。当侵害公司利益者为控制股东、董事或高级管理人员时，公司的股东（大）会或董事会受其把持，公司很可能怠于行使诉权，从而损害少数股东的合法利益。正是针对这种情况，产生出股东派生诉讼制度，亦为我国《公司法》所借鉴采用。

（二）股东派生诉讼和直接诉讼的区别

股东派生诉讼与直接诉讼在诉讼结果和适用程序上有所不同，二者的主要差别如下：

1. 被侵害的权利性质不同。直接诉讼中受侵害的权利一般而言属于股东自益权，而派生诉讼中被侵害的权利属于公司的权利，一般而言也即股东的共益权。

2. 提起诉讼的权利主体不同。直接诉讼由股东以自身名义、为了自己的利益提起；而派生诉讼本应由公司提起，但公司因利益冲突怠于起诉，而由符合条件的股东代为提起诉讼，股东为形式上的原告，诉讼损益的承担者则是公司。

3. 诉讼程序规则不同。股东直接诉讼适用普通民事诉讼程序，而股东派生诉讼适用的是一种特殊的集团诉讼程序。在《公司法》于2005年修改之前，我国《民事诉讼法》中并无此种程序规定。

4. 诉讼的法律后果不同。在股东直接诉讼中，股东是诉讼结果的直接承担者；而在股东派生诉讼中，公司是判决结果的直接承担者，股东不能从判决直接受益，而只能通过公司受益而间接获益。

（三）《公司法》关于股东派生诉讼的规定

1. 提起派生诉讼的股东资格。为防止个别股东任意提起派生诉讼，影响公司的正常运作，根据《公司法》第152条的规定，有限责任公司的股东以及股份有限公司连续180日以上单独或者合计持有公司1%以上股份的股东，才有权提起股东派生诉讼。根据最高人民法院《关于适用〈中华人民共和国公司法〉若干问题的规定（一）》，"180日以上连续持股期间"，应为股东向人民法院提起诉讼时已期满的持股时间；"合计持有公司1%以上股份"，是指两个以上股东持股份额的合计。

2. 提起派生诉讼的前置条件。《公司法》第150条规定了董事、监事、高级管理人员执行公司职务时违反法律、行政法规或者公司章程的规定，给公司造成损失的，应当承担赔偿责任。发生这种情况时，根据《公司法》第152条的规定，符合条件的股东可以书面请求监事会或者不设监事会的有限责任公司的监事向人民法院提起诉讼；监事有《公司法》第150条规定的情形的，可以书面请求董事会或者不设董事会的有限责任公司的执行董事向人民法院提起诉讼。监事会（监事）或者董事会（执行董事）收到股东书面请求后拒绝提起诉讼，或者自收到请求之日起30内未提起诉讼，或者情况紧急、不立即提起诉讼将会使公司利益受到难以弥补的损害的，提起书面请求的股东就有权为了公司的利益以自己的名义直接向人民法院提起诉讼。

3. 诉讼事由。股东派生诉讼除主要针对董事、监事和高级管理人员违反义务给公司造成损害的行为外，其他人侵犯公司合法权益的，股东也可以按照上述条件和程序向人民法院提起诉讼。

由于股东派生诉讼中的原告股东不能从诉讼中直接获得利益，并且要为诉讼负担较大的诉讼成本和风险，因此，如何激励股东为了公司的利益向侵害人提起诉讼，就是实现确立股东派生诉讼制度目的的关键。我国可借鉴美国、日本等国家的经验，将股东派生诉讼案件按非财产诉讼同等的标准来收取诉讼费用，而不是根据诉讼标的额收取诉讼费；并建立原告股东胜诉后，由公司补偿其诉讼费用的制度等。

第七章　外国公司及其分支机构

第一节　外国公司及其分支机构的法律地位

一、外国公司的确认

(一)　外国公司的确认概说

依照外国法律在中国境外登记成立的外国公司，关于其成立的有效或无效、能力和法律地位以及公司的组织机构、财务会计制度等，适用的都是外国法。因此，一个外国公司要在中国境内从事生产经营活动，首先必须确定其国籍及适用何国的法律，并对其作为法律上权利义务主体或法人的资格予以承认或不予承认。不予承认的，该外国公司即不得在中国境内营业。这在《公司法》上叫做外国公司的确认，又称外国公司的"承认"、"认可"、"许可"或"认许"。

各国公司法中一般都有关于外国公司的规定，对有关其确认、在本国开展营业的方法及监督制度等作出规定。我国《公司法》也对外国公司及其分支机构作了专章规定。

(二)　外国公司国籍的确定

关于外国公司国籍的确定，国际上有不同的做法及学说。

1. 设立准据法说。即公司是依据哪个国家的法律设立的，就认定其属于该国的公司，是该国的公司法人或非法人公司，对于该公司事实上的经营场所或主要办事机构是否设在该国则在所不问。由于公司设立的准据法一般就是公司登记成立地的法，所以，这种做法或学说与设立行为地说基本上是吻合的。

2. 股东国籍说。该说以公司股东的国籍或占多数出资额的股东的国籍来确定公司的国籍，凡主要股东或占多数出资额的股东是外国人的为外国公司，反之则为本国公司。依此学说确定公司国籍的弊端有三：①会使公司的国籍不固定，尤其是股份有限公司，其股份可以自由转让，股东具有很大的流动性，股东国籍构成处于不断变动之中，难以借此认定公司的国籍；②公司东道国的主权可能受损，如果一个公司在东道国登记成立从事经营，但由于其主要股东或多数股东是外国人，该公司就会处于所在国的法律管辖之外；③不利于公司开展经营活动，在东道国注册经营的外国公司，其生产经营活动及合法权益不能受到东道国法律的充分保护。有鉴于此，现在多数国家均不以股东国籍来确定公司的国籍。

然而，尽管股东国籍一般而言对于确定公司国籍不具有直接法律意义，但它在经济、政治和人们的思想观念诸方面仍不乏相当的意义。如中德合资经营企业、美商独资公司、中资企业、港资公司、英资公司等，就是以股东国籍或身份为依据的。

3. 设立行为地说。该说以公司的注册登记地来确定公司的国籍。公司适用哪国法律登记成立，登记成立所在国家即为公司的国籍，故而与设立准据法说的结果通常是一致的。需要指出的是，美国是联邦制国家，其公司法属于州法，美国所谓的外国公司（foreign corporation），除包括在外国登记成立的公司外，对于某州的本（州）国公司（domestic corporation）来说，也包括在美国其他州设立的公司。此说为英美法系国家和其他一些国家所采用，在国际上应用较广。

4. 住所地说。这是以公司住所所在地的国家为公司的国籍。而各国法律对公司住所有不同的规定，包括营业中心地、总公司所在地、事实上的总公司所在地、公司主要办事机构所在地等。根据住所地说，凡法定住所设在国外的公司是外国公司，设在本国的则为本国公司。此说的主要弊端在于，公司可以通过变更住所和国籍的做法轻易地规避某国法律的管辖。欧陆国家确定公司国籍，多采住所地说。

我国确定公司国籍采设立准据法说和设立行为地说。《公司法》第192条规定："本法所称外国公司是指依照外国法律在中国境外设立的公司。"即凡依照外国法律在中国境外登记成立的公司是外国公司，属于外国法人或非法人公司；凡在我国境内依据中华人民共和国法律登记成立的公司，不论外国股东和外国资本占多大比例，均为中国公司，是中国的企业法人。由于主权国家的立法及其效力仅及于本国领域，所以，如果外国公司不到本国境内开展投资或持续性经营活动，而仅与本国发生贸易、通讯等契约关系，本国法律对该外国公司的组织和经营就一般不具有拘束力。因此，《公司法》对外国公司的法律规定，不是对所有外国公司及其行为的规范，而是对到中华人民共和国境内投资、设立分支机构并从事经营活动的外国公司所作的必要规定；只有那些到中国境内设立分支机构从事营业的外国公司，才是《公司法》所要调整的外国公司。

（三）外国公司进入中国从事生产经营活动的许可

外国公司进入中国从事持续性生产经营活动，可以采取在我国设立办事处、分支机构、独资子公司、中外合资或中外合作企业等形式，无论采取何种形式，依法都必须经我国政府许可或批准。外国公司经许可在我国境内从事活动的，必须遵守中国的法律，不得损害中国的国家利益和社会公共利益，其合法权益受中国法律的保护。

各国对待外国投资及其企业公司，都在不同程度上既利用、鼓励、保护，又引导、限制、监管。市场经济发达国家通常没有调整外国人投资的专门法规，外国人投资原则上适用内国企业公司法、竞争法等，并以资本规模、投向、技术档次、环保、劳动、企业结合控制、国家安全等要求引导或限制之；有些发展中国家则制定了专门的外国人投资法，作为引进外资的基本法，辅以公司法等其他法律对外国人投资设立企业、公司进行调整。一般来说，发达国家对外国投资的方式和范围限制较少，市场准入的条件较宽，但对有关国防、军事、通讯、交通、重要传媒以及关键行业等，也禁止或限制外国资本进入。发展中国家和地区一般鼓励外国资本或外国公司向有利于国民经济发展的部门，如高科技产业部门，以及能够改善国际收支、扩大出口的部门投资；禁止在国防、军事工业以及支配国家经济命脉的部门投资，限制在本国已有一定基础、需要重点保护的行业投资。我国对外商投资采取制定中外合资、中外合作、外资等专门的企业或公司法，配合产业政策和政府审批的方式进行调整。但在1994年《公司法》生效之前，对于外国公司在中国境内设立分支机构从事生产经营活动的法律规定不完善，大都散见于国务院及其有关部门颁布的行政法规和规章之中。《公司法》则对外国公司分支机构的设立、法律地位、权利义务、撤销和清算等作了一般性规定，适用于各类外国公司分支机构，对于这方面法律调整的完善具有一定的理论和实践意义。

二、外国公司分支机构的法律地位

外国公司分支机构是指外国公司依照《公司法》的规定在我国境内设立的分公司、分行、分所等经营或办事机构。《公司法》第196条规定："外国公司在中国境内设立的分支机构不具有中国法人资格。外国公司对其分支机构在中国境内进行经营活动承担民事责任。"外国公司的分支机构具有以下主要特征：

（一）外国公司的分支机构是外国公司的组成部分

外国公司分支机构是外国公司在中国境内设立的活动机构，是外国公司权利能力和行为能力的跨国延伸。二者的关系是总公司或本公司与分公司或支公司的关系。外国公司分支机构没有独立的法律地位，不具有中国法人资格，具体表现为：分支机构没有自己独立的公司名称和章程，而是以其所属外国公司的名义进行活动；分支机构不设董事会等完整的管理机构，而是由外国公司指定代表人或代理人负责其管理；分支机构没有资本和独立的财产，它从事经营活动的资金是由外国公司拨付的；外国公司分支机构不实行独立核算，其经营收入和业务开支等核算纳入总公司统一核算；外国公司对其分支机构在中国境内进行的活动承担民事责任和其他法律责任。

外国公司在我国设立分支机构的前提条件，是其已在我国境外依照外国法律登记成立为合法的公司，并由其向我国主管机关依照《公司法》的规定申请设立分支机构。在外国尚未登记成立为公司的，不得在我国设立外国公司分支机构。至于外国公司的组织形式，则按当事人的能力依其本国法的原则，不妨为我国法律虽未规定但外国法律上允许的无限公司、两合公司、保证责任有限公司等。

（二）外国公司分支机构依照《公司法》在中国境内设立

外国公司分支机构的设立，是依照我国法律对外国公司的法律人格予以确认并准予其在中国境内开展活动的结果，是外国公司在中国境内从事经营活动的形式和途径。因此，外国公司分支机构必须依中国法在中国境内设立。

（三）外国公司分支机构必须遵守中国的法律

经批准设立的外国公司的分支机构，在中国境内从事生产经营活动和其他活动，必须遵守中国的法律，接受中国法律的管辖和国家有关主管部门的监督管理，不允许其有治外法权，其活动不得损害中国的社会公共利益，其合法权益受中国法律的保护。

第二节　外国公司分支机构的设立、撤销和清算

一、外国公司分支机构的设立

外国公司分支机构的设立，是指外国公司依照东道国法律规定的条件和程序，为其在东道国的持续性生产经营活动取得许可的行为。不同国家的经济实力和对外经贸政策不同，对外国公司分支机构设立的许可和管理办法也不尽相同。

发达国家对外国公司到本国设立分支机构一般实行准则主义，即依照东道国法律直接办理登记，即可设立分支机构开展活动，也即对外国商事公司实行"概括确认主义"。如根据《日本公司法》第817、933条的规定，外国公司拟

持续在日本进行交易时，须确定驻日代表人，并就其公司进行登记和公告；外国公司的登记，按照在日本成立的同类或者最相类似公司的分公司的登记及公告的规定。有些国家则实行"许可主义"或"核准主义"，要求外国公司事先向东道国政府主管机关办理审批或许可手续，经批准后方可办理设立分支机构的登记注册手续，也即对外国商事公司采取"个别确认主义"或"特别确认主义"。多数发展中国家包括我国即采取这种做法。

（一）外国公司在中国境内设立分支机构的条件

欲在中国境内设立分支机构的外国公司，必须已经依照某国法律登记成立，并合法存续。至于外国公司为何种组织形态，是股份有限公司、有限责任公司、无限公司、两合公司，还是英美法系的股份责任有限公司或保证责任有限公司等，则依其本国法而非我国公司法进行确认。

外国公司在中国境内设立分支机构，必须在中国境内指定负责该分支机构的代表人或者代理人，并向该分支机构拨付与其所从事的经营活动相适应的资金。对外国公司分支机构的经营资金需要规定最低限额的，由国务院另行规定。如国务院于2006年发布的《中华人民共和国外资银行管理条例》规定，外国银行在中国境内设立分行，应当由其总行无偿拨给不少于2亿元人民币等值的自由兑换货币的营运资金。

（二）外国公司在我国设立分支机构的审批

外国公司在中国境内设立分支机构，必须向中国主管机关提出申请，并提交其公司章程、所属国的公司登记证书等有关文件。其中申请书的内容应当包括：分支机构所属公司的名称、国籍、住所、法定代表人、业务范围、公司形式，所设分支机构的形式、业务范围、经营方式、拟向其拨付的营运资金数额、设立地区、经营场所等。其他有关文件主要包括：由该外国公司所在国或所在地有关主管机关核发的营业执照或其副本；与该外国公司有业务往来的金融机构出具的资信证明书；该外国公司法定代表人资格证明书；该外国公司申请人的授权委任书；该外国公司委任分支机构代表人或代理人的授权书和负责人的简历；该外国公司最近2年或若干年经注册会计师审计或验证的财务会计报告；该外国公司在中国营业的计划书等。

根据《公司法》的规定，外国公司分支机构的审批办法由国务院另行规定。在实践中，受理外国公司设立分支机构审批申请的主管机关，依外国公司拟设立分支机构业务性质的不同而有所不同，例如投资性公司设立分支机构应报商务部审批,[1]外国银行在中国境内设立分行由中国银监会审批,[2]外国保险公司在中国境内设立分公司由中国保监会审批,[3]等等。

（三）外国公司在我国设立分支机构的设立登记

外国公司设立分支机构的申请获得批准后，应当由该外国公司指定在中国境内负责该分支机构的代表人或者代理人向公司登记机关依法办理登记手续，领取营业执照。

外国公司分支机构申请设立登记，应向登记机关提交以下文件：①《外国（地区）企业常驻代表机构设立登记申请书》；②审批机关的批准文件；③外国公司的合法开业证明和资信证明；④常驻代表机构（首席）代表的任职文件；⑤地址使用证明；⑥外国（地区）企业的章程及董事名单；⑦其他有关文件、证件。[4]

外国公司的分支机构应当在其名称中标明该外国公司的国籍及责任形式，以便有关主管机关对其进行管理监督，也便于交易相对人和公众了解其性质、法律地位、组织形式、国籍和财产责任形式等。此外，外国公司的分支机构还应当在本机构中置备该外国公司章程。

经批准设立的外国公司分支机构，在中国境内从事业务活动，必须遵守中国的法律，不得损害中国的社会公共利益，其合法权益受中国法律保护。

二、外国公司分支机构的撤销

一般企业终止或解散的原因，对于外国公司分支机构也是适用的。外国公司分支机构可能因自身或其本公司发生一般企业终止或解散的原因而终止，例如因违法活动或其所属的外国公司破产等原因终止，也可能因某外国公司自行撤销其设在中国的分支机构而终止。

基于外国公司因完成了在我国从事投资和经营的预定目标，或无意在我国继续投资经营，拟将在我国的分支机构的营业向其本国或他国转移，或其分支机构发生严重亏损，无力继续经营，或其分支机构在我国遭受不可抗力，无法继续经营的，该外国公司自可定夺撤销该分支机构，向我国主管部门提出申请，经获准后予以撤销。但外国公司分支机构系由其本公司直接控制，外国公司的能力及其在境外的活动并不受中华人民共和国法律管辖，为防止外国公司通过

---

〔1〕 参见《关于外商投资举办投资性公司的规定》（商务部2004年第22号令）。

〔2〕 参见《中华人民共和国外资银行管理条例》（国务院令第478号）。

〔3〕 参见《中华人民共和国外资保险公司管理条例》（国务院令第336号）。

〔4〕 参见中华人民共和国国家工商行政管理总局网站：http://www.saic.gov.cn/ywbl/bszn/wzdjzn/sld-jsxwjcl/200602/t20060208_50497.html，2012年12月1日访问。

撤销其分支机构而将财产转移出境，以致难以追索其未缴的税费和未清偿的债务等，以保护我国债权人、雇员和国家等的合法权益，《公司法》第198条规定："外国公司撤销其在中国境内的分支机构时，必须依法清偿债务，依照本法有关公司清算程序的规定进行清算。未清偿债务之前，不得将其分支机构的财产移至中国境外。"

外国公司分支机构被撤销或获准撤销后，应当按照我国《公司法》关于公司清算的规定，成立清算组，制订清算方案，报我国主管机关确认。外国公司分支机构在清算期间，不得基于非清算目的处分其财产，在偿还债务之前不得将分支机构的财产以任何方式移至中国境外。分支机构的财产能够清偿其债务的，按顺序分别支付清算费用、职工工资、社会保险费用和法定补偿金，缴纳所欠税款，清偿其他债务。其财产不能清偿所欠债务时，应由设立该分支机构的外国公司承担全部责任。如果该外国公司在其本国被宣告破产，则对其分支机构享有债权的我国债权人和其他债权人，有权申报债权，参与清算财产的分配。

外国公司的责任形式不同，其在中国境内所设分支机构的清算也不尽相同。外国公司为有限责任公司或股份有限公司的，对其所设分支机构的财产不足以清偿的债务应继续承担清偿责任，如其本身的全部资产都不足以清偿债务的，则应依法宣告破产。外国公司为无限公司或两合公司的，则在其分支机构及本公司的财产均不足以清偿债务时，公司的无限责任股东尚需承担无限连带责任。

根据国家工商行政管理总局的规定，外国公司分支机构经营期限届满不再申请延期的，或外国公司撤销其在中国境内设立的分支机构时，应向原审批机关提交注销申请，经批准后，再向原登记机关申请注销登记，并提交以下文件、证件：①《外国（地区）企业常驻代表机构注销登记申请书》；②原审批机关同意注销的文件；③完税证明；④登记证、代表证、雇员证；⑤其他有关文件、证件。[1]

外国公司分支机构向原公司登记机关办理完注销登记手续，缴销营业执照后，方可将其剩余财产转移至中国境外。

---

[1]　参见中华人民共和国国家工商行政管理总局网站：http://www.saic.gov.cn/ywbl/bszn/wzdjzn/zxd-jsxwjcl/200602/t20060208_50507.html，2012年12月1日访问。

第八章 公司债和公司债券

第一节 公司债和公司债券概述

一、公司债的概念和特征

（一）公司债的概念

公司债，是指公司依照法定的条件和程序，以发行具有流通性的公司债券的方式，向社会公众募集资金而发生的金钱债权债务关系。

公司借贷主要有两个途径：一是向银行等金融机构或其他企业举债；二是依法定的条件和程序，向社会发行债券而筹集资金。两相比较，一般借贷的利率较高，并有借款期限较短、借款数额有限的缺陷，因而很难筹措到能较长时期运用的大量资金。发行债券筹措资金则不存在这些问题，这是其优点所在；当然与一般借贷相比，公司债也有举债条件和程序严格、小公司和非公司制企业难以利用这种方式筹措资金等缺点。

发行公司债，固然有利于企业生产经营的发展，有利于将社会游资用于经济建设，但向公众借债，必然涉及社会利益，与社会经济和金融秩序的稳定密切相关，必须防止不法的企业或个人以公司债的名义发行"垃圾"债券骗取公众钱财，也要防止信用不佳的企业发行公司债而损害社会经济秩序，因而各国法律上均对公司债的发行条件和程序作了较为严格的规定。

（二）公司债的特征

1. 公司债与公司债务之异同。公司债在本质上属于公司债务，在公司资产负债表中记入负债栏，公司债和公司债务的债权人都享有民法上债权的一般权利。这是公司债与公司债务的共同之处。这两个概念的不同之处则在于：

（1）公司债与公司债务的产生原因不同。产生公司债的法律事实，是公司通过发行公司债券，向社会公众募集资金；产生公司债务的法律事实，除了发行公司债、公司签订契约外，公司因侵犯他人权利也形成债权债务关系。

（2）公司债与公司债务的权利主体不同。公司债的权利主体即债权人是不特定的公众，任何个人和组织只要认购或受让债券，都是公司债的债权人，并因债券的高度流通性而处于流动之中；而除公司债外，公司债务的债权人则是特定的，例如公司一般性借贷债务的债权人是特定的银行或其他金融机构，其他契约债务的债权人为特定的法人、其他经济组织或公民，而公司侵权之债的债权人则为特定的被侵权人。

（3）公司债与公司债务的标的不同。公司债的标的是一种金钱给付；而公司债务的标的除金钱给付外，还包括其他作为或不作为。例如，公司作为出卖人在买受人给付货款后，有交付约定货物的义务；公司因产品质量给对方造成损失时，负有包修、包换、包退和赔偿损失的义务等。

（4）公司债与公司债务的偿还办法不同。公司债就同次发行的同类公司债的偿还办法（包括偿还期限、偿还条件）具有同一性；而公司债务的偿还办法因具体的债权债务关系的不同而不同。

（5）公司债与公司债务的债权凭证不同。公司债的债权凭证是公司债券，是资本有价证券、要式证券，具有流通性，可以在证券交易场所依法转让；而公司债务的债权凭证除了公司债券外，主要是以契约或其他证据的形式存在，除其中的一部分表现为商品或有价证券（提单、仓单、汇票、支票、本票等）外，一般既非有价证券、要式证券，也不具有流通性。

2. 公司债与股份之异同。公司债与股份的相同点有二：一是两者均为公司筹集资金的手段；二是公司债和公司股份的书面形式——公司债券和股票，都是资本有价证券、要式证券，且都具有流通性。但两者又有性质上的区别：

（1）公司债的债权人与公司之间是一种债权债务关系；而股份持有人则是公司的股东，对公司享有所有者权益并承担相应的义务。因此，公司债的债权人没有参与公司决策及经营的权利，[1]而股东有权参与公司的决策和经营管理。

（2）公司债的标的物为金钱；而认缴股份的股东可以用金钱，也可以用实物、知识产权、土地使用权等可以用货币估价并可以依法转让的非货币财产作价出资。

（3）不论公司是否盈利或盈利多少，公司债的利率是固定的；而股份的红利率是不固定的，它要视公司是否盈利及盈利多少而定。

---

[1] 在实践中，也有公司债与股份互相借鉴、渗透的现象。如从世界范围看，有所谓"参加公司债"，其债权人可以持券参加公司股东会；另有所谓的"利益公司债"，其利息要视公司是否盈利及盈利多少而定。

（4）公司债期限届满，公司应向债权人归还本金；而对于股份来说，除公司解散后可向股东分派剩余财产等法定情形外，公司一般不得向股东退还其认缴的股本。

（5）公司解散时，公司债优先于股份得到分配，即公司债与其他公司债务得到清偿后、公司有剩余财产时，股份持有者才可参与分配。

3. 公司债的特征小结。综上所述，公司债的特征可以概括为以下几点：

（1）公司债的债权人从总体上看是不特定的公众；

（2）公司债的债权凭证是有价证券、要式证券，具有流通性；

（3）公司债是公司为筹集长期经营资金，向社会公众发行债券而产生的债务；

（4）公司债是一种金钱债务。

二、公司债和公司债券的分类

《公司法》第 154 条规定："本法所称公司债券，是指公司依照法定程序发行、约定在一定期限还本付息的有价证券。"与股票和股份的关系一样，公司债券是公司债的表现形式，是债务证券化、流通化的一种形式。由于公司债和公司债券是内容和形式的关系，因此，对公司债的分类，实质上也就是对公司债券的分类，公司债的分类一般都要在公司债券的发行条件及其记载的事项中加以体现。根据不同的标准或者从不同的角度，可以将公司债或公司债券划分为以下不同的种类：

（一）记名公司债和无记名公司债

根据公司债券是否记载债权人的姓名或名称，可以把公司债分为记名公司债和无记名公司债。《公司法》第 157 条明确规定："公司债券，可以为记名债券，也可以为无记名债券。"记名公司债券，是指在债券上记载债权人姓名或者名称，并在置备的公司债券存根簿上载明债券持有人的姓名或名称及债券编号等事项的公司债券；无记名公司债券，是指在债券及债券存根簿上均不记载债券持有人的姓名或名称的公司债券。

公司债的这一分类有以下几个方面的意义：

1. 两者的发行程序有所不同。根据《公司法》的规定，其差别主要为两者发行时，在公司置备的债券存根簿上所应记载的事项详略不同。发行记名公司债券的，应当在公司债券存根簿上载明债券持有人的姓名或者名称及住所，债券持有人取得债券的日期及债券的编号，债券总额，债券的票面金额、利率、还本付息的期限和方式及债券的发行日期。而发行无记名公司债券的，则只需在公司债券存根簿上载明债券总额、利率、偿还期限和方式、发行日期及债券的编号，无需记载有关债券持有人的事项。

2. 两者转让的程序有所不同。我国《公司法》规定，记名公司债券，由债券持有人以背书方式或者法律、行政法规规定的其他方式转让；转让后由公司将受让人的姓名或者名称及住所记载于公司债券存根簿，否则其转让无效。而无记名公司债券的转让，由债券持有人将该债券交付给受让人后即发生转让的效力。

3. 两者被盗、遗失或灭失时的补救方法不同。以背书方式转让的记名债券被盗、遗失或灭失的，根据我国《民事诉讼法》的规定，债券持有人可通过公示催告程序申请人民法院宣告其无效后，由公司补发债券；而无记名债券因不采用背书方式转让，其被盗、遗失或灭失时，不能采取公示催告程序宣告无效及由公司补发债券。

关于无记名债券和记名债券是否可相互转换的问题，目前我国《公司法》和其他法规没有规定。日本等国的法律则允许其相互转换。如依《日本公司法》第 698 条的规定，公司债债权人除另有规定的情形外，可随时请求将其记名债券转换为无记名债券，或者将无记名债券转换为记名债券。

（二）可转换公司债、不可转换公司债和带股票买入权的公司债

这是以公司债与公司股份的联系为标准而对公司债进行的划分。

可转换公司债，是指公司债的债权人可根据自己的意志在一定期限内将公司债转换为公司股份的公司债。可转换公司债一经转换，原公司债债权人的资格即行丧失而取得公司股东的资格，公司债所代表的公司负债则转为公司股本。

不可转换公司债，是指不可转换为公司股份的公司债。这种公司债债权人只有定期得到还本付息的权利。由于不可转换公司债相对于可转换公司债而言，债权人没有选择将其债券转换成股份的权利，其固定利率一般要比可转换公司债高。

带股票买入权的公司债，是指债券持有人有权在一定条件下从发行债券的公司买入较优惠股票的公司债。这种公司债的债券持有人作为公司债权人的身份并未丧失，但其可以另行投资以优惠价买入该公司的股票，成为公司股东，从而获得公司债权人和公司股东的双重身份。

我国《公司法》对带股票买入权的公司债未作规定，但根据《公司法》，上市公司经股东大会决议并报国务院证券监督管理机构核准，可以发行可转换为股票的公司债券。发行可转换公司债，适应了公众在投资时既想避免风险又想获得高收益的心态，使投资者在投资之初，可以选择风险小于股票的债券，在公司经营稳定且业绩较好时，又可选择将其转换为公司股票，以获得比债券

更高的收益；而且在转换期限内，投资者有自由选择将其债券转换或不转换为股票的权利，公司不得强制其转换，这对债券持有人来说较为灵活。

（三）担保公司债和无担保公司债

以公司债是否设置担保为标准，可以将公司债分为担保公司债和无担保公司债。

担保公司债，是指由保证人或提供财产抵（质）押作为偿债担保的公司债。发行担保公司债，使债权人获得还本付息的保障，有利于维护债权人的利益和金融秩序的稳定。我国在实践中，要求公司发行债券原则上应提供保证担保，保证人则可要求发行人以抵（质）押方式提供反担保。

无担保公司债，又称信用公司债，是指不设置任何担保而仅以公司自身信用作为基础的公司债。发行无担保公司债，要求发行的公司规模较大，经济实力和偿债能力强，且信誉卓著。我国《证券法》等对公司债发行的主体、程序和实体条件的规定较为严格，所以在依法审批和监管的情况下，无担保公司债也有其存在的一定空间。

（四）参加公司债和非参加公司债

以公司债券持有人是否有权参与公司的决策和经营管理为标准，可以将公司债分为参加公司债和非参加公司债。

参加公司债，是指债权人有权参与企业的决策、经营管理或公司红利分配的公司债，包括参加公司债和利益公司债。参加公司债的债权人可持债券参加公司的股东会；利益公司债的债权人则可参与公司红利的分配，其利率不固定，视公司盈利多少而定。

非参加公司债，是指有固定利率，债券持有人不参与公司决策或经营，也不参与公司红利分配的公司债。我国《公司法》规定的公司债，均为普通的非参加公司债，实践中也不允许发行参加公司债。

（五）普通公司债和金融公司债

根据发行公司债的是一般公司抑或金融机构，可以将所发行的债券分为普通公司债券和金融公司债券。金融债券，是指依法在中华人民共和国境内设立的金融机构法人在全国银行间债券市场发行的、按约定还本付息的有价证券。金融机构法人，包括政策性银行、商业银行、企业集团财务公司及其他金融机构。金融债券涉及金融机构监管，对金融和经济秩序的影响也较普通公司债券更大、更为敏感，因此其发行和管理须适用特别的法规，如中国人民银行发布的《全国银行间债券市场金融债券发行管理办法》，一般不适用《公司法》、《证券法》中关于公司债券的规定。

公司债除可按上述标准分类外，还有其他一些分类方法。例如：根据公司债是否在证券交易所挂牌流通，可以将其分为上市公司债和非上市公司债。上市公司债是指经批准在证券交易所挂牌买卖的公司债，其交易和转让过户等须按证券交易所的有关业务规则办理；非上市债券则由当事人自行转让或在中国人民银行指定的证券经营机构的柜台进行转让。根据公司债是否于还本时付息，可以将其分为有息公司债和无息公司债。国外所谓无息公司债，实际上是在发行时以低于债券面值的价格折价发行，到期以面值价格还本。它看似无息，实质上是以债券发行价格与面值的差额作为利息，但债权人可因此得到免纳债券利息所得税的益处。根据发行公司债的是本国企业还是外国企业，可以将公司债分为本国公司债和外国公司债，如 A 国公司在 A 国境内发行的公司债为本国公司债；B 国公司在 A 国境内发行的公司债则为外国公司债。

第二节　公司债券的发行、上市和转让

一、公司债券的发行

公司债券的发行，是指公司依据法定条件和程序向社会公众销售公司债券的行为。《公司法》原先对公司债券的发行主体、条件、程序等都作出了规定，2005 年修改后只对发行公司债的部分程序作了原则性的规定，并规定公司发行公司债券应当符合《证券法》规定的发行条件。

（一）公司债券发行的条件

1. 公司债券发行的主体条件。《公司法》原先将公司债券的发行主体限定为股份有限公司和股东均为国有主体的有限责任公司，现在取消了该限制，任何公司（包括有限责任公司），无论是否为国有主体投资，只要符合《公司法》和《证券法》规定的条件和程序，经过核准后都可以发行公司债券。但可转换公司债券只限上市公司发行。

2. 公司债券发行的资信条件。根据《证券法》的规定，公开发行公司债券应具备以下条件：

（1）对发行债券的公司净资产的要求。《证券法》规定，公开发行公司债券的，股份有限公司的净资产不低于人民币 3000 万元，有限责任公司的净资产不低于人民币 6000 万元。公司所拥有的净资产的规模，是衡量公司财产责任能力大小的标志。对有限责任公司净资产的要求比较高，是为了弥补其非开放性和一定程度的人合性就公募而言存在的弊端。

（2）对公司发行债券累计余额的限制。《证券法》规定，公开发行公司债券，累计债券余额不超过公司净资产的 40%。所谓"累计债券余额"，是指已发行而尚未偿还的债券金额。这一规定的目的是使公司发行债券与其净资产保持合理的比例，保证公司有足够的偿债能力。

（3）对发行债券的公司经济效益的要求。《证券法》规定，公开发行公司债券，其最近 3 年平均可分配利润足以支付公司债券 1 年的利息。公司债券发行不仅需要有一定数量的净资产作为基础，还需要发行主体在经营上有良好的业绩。这是保证公司具有向债券持有人还本付息能力所必需的，也是保证社会闲散资金向经营效益较好的公司集中以优化资金配置所必要的。

（4）对发行公司债券所筹集的资金投向的要求。《证券法》规定，公开发行公司债券，筹集的资金投向应符合国家产业政策。为了使公司发行债券所筹资金发挥更大的经济效益，必须接受国家宏观产业政策的调节。这一规定，有利于国家产业政策的实现，可以促使资金在各产业之间的合理配置。

（5）债券利率水平的限制。《证券法》规定，债券的利率不超过国务院限定的利率水平。国务院 1993 年发布的《企业债券管理条例》第 18 条规定："企业债券的利率不得高于银行相同期限居民储蓄定期存款利率的 40%。"公司债券作为企业债券，也适用这一规定。这样可以避免因公司债券利率水平过高而冲击金融市场，并造成国家公债发行困难、银行吸收储蓄下降等后果。

（6）国务院规定的其他条件。

除上述规定外，上市公司发行可转换为股票的公司债券，还应当符合《证券法》关于公开发行股票的条件，并报国务院证券监督管理机构核准。《证券法》在对发行公司债券的条件作出规定的同时，还强调公开发行公司债券筹集的资金必须用于核准的用途，不得用于弥补亏损和非生产性支出。

3. 对再次公开发行公司债券的限制。《证券法》第 18 条规定，有下列情形之一的，不得再次公开发行公司债券：

（1）前一次公开发行的公司债券尚未募足的。这样规定是为了防止不同种类、不同单位金额、不同发行日期、不同利息率以及不同偿还办法的公司债券在同一时期内重叠发行，以维护公司债券发行的正常秩序。

（2）对已公开发行的公司债券或者其他债务有违约或者延迟支付本息的事实，仍处于继续状态的。如果公司对前次所发债券到期不能支付本息或延迟支付利息，或者对其他债务也存在违约情况，则表明其财务状况和资金状况不佳，有可能对其发行公司债券的偿付能力带来影响。因此，在这种情况下限制其发行新的公司债券，有利于保护债权人的利益。

（3）违反《公司法》规定，改变公开发行公司债券所募资金用途的。

其他国家或地区的公司立法中，也有上述类似的规定。例如我国台湾地区"公司法"第 250 条规定，有下列情形之一者，不得发行公司债："①对于前已发行之公司债或其他债务有违约或迟延支付本息之事实，尚在继续中者。②最近 3 年或开业不及 3 年之开业年度课税后之平均净利，未达原定发行之公司债应负担年息总额之 100% 者。但经银行保证发行之公司债不受限制。"

（二）公司债券发行的程序

根据《公司法》和《证券法》的规定，发行公司债券的程序如下：

1. 由董事会制订发行公司债券的方案。董事会在制订发行公司债券方案的同时，还应当编制公司资产负债表及公司财产清单等财务会计报表，以备公司股东（大）会对发行债券进行决议时审阅，并作为决策的依据。

2. 股东（大）会对发行公司债券作出决议。发行公司债券，涉及公司负债问题，事关重大。所以，对是否发行债券、发行债券的办法，包括发行债券的数额、种类、还本付息的期限和方式、债券利率等事项，都应当由股东会作出决议。国有独资公司发行公司债券，应由国有资产监督管理机构作出决定。

3. 报请国务院授权的部门核准。根据《证券法》的规定，公司依法对发行债券作出决议后，应当向国务院授权的部门或者国务院证券监督管理机构报送下列文件：①公司营业执照；②公司章程；③公司债券募集办法；④资产评估报告和验资报告；⑤国务院授权的部门或者国务院证券监督管理机构规定的其他文件。同时，根据《证券法》的规定，申请以承销方式公开发行可转换为股票的公司债的，应当聘请具有保荐资格的机构担任保荐人。因此，如果是申请以承销方式公开发行可转换为股票的公司债，申请人还应当报送保荐人出具的发行保荐书。

根据《证券法》的规定，国务院授权的部门或国务院证券监督管理机构依照法定条件负责核准公司债券发行申请。上市公司发行可转化为股票的公司债券，应当报国务院证券监督管理机构核准。核准程序应当公开，依法接受监督。其应当自受理发行申请文件之日起 3 个月内，依照法定条件和法定程序作出予以核准或者不予核准的决定，发行人根据要求补充、修改发行申请文件的时间不计算在内；不予核准的，应当说明理由。

4. 公告公司债券募集办法。公司债券募集办法由董事会编制，在经股东会决议、国务院授权的部门核准之后，应向社会公告。公告公司债券募集办法，以说明公司的基本情况以及将以何种条件发行公司债券，便于社会公众在了解公司背景、同意债券募集条件的前提下自愿认购，从而使公司债券的募集过程公开、透明，以保证公司债券的发行符合公开、公平的原则，防止欺诈，同时，也有利于社会公众对公司债券发行行为的监督和政府行政机关的监管。根据《公司法》规定，公司债券募集办法中应当载明下列主要事项：①公司名称；②债券募集资金的用途；③债券总额和债券的票面金额；④债券利率的确定方式；⑤还本付息的期限和方式；⑥债券担保情况；⑦债券的发行价格、发行的起止日期；⑧公司净资产额；⑨已发行的尚未到期的公司债券总额；⑩公司债券的承销机构。

5. 募集债券。《公司法》规定债券募集办法中应当载明"公司债券的承销机构"。依照《企业债券管理条例》第21条的规定，企业债券发行应当由证券经营机构承销，发行人不得自行从事债券销售活动。如前所述，证券承销业务采取代销或者包销的方式，根据《证券法》的规定，向不特定对象发行的证券票面总值超过人民币5000万元的，应当由承销团承销。

（三）公司债券的制作和公司债券存根簿

公司债券是要式证券，是公司向债券认购人出具的债务凭证和债券持有人向公司行使债权的依据。公司以实物券方式发行的，应当对表明公司与债券持有人之间债权债务关系的内容作出明确记载，以便债券持有人行使权利，并经公司法定代表人签字、公司盖章方为有效。《公司法》第156条规定："公司以实物券方式发行公司债券的，必须在债券上载明公司名称、债券票面金额、利率、偿还期限等事项，并由法定代表人签名，公司盖章。"第162条第2款规定，发行可转换为股票的公司债券，应当在债券上标明"可转换公司债券"字样。

公司在发行公司债券时，应当依法置备公司债券存根簿。公司债券存根簿是公司发行公司债券的原始记录，是确定公司发行债券的规模以及公司与其发行的公司债券的持有人之间权利义务关系的原始依据。其意义在于：一是便于公司股东、债券持有人查阅、监督及政府对公司的监督；二是便于公司需对债权人为有关通知或公告时，依法通知或公告；三是便于公司掌握本公司债券的发行和转让情况；四是记名债券转让时，必须依法将受让人的有关事项记载于公司置备的债券存根簿。

记名公司债券存根簿和无记名公司债券存根簿记载的内容有所不同。根据《公司法》的规定，公司发行记名公司债券的，应当在公司债券存根簿上载明下列事项：①债券持有人的姓名或者名称及住所；②债券持有人取得债券的日期及债券的编号；③债券总额，债券的票面金额、利率、还本付息的期限和方式；④债券的发行日期。发行无记名公司债券的，应当在公司债券存根簿上载明债券总额、利率、偿还期限和方式、发行日期及债券的编号。发行可转换公司债券的，应在公司债券存根簿上载明可转换公司债券的数额。

（四）记名公司债券的登记结算制度

为了规范公司债券发行转让过程中涉及的登记、托管、结算业务，保护公司债券持有人的利益，法律设置了证券登记结算制度。根据《证券法》的规定，证券登记结算机构是为证券交易提供集中登记、存管与结算服务，不以营利为目的的法人。证券登记结算机构履行下列职能：①证券账户、结算账户的设立；②证券的存管和过户；③证券持有人名册登记；④证券交易所上市证券交易的清算和交收；⑤受发行人的委托派发证券权益；⑥办理与上述业务有关的查询；⑦国务院证券监督管理机构批准的其他业务。证券登记结算采取全国集中、统一的运营方式。证券持有人持有的证券，在上市交易时，应当全部存管在证券登记结算机构。

《证券法》的规定为证券登记结算机构建立证券登记、托管、结算等相关制度提供了法律基础。根据《公司法》的规定，记名公司债券的登记结算机构应当建立债券登记、存管、付息、兑付等相关制度。因此，记名公司债券的登记结算机构应当依照《公司法》和《证券法》的规定，建立记名公司债券的登记、托管、付息、兑付等制度，以更好地保护公司债券持有人的合法权益。

二、公司债券的上市

公司债券的上市，是指已经依法公开发行的公司债券在证券交易所公开挂牌交易。

（一）公司债券上市交易的条件

公司债券上市交易的条件比其公开发行的条件较为严格。根据《证券法》的规定，公司申请公司债券上市交易，应当符合下列条件：①公司债券的期限为1年以上；②公司债券实际发行额不少于人民币5000万元；③公司申请债券上市时仍符合法定的公司债券发行条件。

（二）公司债券上市交易的申请及审核

公司债券的上市交易申请及其审核程序，适用《证券法》和上海、深圳两个证券交易所制定的相关规则。根据《证券法》的规定，申请公司债券上市交易，应当向证券交易所报送下列文件：①上市报告书；②申请公司债券上市的董事会决议；③公司章程；④公司营业执照；⑤公司债券募集办法；⑥公司债券的实际发行数额；⑦证券交易所上市规则规定的其他文件。申请可转换为股票的公司债券上市交易，还应当报送保荐人出具的上市保荐书。

公司债券上市交易申请经证券交易所审核同意后，签订上市协议的公司应当在规定的期限内公告公司债券上市文件及有关文件，并将其申请文件置备于指定场所供公众查阅。

三、公司债券的转让

（一）公司债券转让的场所

公司债券是具有流通性的有价证券。与股票的交易和转让一样，根据《证券法》的规定，依法公开发行的公司债券，应当在依法设立的证券交易所上市交易或者在国务院批准的其他证券交易场所转让。公司债券在证券交易所上市交易的，按照上交所和深交所的交易规则转让。此外，我国证券市场经过改革和发展已日趋成熟，因此也允许公司债券通过柜台和报价系统等进行交易。

（二）公司债券转让的程序

按照各国通行的做法，记名债券的转让应当采用背书的方式，并将受让人的姓名或名称及住所等事项记载于公司债券存根簿，否则，不能以其转让对抗公司和第三人；无记名债券则只需向受让人实际交付债券，即可发生转让的效力。我国《公司法》第161条第1款也规定："记名公司债券，由债券持有人以背书方式或者法律、行政法规规定的其他方式转让；转让后由公司将受让人的姓名或者名称及住所记载于公司债券存根簿。"对无记名公司债券，则规定"由债券持有人将该债券交付给受让人后即发生转让的效力"。

（三）公司债券的转让价格

债券有固定的利率和期限，能够还本付息，因而其转让或交易的价格，较之股票要稳定得多。我国对公司债券的发行条件和程序的规定严格，实践中几乎不存在还本付息没有保障的"垃圾债券"，因而债券交易价格的波动较小。尽管投机、银行利率或贴现率、债券供求状况、对经济状况和政府政策的预期等因素会对债券交易价格产生影响，但转让价格基本上是由债券面值、利率和实际还本期限这三个因素决定的。因此，我国《公司法》规定，公司债券的转让价格，由转让人与受让人约定，对其不作任何管制。

（四）公司债券的抵押和继承

《企业债券管理条例》第9条规定："企业债券可以转让、抵押和继承。"其抵押和继承，应适用《民法通则》、《担保法》、《继承法》等法律。

四、公司债券的还本付息

我国《公司法》对公司债券的还本付息未作详细规定，仅规定公司债券募集办法中应载明债券的利率、还本付息的期限和方式等事项。因此，债券的还本付息，应依公司债券募集办法中的有关规定、债券和债券存根簿上记载的事项以及有关法律、法规的规定办理。

（一）一般公司债券的还本付息

关于公司债券利息支付的方式，一般以债券是否附息票而有不同。不附息票的债券一般在偿还本金的同时一次付清全部利息。我国在公司债券实践中，也有采用不附息票而分次支付利息的方式。息票为无记名式，可以和债券分离而单独主张权利，也可以和债券分离而转让。息票持有人在请求发行债券的公司给付利息时，只需交付息票即可，不必提示与息票一起发行的公司债券。

公司债券本金应按债券募集办法或章程、债券存根簿和债券上载明的期限偿还。公司债券持有人不得要求发行人提前偿还，只能采取转让债券的方法变现。然而，如果发行债券的公司违约，则债券持有人应当有权要求提前偿还债款。如《日本公司法》第739条规定了发行债券的公司在一定情形下应丧失期限利益，其第1款规定："公司债发行公司怠于支付公司债利息或者在应当定期偿还部分公司债的情形下怠于偿还时，可依公司债债权人会议的决议，以书面形式通知公司债发行公司应当在一定的期间内进行清偿的意旨，以及于该期间内未清偿的，就该公司债的总额丧失期限利益的意旨。但该期间不得少于2个月。"这一规定对于约束发行债券的公司及时履行义务、维护公司债债权人的利益具有积极意义。我国目前主要依赖政府的管理和监督来保护公司债债权人的利益，《公司法》中对公司债债权人会议和公司债的期限利益丧失都未作规定；而根据《证券法》第26条的规定："国务院证券监督管理机构或者国务院授权的部门对已作出的核准证券发行的决定，发现不符合法定条件或者法定程序，尚未发行证券的，应当予以撤销，停止发行。已经发行尚未上市的，撤销发行核准决定，发行人应当按照发行价并加算银行同期存款利息返还证券持有人；保荐人应当与发行人承担连带责任，但是能够证明自己没有过错的除外；发行人的控股股东、实际控制人有过错的，应当与发行人承担连带责任。"然而，政府的监督或撤销债券发行毕竟是一种滞后的措施，而期限利益丧失的原则，则是从契约关系的角度来规定债券发行人与债权人的权利义务，可以通过债权人的请求权来直接保护其利益，这是政府监督所不可替代的，故而值得我国借鉴。

一般而言，发行债券的公司也不得提前要求债券持有人接受偿还，从而损及债权人的期限利益，但债券募集办法或章程中规定发行人可以任意购回债券者除外。

公司债券本金的偿还方法主要有三种：①期满还本。②分期偿还，即在债券募集办法或发行章程载明的期限内，分期偿还本金。分期偿还可以采取按号法和抽签法，每次对部分债券进行偿还。按号法是指按照债券号码的顺序决定还本的先后，这类债券称为顺序还本债券；抽签法是指按照经公证机关公证的抽签结果决定每期还本的债券号码。③任意还本，即按公司债券募集办法或章程的记载，发行人可以随时购回债券，但购回时必须提前一定期限通知债券持有人。这种偿还方法对发行债券的公司有利而对债券持有人不利，因而在购回债券时，购回价和债券面额的比价要适当升高。

（二）可转换公司债券的还本付息

可转换公司债券一经转换，即视为债券本息已得到偿还；同时，未转换的债券及其金额仍需还本付息。可转换公司债券的持有人有选择将其债券转换或者不转换为股票的权利，债券持有人只要依据债券募集办法或发行章程作出转换的单方意思表示，发行人即应允许其转换。但可转换公司债券发行时，也可以设置到期强制性转股条款，或者设置转换期内有条件强制性转股的条款。

在可转换公司债转换期间，股市或发行人的股票价格可能发生较大幅度的波动，使得如按既定价格转换可能对发行人或债券持有人十分不利，因此形成了发行人赎回和债券持有人回售的制度。所谓赎回，是指公司股票价格在一段时期内连续高于转股价格达到某一幅度时，公司按事先约定的价格买回未转股的可转换公司债券；所谓回售，是指公司股票价格在一段时期内连续低于转股价格达到某一幅度时，可转换公司债券持有人按事先约定的价格将所持债券卖给发行人。这样可以避免发行人或债券持有人因股市行情变化仍按既定价格转股而可能受到的损失。

公司债券还本付息后，公司债即因清偿而消灭。此外，公司债还可能因提存、抵销、免除以及债务更新（如短期债券改为长期债券等）等原因而消灭。

第九章　公司财务、会计

第一节　公司财务会计制度概述

一、公司财务会计制度的含义

公司财务会计制度是公司财务制度和会计制度的总称。

公司财务是公司通过货币资金的筹集、支配、使用而与各有关方面发生的经济关系。这些关系，包括公司与股东暨投资者之间的投资和分配关系，公司与银行和其他组织、个人之间的货币债权债务关系，公司在经营活动中形成的结算关系等。公司财务是服务于经营并保证经营顺利进行的重要手段，公司财务制度则是运用财务手段来处理财务关系的规范。

公司会计，是指对公司的业务经营进行核算和分析，作出预测，参与决策，实行监督，具有反映和控制职能的公司经济管理活动。公司会计运用多种专门方法，收集、分类、记录、综合及计量公司业务情况，加工传输会计信息。公司会计制度是公司办理会计事务时所应遵循的规则、方法和程序的总称。

公司的财务与会计制度是紧密结合在一起的。公司是经济实体，其任何一次经营活动都与公司资产的运行相联系，所以财务会计管理在公司的各项管理活动中处于关键地位。公司财务、会计的主要作用，就是采用价值形式，对公司的一切经营活动和资产运行情况进行记录、核算、分析、管理，以求获得最佳效益，实现公司的经营目的。

二、公司财务、会计制度的意义

公司的财务管理和会计起初属于私人自治范畴的事务。随着社会经济的发展，合资经营逐渐在公司中占主导地位，筹资和经营日益社会化，尤其是政府对公司行为的宏观调控和微观管理的普遍化和不断强化，使公司财务会计突破了为单个公司及其出资者或股东服务的界限，而涉及公司外部的出资者或股东、债权人、政府乃至公众的利益。因此，公司财务会计既要满足公司自身经营管理的需要，又要满足公司外部有关各方了解企业财务和经营状况的需要，还要符合国家对经济的宏观调控和对公司的微观管理的要求。

公司财务会计的意义超出了本公司范围之后，就不能再允许其处于个别私人意思之下各行其是，而需要有统一的、规范的、可比的、有外界监督的财务管理和会计处理方法以及财务会计程序等，以确保公司向出资者或股东、债权人、政府和社会有关方面提供一致而真实可靠的财务会计信息。

在此条件下，为了维护股东、债权人的利益和社会经济秩序，发达国家都将公司财务会计上升为法律规范或制度。我国在市场经济和法治的发展中，也逐渐确立了与国际接轨的公司财务会计法律制度。在我国，由政府自上而下主导转轨时期的改革开放，从无到有逐渐确立各项市场经济制度，加上历史悠久的官本位和国家主义传统，公司财务会计制度更是一种政府主导型的经济暨法律制度。

公司财务、会计的制度化和法治化，使公司财务会计获得了法律所固有的普遍性、规范性和强制性特征。其意义在于：

（一）有利于保护股东及投资者的利益

现代公司以所有者支配为第一要素，追求公司价值的最大化应是公司的经营暨财务目标。股东及投资者参与公司的决策和日常生产经营，建立在真实、全面地把握公司的财产和经营状况的基础之上。对于所有权和经营权"两权分离"的公司来说，股东及投资者除参与公司重大事项的决策外，并不参与公司的日常生产经营活动，而且也不是所有股东和投资者都参与决策活动，在这些情况下，其实现和维护自己的权益都必须依赖良好、健全的公司财务会计制度。

（二）有利于保护债权人的利益

公司成立后，其资产成为公司对债权人的首要担保，公司的资产状况如何，经营暨信用情况如何，直接关系到债权人的债权是否能得到实现。公司股东出资后，就不再承担更多的财产责任，财务会计的法律制度化，可以使公司正确核算经营成果，合理分配利润，保证公司资产的真实、完整，从而使债权人的利益得到保护。

（三）有利于促进社会投资和资源的合理流动、配置

良好、健全的公司财务会计制度，使有关各方能够方便、及时、准确地了解公司的经营状况和盈利能力，有利于经营状况较好的公司吸引新的出资者或股东加盟，吸收社会的证券投资和其他融资，促进公司通过并购或被并购实现重组，使资源得以合理流动和配置。

（四）有利于国家取得财政收入

国家依法取得财政收入，建立在准确了解公司资产和经营状况的基础之上，而政府作为政权和行政主体不得干预和介入公司的活动。政府对公司资产和经营状况的了解，只能依赖于规范的财务会计制度提供的准确信息。

（五）有利于国家实行宏观调控及对公司实行监督管理

公司根据统一的财务会计制度筹集分配资金，记录经济活动，有利于政府掌握情况，制定政策，对经济实施宏观调控，对公司实行监督管理。

三、公司财务会计的法律适用

公司财务会计首先要适用有关《公司法》的规定，如公司必须适用《公司法》关于注册资本最低限额、股本缴付和验资、股票发行和交易、债券发行和转让、利润分配等的规定。其具体操作和内容尚需适用有关财政和会计法规。此外，企业财务会计还应遵守税法等其他法律、法规的规定，如所得税、增值税、消费税等法规中有关会计处理的规定。

四、对公司财务会计的基本要求

《公司法》第八章对公司的财务、会计提出了如下基本要求：

1. 公司应当依照法律、行政法规和国务院财政部门的规定建立本公司的财务、会计制度。这是对公司财务会计法律规范化的基本要求。

2. 公司应当在每一会计年度终了时编制财务会计报告，并依法经会计师事务所审计。财务会计报告应当依照法律、行政法规和国务院财政部门的规定制作。

财务会计报告是反映公司生产经营的成果和财务状况的总结性书面文件。我国会计年度采用公历年制，即从公历 1 月 1 日起至 12 月 31 日止，公司应当在每一会计年度终了时制作财务会计报告。公司的财务会计报告依照法律、行政法规的规定应当由会计师事务所审计的，公司还应当将其财务会计报告交由会计师事务所审计，由会计师事务所作为独立的第三方，对公司的财务会计报告作出公正客观的评价。

3. 公司聘用、解聘承办公司审计业务的会计师事务所，依照公司章程的规定，由股东会、股东大会或者董事会决定。公司股东会、股东大会或者董事会就解聘会计师事务所进行表决时，应当允许会计师事务所陈述意见。

聘用、解聘承办公司审计义务的会计师事务所，依公司章程的规定由股东（大）会或董事会决定，公司经理和其他高级管理人员无权自行决定。而允许会计师事务所在被解聘时陈述自己的意见，是为了保证会计师事务所独立、客观、公正地进行审计，防止公司对其随意解聘。

4. 公司应当向聘用的会计师事务所提供真实、完整的会计凭证、会计账簿、财务会计报告及其他会计资料，不得拒绝、隐匿、谎报。

5. 公司的各项会计报表应按规定报送有关主管部门、股东或进行公告。其中，股份有限公司的财务会计报告应在股东大会年会召开 20 日之前置备于本公司，供股东查阅；公开发行股票的股份有限公司必须公告其财务会计报告。有限责任公司应当按照公司章程规定的期限，将财务会计报告递交各股东。

6. 公司除法定的会计账簿外，不得另立会计账簿。对公司资产，不得以任何个人名义开立账户存储。会计账簿是指记载和反映公司财产状况和营业状况的各种账簿、文书的总称。会计账簿是股东、债权人和社会公众了解公司财产和经营状况的主要途径，在国家税收管理和诉讼程序中还是决定税额的主要依据和重要证据。在法定会计账簿之外另立会计账簿，就是将一项经济业务的核算在不同的会计账簿之间采取种种手段作出不同的反映，或者将一项经济业务不通过法定的会计账簿予以反映，而是通过另设的会计账簿进行核算。这种行为，不仅损害公司的股东、债权人的利益，还会损害社会公众和国家的利益，不啻为一种严重的违法行为。以个人名义对公司资产开立账户存储，不仅逃避了有关机关对公司经济往来的监管，也给一些人侵吞公司财产提供了机会。因此，为了维护国家经济管理秩序，保证公司财产、股东权益和债权人利益不受侵害，《公司法》对这种行为也予以禁止。

第二节　公司财务会计报告

一、公司财务会计报告的编制

（一）公司财务会计报告的含义

公司财务会计报告，是指公司按照财务会计制度，处理公司财务关系，办理公司会计事务，将其结果予以收集、整理，编制为财务会计报表，配以文字说明，借以全面反映公司的财务、会计信息及经营成果的总结性书面文件。

公司财务会计报告是公司依法必须向有关各方及国家有关部门提供的、反映公司某一特定日期财务状况和某一会计期间经营成果、现金流量的文件，是股东、债权人和社会公众了解其财产和经营状况，以及国家对其进行管理监督的重要手段。在涉及公司的诉讼中，财务会计报告作为证据也是不可或缺的。

（二）公司财务会计报告的编制

公司必须遵守法律、法规关于财务会计报告编制的时间、程序和方式的规定。

公司财务会计报告由董事会或执行董事负责制订，公司监事会或监事依法有权对财务会计报告及其制订过程进行审查监督，其审核意见应一并提交股东（大）会审议批准。

股东（大）会对董事会制订的财务会计报告进行审议、修订和批准，批准后依法经会计师事务所审计，并依法报送财税机关和政府主管部门。公开发行股票的股份有限公司必须公告其财务会计报告。商业银行应当于每一会计年度终了3个月内，按照国务院银行业监督管理机构的规定，公布其上一年度的经营业绩和审计报告。

公司负责人对本公司财务会计报告的真实性、完整性负责。个别股东、董事、监事、承担审计验证的注册会计师或其他中介机构对企业财务会计报告的虚假不实、重大遗漏或违法有过错的，也应依法承担相应的责任。

二、公司财务会计报告的内容

根据《企业会计准则》和《企业财务会计报告条例》等法律、法规的规定，公司财务会计报告分为年度、半年度、季度和月度财务会计报告。年度、半年度财务会计报告应当包括会计报表、会计报表附注和财务情况说明书，其中会计报表应当包括资产负债表、利润表、现金流量表及相关附表。季度、月度财务会计报告通常仅指会计报表，至少应当包括资产负债表和利润表；国家统一的会计制度规定季度、月度财务会计报告需要编制会计报表附注的，从其规定。

（一）资产负债表

资产负债表是公司最重要的会计报表，是反映公司某一特定日期静态的资产、负债和股东权益等财务状况的会计报表。资产负债表是根据"资产＝负债＋股东权益"这一基本平衡公式，依照一定的分类标准和次序，将公司在某一特定日期的资产、负债和股东权益的有关项目予以适当排列编制而成的。

资产、负债、股东权益是公司资产负债表的三要素。

资产，是指过去的交易、事项形成并由公司拥有或者控制的资源预期会给公司带来经济利益。在资产负债表上，资产应当按照其流动性分类，并分项列示，包括流动资产、长期投资、固定资产、无形资产及其他资产。银行、保险公司和非银行金融机构的各项资产有特殊性的，按照其性质分类，并分项列示。

负债，是指过去的交易、事项形成的现时义务，履行该义务预期会导致经济利益流出公司。在资产负债表上，负债应当按照其流动性分类并分项列示，包括流动负债、长期负债等。其中，流动负债是指将在1年或者超过1年的一个营业周期内偿还的债务，包括短期借款、应付票据、应付账款、预收货款、应付工资、应交税金、应付利润、其他应付款、预提费用等。长期负债是指偿还期在 1 年或者超过 1 年的一个营业周期以上的债务，包括长期借款、应付债券、长期应付款项等。银行、保险公司和非银行金融机构的各项负债有特殊性的，按照其性质分类并分项列示。

股东权益，是指股东在公司资产中享有的经济利益，其金额为资产减去负债后的余额。在资产负债表上，股东权益应当按照实收资本（或者股本）、资本公积、盈余公积、未分配利润等项目分项列示。实收资本是股东实际投入公司经营活动的各种财产物资；资本公积包括股本溢价、法定财产重估增值、接受捐赠的资产价值等；盈余公积是指按照国家有关规定从利润中提取的公积金；未分配利润是公司留于以后年度分配的利润或待分配利润。

资产负债表的常见格式见以下表 9-1 列示。

表9-1 资产负债表

编制单位：_____ _____年____月____日 元

资　　产	年初数	期末数	负债和净资产	年初数	期末数
流动资产：			流动负债：		
货币资金			短期借款		
短期投资			应付款项		
应收款项			应付工资		
预付账款			应交税金		
存货			预收账款		
待摊费用			预提费用		
一年内到期的长期债权投资			预计负债		
其他流动资产			一年内到期的长期负债		
流动资产合计			其他流动负债		
			流动负债合计		
长期投资：					
长期股权投资			长期负债：		
长期债权投资			长期借款		
长期投资合计			长期应付款		

续表

资　　产	年初数	期末数	负债和净资产	年初数	期末数
			其他长期负债		
固定资产：			长期负债合计		
固定资产原价					
减：累计折旧			受托代理负债：		
固定资产净值			受托代理负债		
在建工程					
文物文化资产			负债合计		
固定资产清理					
固定资产合计					
无形资产：					
无形资产			净资产：		
			非限定性净资产		
受托代理资产：			限定性净资产		
受托代理资产			净资产合计		
资产总计			负债和净资产总计		

（二）利润表

利润表是反映公司在一定会计期间经营成果的报表。利润表应当按照各项收入、费用以及构成利润的各个项目分类并分项列示。

收入，是指公司在销售商品、提供劳务及让渡资产使用权等日常活动中所形成的经济利益的总流入。收入不包括为第三方或者客户代收的款项。在利润表上，收入应当按照其重要性分项列示。费用，是指公司为销售商品、提供劳务等日常活动所发生的经济利益的流出。在利润表上，费用应当按照其性质分项列示。利润，是指公司在一定会计期间的经营成果。在利润表上，利润应当按照营业利润、利润总额和净利润等利润的构成分类并分项列示。

利润表的常见格式如下表9-2：

表 9 - 2　利润及利润分配表

编制单位：　　　　　　　　　　　　　　　　　年　　　月　　　　　　　　　　　　　　元

项　　目	上年同期累计	本月数	本年累计数
一、主营业务收入			
减：主营业务成本			
主营业务税金及附加			
二、主营业务利润（亏损以"－"号填列）			
加：其他业务利润（亏损以"－"号填列）			
减：营业费用			
管理费用			
财务费用			
三、营业利润（亏损以"－"号填列）			
加：投资收益（亏损以"－"号填列）			
补贴收入			
营业外收入			
减：营业外支出			
四、利润总额（亏损总额以"－"号填列）			
减：所得税			
五、净利润			
加：年初未分配利润			
其他转入			
六、可供分配的利润			
减：提取法定盈余公积金			
提取法定公益金			
提取职工奖励及福利基金			
提取储备基金			
提取企业发展基金			
利润归还投资			
七、可供投资者分配的利润			
减：应付优先股股利			
提取任意盈余公积金			
应付普通股股利			
转作资本（或股本）的普通股股利			
八、未分配利润			

（三）现金流量表

现金流量表是反映公司一定会计期间现金和现金等价物（以下简称现金）

流入和流出的报表。现金流量表应当按照经营活动、投资活动和筹资活动的现金流量分类并分项列示。

经营活动，是指公司投资活动和筹资活动以外的所有交易和事项。在现金流量表上，经营活动的现金流量应当按照其经营活动的现金流入和流出的性质分项列示；银行、保险公司和非银行金融机构的经营活动按照其经营活动特点分项列示。投资活动，是指公司长期资产的构建和不包括在现金等价物范围内的投资及其处置活动。在现金流量表上，投资活动的现金流量应当按照其投资活动的现金流入和流出的性质分项列示。筹资活动，是指导致公司资本及债务规模和构成发生变化的活动。在现金流量表上，筹资活动的现金流量应当按照其筹资活动的现金流入和流出的性质分项列示。

现金流量表的常见格式如下表9－3：

表9－3 现 金 流 量 表

编制单位：_____　　　_____年度　　　　　　　　　　元

项　　　目	金　　额
一、业务活动产生的现金流量：	
接受捐赠收到的现金	
收取会费收到的现金	
提供服务收到的现金	
销售商品收到的现金	
政府补助收到的现金	
收到的其他与业务活动有关的现金	
现金流入小计	
提供捐赠或者资助支付的现金	
支付给员工以及为员工支付的现金	
购买商品、接受服务支付的现金	
支付的其他与业务活动有关的现金	
现金流出小计	
业务活动产生的现金流量净额	
二、投资活动产生的现金流量：	

续表

项　　目	金　　额
收回投资所收到的现金	
取得投资收益所收到的现金	
处置固定资产和无形资产所收回的现金	
收到的其他与投资活动有关的现金	
现金流入小计	
购建固定资产和无形资产所支付的现金	
对外投资所支付的现金	
支付的其他与投资活动有关的现金	
现金流出小计	
投资活动产生的现金流量净额	
三、筹资活动产生的现金流量：	
借款所收到的现金	
收到的其他与筹资活动有关的现金	
现金流入小计	
偿还借款所支付的现金	
偿付利息所支付的现金	
支付的其他与筹资活动有关的现金	
现金流出小计	
筹资活动产生的现金流量净额	
四、汇率变动对现金的影响额：	
五、现金及现金等价物净增加额：	

（四）相关附表

相关附表是反映公司财务状况、经营成果和现金流量的补充报表，主要包括利润分配表以及国家统一的会计制度规定的其他附表。

利润分配表是反映公司一定会计期间对实现净利润以及之前年度未分配利润的分配或者亏损弥补的报表。利润分配表应当按照利润分配各个项目分类并分项列示。

（五）会计报表附注和财务情况说明书

除上述会计报表之外，财务会计报告还包括会计报表附注和财务情况说明书。

会计报表附注是为便于会计报表使用者理解会计报表的内容而对会计报表的编制基础、编制依据、编制原则和方法及主要项目等所作的解释。会计报表附注至少应当包括下列内容：①不符合基本会计假设的说明；②重要会计政策和会计估计及其变更情况、变更原因及其对财务状况和经营成果的影响；③或有事项和资产负债表日后事项的说明；④关联方关系及其交易的说明；⑤重要资产转让及其出售情况；⑥企业合并、分立；⑦重大投资、融资活动；⑧会计报表中重要项目的明细资料；⑨有助于理解和分析会计报表需要说明的其他事项。

财务情况说明书是指对会计报表列示的资料和未能列示但对公司财务状况有重大影响的其他重要事项所作的说明。它没有固定的格式，公司可以根据实际情况予以制作，主要是文字说明，必要时亦可附以图表。财务情况说明书至少应当对下列情况作出说明：①公司生产经营的基本情况；②利润实现和分配情况；③资金增减和周转情况；④对公司财务状况、经营成果和现金流量有重大影响的其他事项。

第三节　公司的公积金

一、公积金的含义和种类

公积金又称准备金，是指公司根据法律和公司章程的规定提留备用，不作为股利分配的部分所得或收益。由于公积金的提留是通过会计决算进行的，因此，各国公司法一般将其规定在公司财务会计制度中。

根据不同的标准，可以对公积金作以下两种分类：

（一）盈余公积金和资本公积金

根据公积金的不同来源，可以将其分为盈余公积金和资本公积金。

盈余公积金，是指公司依法或依公司章程从公司的利润中提取的公积金。

资本公积金，是指直接由资本、资产或其收益所形成的公积金。《公司法》第 168 条规定："股份有限公司以超过股票票面金额的发行价格发行股份所得的溢价款以及国务院财政部门规定列入资本公积金的其他收入，应当列为公司资本公积金。"根据《公司法》和有关法律、法规的规定，资本公积金的来源概括起来主要有：超过票面额发行股票所得的溢价款；法定资产重估增值；处分资产的溢价收入；受领赠与所得；公司兼并其他公司，被兼并公司的资产价额减去该公司负债额以及应当向该公司股东给付金额的余额。

（二）法定公积金和任意公积金

根据公积金的提留是否为法律上的强制性规定，可以将其分为法定公积金和任意公积金。法定公积金是指依据法律的规定而提取的公积金，公司章程和股东（大）会不得予以取消或变更。资本公积金均为依法提留，属于法定公积金的范畴，又称法定资本公积金。盈余公积金则有法定盈余公积金和任意盈余公积金之分。

法定盈余公积金，是指公司在分配股利前，依法必须按一定的比例从利润中提取的公积金。其计提比例，各国立法规定不一，如德国股份法规定为5%，日本公司法规定为10%。法定公积金达到一定限额时，即可不再提取。我国《公司法》第167条第1款规定："公司分配当年税后利润时，应当提取利润的10%列入公司法定公积金。公司法定公积金累计额为公司注册资本的50%以上的，可以不再提取。"

任意盈余公积金又称特别盈余公积金。它是根据公司章程及股东（大）会的决议，从公司盈余中提取的公积金。《公司法》第167条第3款规定："公司从税后利润中提取法定公积金后，经股东会或者股东大会决议，还可以从税后利润中提取任意公积金。"可见，任意公积金的提取与否及提取比例的大小，是由股东（大）会根据公司发展的需要和盈余情况任意决定的，法律对其不作强行规定。根据任意公积金的用途，则可将其分为损失弥补公积金、折旧公积金、还债公积金和一般公积金等。任意公积金的使用以决议所定用途为限，但股东会可以通过决议予以变更。

二、公积金的作用或用途

法律对公司的自我积累作强制性规定，并规定股东（大）会可以决定公司提取任意公积金，其目的在于防止股东追求股利分配最大化而可能影响公司的发展及损害股东的长远利益，并可能损害债权人的利益。法国1867年的《公司法》在将股份有限公司设立的许可主义改为准则主义的同时，首创公积金的法律规定，后为各国公司法普遍采用。在当代西方国家的公司中，公积金已成为公司资本的重要组成部分。公积金依法可以用于以下两个途径：

（一）弥补公司亏损

公积金作为储备金，当公司亏损时，不仅可用于弥补资本的亏空，而且还可以动用一部分法定盈余公积金作为股利，从而使公司在保持原有生产经营规模和相对稳定的情况下调整经营政策，尽快实现扭亏为盈。可见，以公积金弥补亏损，可以起到维护公司信誉和抗御经营风险的作用。

根据《公司法》的规定，公司的公积金用于弥补公司的亏损，但是由于资本公积金应用于维持公司的资本充实，所以不得用其弥补公司的亏损。当公司亏损时，公司应当首先动用公司的法定公积金弥补，当公司的法定公积金不足以弥补时，用当年的利润弥补，当年的利润仍不足以弥补时，可以用公司的任意公积金弥补。

（二）扩充公司资本

公司在发展过程中，需要增加资本以扩大生产经营规模。增加资本的途径，除了负债和发行新股外，就是通过增资程序，将公积金转为股本。但是，根据公积金制度的宗旨，为使公司维持必要的公积金储备，《公司法》对公积金转增资本作了限制性规定。《公司法》第169条第2款规定："法定公积金转为资本时，所留存的该项公积金不得少于转增前公司注册资本的25%。"此处所指法定公积金，是指法定盈余公积金。

除了弥补亏损和转增资本外，法定公积金也可用于法律、法规规定的其他用途。任意公积金的用途比较灵活，其使用一般只受公司章程和股东（大）会决议的限制。无论何种公积金，都不能用于公司职工的福利和发放奖金。因为职工福利金和奖励金与公积金的性质是不同的。职工、股东、公司作为不同的主体，自有其利益上的差别。公积金从性质上看，是属于公司财产以及公司和股东利益的范畴，而职工福利金和奖励金直接用于职工，在性质上属于薪酬和个人财产的范围，如果将公积金用于职工福利和奖励，就会损害公司和股东的利益，同时也不符合职工的长远利益。

第四节　公司股利分配

一、股利的含义

股东投资于公司，旨在谋求一定的投资回报或收益。依照法律和公司章程的规定，公司应将其利润按期以一定的数额和方式分配给股东，也就是股利。在公司实务中，公司章程往往规定，股东可以定期从公司取得固定比率的投资回报；若公司仍有盈余，则另按一定的比例进行分配。在学理上，前者称作股息，后者则为红利。我国《公司法》和有关财务会计的法律、法规对股息和红利未作区分，将其统称为股利。

二、股利分配的原则

股利分配与公司维持正常经营以及公司债权人和职工的利益有着直接关系，因此，法律对股利的分配有比较严格的规定，公司必须遵守。

各国公司法对股利分配都贯彻"无盈不分"的原则，即公司当年无利润时，原则上不得分配股利，否则就会导致公司资本的减少。按照我国《公司法》和有关法律、法规的规定，公司应按以下顺序分配其利润：①弥补公司以前年度的亏损（在不超过《税法》规定的弥补期限之内）；②缴纳所得税；③弥补以税前利润弥补亏损后仍存在的亏损；④提取法定公积金；⑤支付优先股股利；⑥提取任意公积金；⑦支付普通股股利。

股东会、股东大会或者董事会违反前款规定，在公司弥补亏损和提取法定公积金之前向股东分配利润的，股东必须将违反规定分配的利润退还公司。

同时，财务会计制度允许股份有限公司为维护其信用，在当年无利润时，以盈余公积金分配股利。其具体规定是，公司在用盈余公积金弥补亏损后，经股东大会特别决议，可按不超过股票面值6%的比率，用盈余公积金分配股利，但以分配后公司的法定盈余公积金不低于注册资本的25%为限；公司可供分配的利润不足以按股票面值6%的比率支付股利的，亦可照此办理。

根据《公司法》的规定，公司弥补亏损和提取公积金后所余税后利润，有限责任公司股东按照实缴的出资比例分取红利，但是全体股东约定不按照出资比例分取红利的除外。股份有限公司按照股东持有的股份比例分配，但股份有限公司章程规定不按持股比例分配的除外。公司持有的本公司股份不得分配利润。

三、股利分配的形式

股利一般用现金支付，如果法律、公司章程或股东大会决议允许，也可以用非现金支付。用现金支付的，称为"现金股利"；用现金以外的其他资产分配的，称为"财产股利"；用债券、应付票据等证券分配的，称为"负债股利"；用公司额外发行的股票分配的，称为"股票股利"。

现金股利是股利分配的主要形式。采取这种形式的前提是公司有足够的盈余和充足的现金。财产股利在国外一般表现为向股东支付其他公司的证券。比如，公司以购买或持有的其他公司的股票或债券代替现金向股东支付股利。所谓负债股利，是指公司以负债形式支付股利，通常以应付票据或公司发行的债券来支付。我国《公司法》和其他法律、法规对财产股利和负债股利均未作规定，在公司实务中也未见有这样的分配方式，但并非法律所禁止。

股票股利，是指公司用增发、预留或回购的股票配售或分发给股东作为股利；后者通常是作为授予管理者和职工股份期权的分配方式。按照我国《公司法》和财务会计制度的要求，增发的股票分发或配售给股东的前提是公司依法办理增资手续，否则不得采取这种分配方式；对于预留或回购股份作为分配方式，法律上的规定不够明朗，但上市公司是不允许这样做的，需要改进。2005年修订后的《公司法》第143条，已允许公司回购不超过本公司已发行股份总额5%的股份奖励本公司职工，但这属于薪酬范畴，与公司股利分配无关。我国有待在法律上和会计制度中引进"库存股"的概念。库存股（也称库藏股），是指公司持有的本公司已发行的股份，不必限期转让或者注销。建立该制度有利于提高公司的资产管理能力。当然也要有相应的法律机制来防止公司和内部人通过库存股操纵市场、实施内幕交易、规避股东的优先购买权等弊端。

四、股利分配的时间

董事会拟订的分配方案经股东（大）会决议通过，以增资或以新股分配股利的，在依法履行审批程序，且公司在弥补亏损、提取公积金之后，即可分配股利。分配时，董事会应向股东通知或宣告分配方案。在股东人数少、出资或股份转让情形不多的公司，宣告分配方案和支付股利的日期一般为同一天。规模大、股东多、股份转让频繁的公司，则在宣告分派股利时，董事会往往规定股票过户的截止日和股利支付的起讫日期。宣告分配股利之日，是公司在会计上应登记有关股利负债的日期。股票过户截止日的意义是，在宣布发放股利以后，只有在过户截止日期前仍在册的股东，才有权分配股利。股利支付日是实际办理股利支付的日期，一般是在过户截止日若干天后进行，过户截止日前在册的股东，即使在股利支付日之前出售了其持有的股票，仍有权得到股利。因此，在过户截止日与股利支付日之间成交的股票，其持有人无权获得该期股利，这被称为除息股票。

第十章　公司的变更、终止和清算

第一节　公司变更

一、公司合并

（一）公司合并的概念和意义

公司合并，是指两个或两个以上的公司依照法律规定和合同约定，合并成一个公司的行为。

公司合并和公司分立、公司组织形式转换、公司注册资本的增减等，都是公司变更的主要形式和手段，而公司合并则是公司变更中较为常见和意义最为重要的一种形式和手段。公司合并在市场经济条件下反映了公司在竞争中趋于淘汰和合作的动态过程，是资产重组、产业调整通过市场来配置资源的法律表现形式。公司法上所谓的合并，是指几个公司合为单一的法人或法律实体的行为或事实，而非通过购买资产、取得股份和控制权、技术合作、根据合同或事实上取得管理权等任何公司结合的行为和事实。而在证券法、反垄断法、税法和经济学等领域，存在着更为广义的合并概念，也称并购、企业结合或经营者集中，既指几个企业结成单一法律实体的行为或事实，也包括通过购买、合并、继承、法院判决等取得所有权或权益（acquisition），以及通过取得股份而获得对他企业的控制权（take over，通常译为"收购"，也可译为"接管"）等而形成关联企业或结成企业集团的行为或事实。Take over 不一定涉及有形财产权的转移，受控企业仍可保留独立法人的地位。我国在改革开放中，企业及其资本的市场化得到迅速发展，至 2010 年上半年，中国的企业并购交易额已居全球第二，中国企业在国际上也从以往的被收购角色逐渐变成收购方角色。[1]

---

〔1〕　参见《世界经济黄皮书：中国企业正由被收购转为资产收购方》，http：//www. gov. cn/jrzg/2010—12/26/content_ 1773178. htm（中央政府门户网站），2011 年 8 月 22 日访问。

（二）公司合并的形式

公司法上的合并有新设合并和吸收合并两种形式。吸收合并是指一个公司接纳其他公司加入本公司，加入方解散并取消原公司法人资格，接纳方存续，相当于英文 merger 的概念。[1] 新设合并是指一个公司与其他公司合并，成立新的公司，原合并各方解散，取消原公司法人资格，相当于英文 consolidation 的概念。[2]

（三）公司合并的程序

1. 概说。公司合并时，合并各方原有的权利义务转移给合并后存续或者新设的公司，涉及公司股东、债权人乃至公司职工的合法权益，所以，各国公司立法都对公司的合并规定了一定的限制或程序，以保护公司、股东、债权人的合法权益，维护正常的社会经济秩序。

公司合并一般无须政府批准，但出于维护市场竞争的需要，各国反垄断法都有控制合并的规定。这方面的法律制度主要是合并的申报和审查制度，即达到一定规模的企业合并需要向反垄断主管机关申报，如果其可能产生或加强市场支配地位并损害竞争，反垄断主管机关就可以不准合并。因此，作为经营者集中的一种典型形式，公司合并也要受《反垄断法》的规制。

2. 公司合并的程序。根据《公司法》的规定，公司合并的具体程序如下：

（1）由董事会或者执行董事提出合并方案。公司合并的，先要由合并各方的董事或其授权人员进行初步洽谈，明确合并意向，然后制订合并方案，并经各方的董事会讨论通过。美国《示范商事公司法》第 11.01 条对合并方案（计划）的内容作了比较具体的规定，该条规定："一个或多个公司可合并为另一个公司。如果其中每一董事会通过且各自股东会均批准该合并计划，合并计划中必须说明：每一拟定合并公司的名称，及每一拟合并公司拟并入的存续公司的名称；该项合并的条款及条件；将每一公司的股份转换为存续公司或其他公司的股份、负债或其他证券，或全部或部分转化为现金或其他财产的方式与基础。合并计划中可以说明对存续公司章程的修订及其他与合并有关的条款。"[3]

（2）公司股东会对公司合并作出特别决议。公司合并应当由股东（大）会作出特别决议，亦即批准由董事会或执行董事拟订的公司合并方案。有限责任公司股东会会议作出公司合并的决议，必须经代表 2/3 以上表决权的股东通过；

---

〔1〕 据《大英百科全书》的解释，merger 是指"两家或更多的独立的企业、公司合并成一家企业，通常由一家占优势的公司吸收一家或更多的公司"。参见 Encyclopaedia Britannica CD 98, Multimedia Edition。

〔2〕 参见 consolidation 词条释义，Encyclopaedia Britannica CD 98, Multimedia Edition。

〔3〕 参见前引虞政平编译：《美国公司法规精选》，第 102 页。

股份有限公司股东大会作出公司合并的决议，必须经出席会议的股东所持表决权的 2/3 以上通过。而国有独资公司由于不设股东会，公司合并必须由国有资产监督管理机构决定；其中，重要的国有独资公司合并的，应当由国有资产监督管理机构审核后，报本级人民政府批准。根据我国《公司法》第 75 条的规定，对股东会公司合并决议投反对票的有限责任公司的股东可以请求公司按照合理的价格收购其股权。

（3）签订公司合并协议或合同。《公司法》第 174 条规定，公司合并，应当由合并各方签订合并协议，亦即合并合同，但该法对合并合同的内容未作具体规定。而《关于外商投资企业合并与分立的规定》对此作了相应规定，即合并协议应包括下列主要内容：①合并协议各方的名称、住所、法定代表人；②合并后公司的名称、住所、法定代表人；③合并后公司的投资总额和注册资本；④合并形式；⑤合并协议各方债权、债务的承继方案；⑥职工安置办法；⑦违约责任；⑧解决争议的方式；⑨签约日期、地点；⑩合并协议各方认为需要规定的其他事项。

（4）公司股东会批准合并合同。股东会批准合并合同，必须采取特别决议的方式，合并合同经参与合并的各个公司的股东会批准后生效。

（5）编制公司资产负债表和财产清单。资产负债表是反映公司资产及负债状况、股东权益的主要的会计报表，对此前文已有详述。财产清单应包括公司动产、不动产等有形财产和专有技术、知识产权等无形财产，以及有价证券、债权等各种财产的情况。

（6）通知、公告债权人及债权人异议程序。这是保护公司债权人的程序。《公司法》规定，公司应当自作出合并决议之日起 10 日内通知债权人，并于 30 日内在报纸上公告。债权人自接到通知书之日起 30 日内，未接到通知书的自公告之日起 45 日内，可以要求公司清偿债务或者提供相应的担保。

（7）实施合并。合并各方应根据合并合同的规定，合并资本或股份，并移交财产。合并后存续或新设的公司应召开股东会，新设公司为募集设立股份公司的则召开创立会议，选举公司董事会和监事会成员，通过合并后存续公司的章程修改或新设公司的章程。

（8）办理登记手续。合并后消灭的公司应向公司登记机关办理注销登记手续；合并后存续的公司应向公司登记机关办理变更登记手续；合并后新设的公司应向公司登记机关办理设立登记手续。上述登记被核准之日，公司合并即告完成。

（四）公司合并的效力

公司合并的效力是指公司合并的法律后果，主要包括以下三个方面：

1. 公司设立、变更、消灭的效力。新设合并的法律后果是一个新的公司成立，取得法人资格；参与合并的各个公司消灭，丧失法人资格。采取吸收合并方式的公司合并后，存续的公司发生变更，被吸收的公司消灭，丧失法人资格。

2. 股东转换公司股份或出资的效力。参与合并各方公司的股东以其持有的股份或出资，按合并合同的规定，换取合并后存续或新设公司的股份或者出资，从而成为合并后存续或新设公司的股东。

3. 公司权利义务概括转移的效力。无论吸收合并还是新设合并，参与合并各方公司原有的权利义务均概括地转移给合并后存续或新设的公司，由后者全部承受。根据《公司法》第175条规定："公司合并时，合并各方的债权、债务应当由合并后存续的公司或者新设的公司承继。"合并后存续或新设的公司对参加合并各方公司原有的权利义务，没有选择部分承受或不承受的权利。

我国《公司法》对公司合并无效的问题未作规定，而国外公司法和反垄断法中都有公司合并无效的制度。如《韩国商法》第529条（合并无效之诉）规定，合并无效之诉，限于各公司股东、董事、监事、清算人、破产财产管理人或者不承认合并的债权人，只能以诉讼来主张。合并无效之诉应自合并登记之日起6个月内提起。[1]而根据我国《反垄断法》的规定，经营者违反规定实施集中的，由国务院反垄断执法机构责令停止实施集中、限期处分股份或者资产、限期转让营业以及采取其他必要措施恢复到集中前的状态，可以处50万元以下的罚款。

二、公司分立

公司分立，是指一个公司依照法律规定和合同约定分立为两个或两个以上公司的行为。

（一）公司分立的形式

公司分立有派生分立和新设分立两种形式。所谓派生分立，是指一个公司在其法人资格存续的情况下，分出一部分财产，成立一个具有法人资格的新公司。派生分立中存续和新设的公司，都应符合公司设立的法定条件。所谓新设分立，是指一个公司的法人资格消灭，并以其财产分割设立两个或两个以上具有法人资格的新公司。新设的两个或两个以上的公司，都应符合公司设立的法定条件。

---

[1] 吴日焕译：《韩国商法》，中国政法大学出版社1999年版，第136页。

（二）公司分立的程序

公司分立的程序和公司合并的程序基本相同，现将两者对比简述如下：

1. 由董事会或者执行董事提出分立方案。分立方案主要包括分立后存续或新设公司的名称、住所，对原公司的财产、债权债务的划分，原公司股东持有公司股份或者出资的划分，不同意公司分立的股东由公司向其收购股份的处理办法，分立后存续或新设公司的经营范围等。

2. 公司股东会对公司分立作出特别决议。决议的方式与公司合并的要求相同；国有独资公司的分立，也必须由国有资产监督管理机构决定，其中，重要的国有独资公司的分立应当由国有资产监督管理机构审核后，报本级人民政府批准。与公司合并决议相同，对股东会公司分立决议投反对票的有限公司的股东也可以请求公司按照合理的价格收购其股权。

3. 签订分立协议或合同，并经股东（大）会批准。合同的主要内容与董事会或执行董事提出的分立方案基本相同。分立协议对于公司分立后债务的分担意义重大，但我国《公司法》并未对分立协议的内容作相关规定，具有参照意义的仍然是《关于外商投资企业合并与分立的规定》。其第 24 条规定，公司分立协议应包括下列主要内容：①分立协议各方拟定的名称、住所、法定代表人；②分立后公司的投资总额和注册资本；③分立形式；④分立协议各方对拟分立公司财产的分割方案；⑤分立协议各方对拟分立公司债权、债务的承继方案；⑥职工安置办法；⑦违约责任；⑧解决争议的方式；⑨签约日期、地点；⑩分立协议各方认为需要规定的其他事项。

4. 编制公司资产负债表和财产清单。

5. 通知、公告债权人。根据《公司法》的规定，公司应当自作出分立决议之日起 10 日内通知债权人，并于 30 日内在报纸上公告。与公司合并不同的是，公司合并时债权人享有异议权，可以要求公司清偿债务或者提供相应的担保；而对公司分立前的债务，除公司在分立前与债权人就债务清偿达成的书面协议另有约定外，应由分立后的公司承担连带责任。

6. 实施分立。即公司根据分立协议分割财产和债权债务，划分股东的出资额或所持股份。分立后存续或新设的公司应召开股东会或创立会议，选举公司的机关，通过存续公司章程的修改或新设公司的章程。

7. 办理登记手续。分立后存续的公司应向公司登记机关办理变更登记手续；分立后新设的公司应向公司登记机关办理设立登记手续。

（三）公司分立的效力

公司分立与公司合并的法律后果大体相同：一是公司设立、变更、消灭的效力；二是股东取得分立后存续或新设公司的股份或出资的效力；三是原公司的权利义务转移给分立后存续或新设公司承受的效力。不同的是，公司合并时，合并的各方债权、债务应当由合并后存续的公司或者新设的公司承继，合并各方对此不能通过协议另行约定。公司分立时，公司分立前的债务原则上由分立后的公司承担连带责任，债权人可以在诉讼时效内向任一公司主张权利，请求偿还债务；同时，根据意思自治原则，只要债权人同意，并与公司在分立前就债务清偿达成书面协议的，可以免除其他分立后的公司的清偿责任，债权人一旦与分立的公司签订还债协议，就只能按照协议的约定来行使权利，其他分立后的公司不再承担责任。

三、公司组织形式的转换

（一）公司组织形式转换的概念和形式

公司组织形式转换又称为公司组织变更，是指公司在存续的情况下，由一种类型的公司变更为其他类型的公司。公司组织形式转换的意义与公司合并、分立一样，都是为了调整公司的组织结构，以适应市场需要，在竞争中求得生存和发展。公司组织形式的转换，无须对公司进行清算，公司的法律主体资格延续，营业不因转换而停顿。

与公司合并和分立一样，法律对公司组织形式的转换没有什么特别限制，而只受法律规定的某种公司成立条件的限制。在国外，无限公司、两合公司、有限公司、股份公司和股份两合公司之间，均可相互转换。"股份有限公司从私人公司转化为公众公司是很普遍的，但也有一些公众公司重新注册为私人公司。"[1]但由公众性的公司（如向社会募集股份的股份有限公司和股份两合公司）向非公众性的公司（如无限公司和有限责任公司）转换，需要符合证券法的规定和证券交易所的管理监督要求，就比较麻烦一些。由于我国《公司法》中只规定了有限责任公司和股份有限公司两种公司形式，因此，《公司法》只规定了有限责任公司和股份有限公司的相互转换。

（二）公司组织形式转换的程序及条件

根据《公司法》的规定和实践中的做法，公司组织形式转换的具体程序和具体条件是：

1. 由公司的董事会或执行董事提出公司组织形式转换的方案。方案的主要内容包括：转换前后公司的名称和法定地址，公司需要增加或减少股东的人数及办法，公司资本拟增加或减少的数额及办法，原公司股东的出资额或股份相

---

[1] 斯蒂芬·加奇：《商法》，屈广清、陈小云译，中国政法大学出版社2004年版，第191页。

互转换的办法，以及满足《公司法》规定的股份有限公司或有限责任公司设立的法定条件和程序的有关事项。《公司法》第 9 条第 1 款规定："有限责任公司变更为股份有限公司，应当符合本法规定的股份有限公司的条件。股份有限公司变更为有限责任公司，应当符合本法规定的有限责任公司的条件。"

2. 股东（大）会对公司组织形式变更作出特别决议。根据《公司法》第 44 条和第 104 条的规定，有限责任公司股东会会议作出变更公司形式的决议，必须经代表 2/3 以上表决权的股东通过；股份有限公司股东大会作出变更公司形式的决议，必须经出席会议的股东所持表决权的 2/3 以上通过。

3. 出资额或股份的核定及认缴。出资额或股份的核定，是指将股东对原公司的出资额或持有的股份变更为对转换组织形式后的公司所持股份或出资额的核定。这种核定，在原公司的全体股东作为转换后公司的股东，既不增加股本也不吸收新股东时比较容易，只需将原股东的出资额除以每股金额或将原股东的持股比例换算为出资份额即可。公司组织形式转换后增减股东或股本的，对原股东出资额或股份的核定则比较复杂。在这种情况下，需对原公司的资产进行评估，以公司净资产按原股东的出资比例计算出各股东享有权益的金额，在原股东或新老股东之间进行必要的股份或出资转让行为，或者将依法减少股本而注销的股份或出资向有关股东退股后，再据以核定各股东的持股数或出资额。

《公司法》对有限公司变更为股份公司时如何折合股份作出了规定，根据其第 96 条的规定，有限责任公司变更为股份有限公司时，折合的实收股本总额不得高于公司净资产，即有限责任公司的资产，在计入股份有限公司的股本时，应当减去其负债的部分，也就是计入股份有限公司股本的有限责任公司的资产应当是有限责任公司的净资产，而不是资产总额，有限责任公司的原股东所持有的出资总额，应当是由这些净资产折合而成的股份总额。

有限责任公司变更为股份有限公司，需发行股份的，应根据其是否向社会公开募集，而分别按照发起设立或募集设立的条件和程序办理，兹不赘述。

4. 验资及出具验资证明。公司组织形式转换时增减注册资本或发行股份的，在完成资本变动或缴清股款、出资后，应由法定验资机构验资、出具验资证明，以保证转换后公司资本的真实性和合法性。

5. 召开股东（大）会或创立大会。公司组织形式转换中增减股东的，在以上程序完成后，应召开转换后的第一次股东会、股东大会或创立大会，股东（大）会或创立大会的重要任务是通过公司章程的修改及选举公司董事会和监事会。

6. 办理变更登记。由新选举产生的公司董事会向公司登记机关办理变更登记，公司登记机关核准登记之日，为公司组织形式转换完成之日。

7. 关于通知、公告原公司债权人及债权人异议程序的问题。该程序的目的是保护公司债权人的利益，防止因公司变更而减少作为其债权担保的公司财产。由于股份有限公司和有限责任公司及其股东承担责任的形式和性质相同，其组织形式相互转换时，主体资格前后延续，并不中断或改换，因此，根据《公司法》第178、179 条的立法精神，转换中只要不减少公司的注册资本，就无须采取通知、公告债权人及债权人异议的程序。当然，公司组织形式转换完成后，如果能够将其转换及有关事宜通知或公告债权人，以保持公司转型前后债权债务关系的连续性，亦无不妥。公司转换中减少注册资本的，则应依《公司法》第178 条的规定，执行通知、公告债权人及债权人异议的程序。

（三）公司组织形式转换的效力

公司组织形式转换的效力，主要是公司在其法人资格存续的情况下转换组织形式或公司类型。因此，公司组织形式转换，并不发生其债务在转换前后的公司之间转移或承受的问题。因此，《公司法》第9 条第2 款规定："有限责任公司变更为股份有限公司的，或者股份有限公司变更为有限责任公司的，公司变更前的债权、债务由变更后的公司承继。"同时，公司组织形式转换，发生股东以其对原公司的出资或持有的股份换取转换后的公司股份或出资的效力。

四、公司的其他变更

公司的其他变更，是指公司在法人资格存续、营业不中断的情况下，对公司成立时核准登记事项中的一项或者数项的变更，包括公司名称、住所、注册资本、实收资本、经营范围、法定代表人姓名、股东的姓名或者名称及其出资额、章程、组织机构等的变更。其中，法律关于公司注册资本增加或减少的实体性规定和程序性规定，形成了一定的制度。

（一）公司注册资本的增加

公司增加注册资本以扩大公司的经营规模，对于提高公司资信也有积极意义。一般来说，公司增加资本只会影响股东当前的收益，不会危及其长远利益和债权人的权益，因而无须执行通知、公告债权人及债权人异议的程序。

有限责任公司增加注册资本有三种情形：一是在不吸收新股东加入的情况下增加注册资本，资本来源可以为公积金转增资本，也可以由股东增加投资。由公积金转增资本的，要按股东的出资比例将增加的资本金分配为各股东新增的出资额。由股东增加投资的，既可按原有出资比例增加，也可由股东自由认缴。《公司法》第35 条规定，有限责任公司新增资本时，股东有权优先按照实缴的出资比例认缴出资。但是，全体股东约定不按照出资比例优先认缴出资的除外。二是吸收新股东认缴公司拟增加的资本。三是将前两种方法相结合，既以公积金转增资本或由老股东增加向公司的投资，又吸收新股东认缴拟新增的股本，以增加公司的注册资本。

股份有限公司增加注册资本的，主要采取发行新股的方式。发行新股可以仅限于原股东的范围，由发起设立的发起人优先认购新股，或向各个股东配售发行的新股，或以公积金转增资本不增加每股面值而向股东派送新股；公司也可以向社会公开发行新股，或同时向原有股东发行一定种类和数量的新股。股份公司也可以采取增加每股金额的方式增加注册资本，一般是在将公积金转增资本时，增加股份的面值，如将每股面额 1 元增至 2 元，股份总数和股东的持股比例不变。但我国在公司实践和监管中形成了每股 1 元的做法，有利于防止公司或大股东任意变更股票面值而损害小股东权益，所以事实上不太可能采取增加每股金额的方式来增加注册资本。

有限责任公司增加注册资本时，股东认缴新增资本的出资，依照《公司法》设立有限责任公司缴纳出资的有关规定执行。股份有限公司为增加注册资本发行新股时，则必须符合《公司法》和《证券法》中对股份有限公司发行新股的若干规定；股东认购新股，也应当依照《公司法》设立股份有限公司缴纳股款的有关规定执行。

公司增加注册资本的程序如下：

1. 由董事会提出增加公司注册资本的方案。

2. 股东（大）会就增加公司注册资本作出决议。根据《公司法》的规定，有限责任公司股东会会议作出增加注册资本的决议，必须经代表 2/3 以上表决权的股东通过；股份有限公司股东大会作出增加注册资本的决议，必须经出席会议的股东所持表决权的 2/3 以上通过。国有独资公司增加注册资本的，应由国有资产监督管理机构作出决定。

3. 认缴出资或股款。

4. 由法定验资机构验资，出具验资证明。

5. 办理变更登记。公司登记机关核准变更登记后，公司增加注册资本即告完成。

（二）公司注册资本的减少

公司减少注册资本，主要原因在于公司需要缩小生产经营规模或生产经营范围，如不减少注册资本，可能造成资金浪费，并导致公司生产经营成本上升和资金利润率下降。其目的仍是适应市场需要而调整公司的生产经营，以求公司的生存和发展。

　　减资按照公司净资产减少与否，可分为实质性减资和形式性减资。实质性减资是指减少注册资本的同时，将一定金额返还给股东，从而也减少了净资产的减资形式。形式性减资是指减少注册资本额，注销部分股份，不将公司净资产流出的减资形式，这种减资往往是亏损企业的行为。

　　公司注册资本减少，对公司债权人来说意味着公司偿债能力的减弱，所以，《公司法》要求公司减少注册资本时，必须经过通知、公告债权人和债权人异议的程序。此外，公司减少资本后，其注册资本不得低于注册资本的法定最低限额。

　　公司注册资本减少的程序如下：

　　1. 由董事会提出减少注册资本的方案，并编制资产负债表和财产清单。

　　2. 股东（大）会就减少注册资本作出决议。《公司法》对股东（大）会减少注册资本的决议方式的要求，与公司增加注册资本时的决议方式相同。

　　3. 履行通知、公告债权人和债权人异议的程序。公司应当在股东（大）会对减少注册资本作出决议之日起 10 日内通知债权人，并于 30 日内在报纸上公告。债权人自接到通知书之日起 30 日内，未接到通知书的自公告之日起 45 日内，有权要求公司清偿债务或者提供相应的担保。公司不清偿债务或不提供相应担保的，不得减少注册资本。

　　4. 由法定验资机构验资，出具验资证明。

　　5. 办理变更登记。公司登记机关核准变更登记后，公司减少注册资本即告完成。

第二节　公司终止和清算

一、公司终止

（一）公司终止和解散的概念

　　公司终止是指公司法人资格消灭、公司在组织上彻底解散并永久停止经营活动。公司终止与公司解散的概念既有联系又有区别。公司解散，是指公司因公司章程或法律规定的事由出现，或被有关机关依法责令停止经营活动，进入清算阶段，以处理及了结公司的一切权利义务关系。因此，公司解散是导致公司法人资格消灭即公司终止的原因；破产也是公司解散的原因之一，经破产清算而导致公司法人资格消灭。

　　从程序法的角度而言，公司解散是使公司终止的程序。公司解散事由出现后，并不立即丧失其法人资格，自清算开始至清算终结并办理公司注销登记之前，公司的法人资格依然存在。如日本《公司法》第476条规定，股份公司"在清算的目的范围内，到清算完结为止仍被看做处于存续状态"。我国台湾地区"公司法"第25条规定："解散之公司，于清算范围内，视为尚未解散。"换言之，公司解散以后，在清算期间，依法虽不得再从事正常的生产经营活动，但仍可以公司法人的名义处理未了结的业务，清偿或受偿债务，起诉或应诉等，学理上称之为清算法人。我国《公司法》也规定，公司清算组在清算期间应"处理与清算有关的公司未了结的业务"、"清理债权、债务"、"代表公司参与民事诉讼活动"等，表明清算中公司的法人资格依然存续。

（二）公司终止的事由

公司终止的事由可以分为任意终止事由和强制终止事由两类。公司任意终止，是指依据公司或其出资者的意志决定解散公司，具体包括基于公司章程规定的解散事由出现而解散和基于公司的意思机关即股东大会或股东会决议或全体股东同意而解散两大类。公司强制终止，是指非依公司或股东自己的意愿，而是基于法律规定或者有关机关的命令或裁判而终止。公司强制终止的事由一般包括：公司因债权人申请，被依法宣告破产；公司因违法而被有关机关命令解散或被司法机关裁判解散等。

1. 公司任意终止或解散的事由。除公司自行申请破产外，我国《公司法》第181条规定了以下公司任意终止或解散的事由：

（1）公司章程规定的解散事由出现。公司章程规定的解散事由，包括章程规定的营业期限届满和章程规定的其他解散事由。

对于公司的存续期限，多数国家的公司法没有强制性限制，少数国家则限制了公司存续的最长期限。例如，法国《民法典》第1838条规定："公司的期限不得超过99年"，第1844-6条规定："公司延长应由全体股东一致同意作出决定。章程有规定的，则以修改章程所需的多数作出决定。在公司期满之日至少1年以前，应征求全体股东的意见，以决定公司是否应予延长。"[1]

我国《公司法》对公司的存续期限和公司章程应否载明存续期均未作明确规定。公司可以根据实际情况，在章程中载明或不载明存续期限；章程规定的存续期限届满而未经续展的，公司应当解散。但依《中外合资企业法》第13条的规定，合营企业的合营期限，应按不同行业、不同情况而作不同的约定。有的行业的合营企业，应当约定合营期限；有的行业的合营企业，可以约定合营期

---

〔1〕　卞耀武主编：《法国公司法规范》，李萍译，法律出版社1999年版，第3、8页。

限，也可以不约定合营期限。约定合营期限的合营企业，合营各方同意延长合营期限的，应在距合营期满 6 个月前向审查批准机关提出申请。审查批准机关应自接到申请之日起 1 个月内决定批准或不批准。根据《中外合资企业合营期限暂行规定》，举办合营企业，属于下列行业或者情况的，合营各方应当依照国家有关法律、法规的规定，在合营合同中约定合营期限：①服务性行业的，如饭店、公寓、写字楼、娱乐、饮食、出租汽车、彩扩洗相、维修、咨询等；②从事土地开发及经营房地产的；③从事资源勘察开发的；④国家规定限制投资项目的；⑤国家其他法律、法规规定需要约定合营期限的。一般来说，公司需延长营业期限，说明其能适应市场需要，自应允许其延长；但为维护股东投资及其从事经济活动的自由权，同时应当允许对公司延长营业期限持异议的股东退股。

公司章程规定的其他解散事由，一般是指公司营业目的已经达到或者根本不能达到等情形。如规定公司成立的目的完成或者无法完成、公司亏损达到一定数额、经营条件发生重大变化、发生不可抗力等，公司可以解散。

根据《公司法》第 182 条的规定，当公司章程规定的营业期限届满或者公司章程规定的其他解散事由出现时，股东（大）会可以通过修改公司章程而使公司存续。此项章程修改的决议，有限责任公司须经持有 2/3 以上表决权的股东通过，股份有限公司须经出席股东大会会议的股东所持表决权的 2/3 以上通过。

（2）股东（大）会决议解散。由于公司的解散直接关系到各个成员的切身利益，故相对于一般的公司事项而言，法律规定了更为严格的决议方式。解散公司必须采取股东会特别决议的方式，在表决通过的人数上作了较为苛刻的条件限制。我国《公司法》规定，股东（大）会决定公司解散的，应当采取特别决议的方式，即有限责任公司须经代表 2/3 以上表决权的股东通过，股份有限公司必须经出席股东大会的股东所持表决权的 2/3 以上通过。其他国家如德国《股份法》第 262 条第 2 款规定，股东大会作出解散的决议，须经至少包括在决议时被代表的股本的 3/4 的多数的同意，章程可以规定一个较大股本多数和其他的要件。[1]除此之外，一人有限责任公司的股东可以决定解散公司。国有独资公司解散必须由国有资产监督管理机构决定；其中，重要的国有独资公司解散的，应当由国有资产监督管理机构审核后，报本级人民政府批准。

（3）公司因合并而解散。如前所述，公司吸收合并，被吸收的公司解散；

---

[1] 杜景林、卢谌译：《德国股份法·德国有限责任公司法·德国公司改组法·德国参与决定法》，中国政法大学出版社 2000 年版，第 122 页。

公司新设合并，则合并各方均应解散。公司因合并而解散的，无须进行清算。

（4）公司因新设分立而解散。如前所述，公司派生分立时，不存在公司解散的问题；公司新设分立，则原公司要解散，但也不必进行清算。

2. 公司强制终止或解散的事由。强制解散是指非基于公司或其出资者的意志而解散。由于各国法律和体制不同，对于公司设立的目的和行为违反法律强制性规定或违背善良风俗时，强制其解散的方式也不同。有的国家是通过法院裁决强制其解散，有的是通过有关行政主管机关依法撤销或者关闭公司的方式强制其解散。狭义的强制解散不包括依据法院裁判的解散，仅指依据国家有关行政主管机关的命令而解散。对于依据法院裁决的解散，即通常所说的司法解散，其解散意志亦来源于国家的强制力，虽具有一定的特殊性，但也属于强制终止或解散事由的一种。

（1）行政机关强制解散。我国《公司法》第 181 条规定的公司强制终止或解散的事由之一，是公司依法被吊销营业执照、责令关闭或者被撤销。实践中，我国有关行政机关强制公司解散主要包括两种方式。一是由工商行政管理部门通过收缴公司营业执照的方式强制公司解散，如我国《公司登记管理条例》规定，公司登记机关在下列情况下可以吊销公司营业执照：虚报注册资本取得公司登记，情节严重的；提交虚假材料或者采取其他欺诈手段隐瞒重要事实取得公司登记，情节严重的；公司成立后无正当理由超过 6 个月未开业的，或者开业后自行停业连续 6 个月以上的；变更经营范围涉及法律、行政法规或者国务院决定规定须经批准的项目而未取得批准，擅自从事相关经营活动，情节严重的；公司不按照规定接受年度检验，公司登记机关限期检验，逾期仍不接受年度检验的；年度检验中隐瞒真实情况、弄虚作假，情节严重的；伪造、涂改、出租、出借、转让营业执照，情节严重的；利用公司名义从事危害国家安全、社会公共利益的严重违法行为等。二是由主管机关作出撤销或者责令关闭的决定。例如《证券法》规定，证券公司挪用客户的资金或者证券，或者未经客户的委托，擅自为客户买卖证券，情节严重的，责令关闭；证券公司违反法律规定，超出业务许可范围经营证券业务，情节严重的，责令关闭。又如国务院于 2001 年颁布实施的《金融机构撤销条例》规定，对有违法违规经营、经营管理不善等情形，不予撤销将严重危害金融秩序、损害社会公众利益的金融机构，应当依法撤销。撤销金融机构就是银行业监督管理机构对经其批准设立的具有法人资格的金融机构依法采取的终止其经营活动并予以解散的行政强制措施。这种金融机构的撤销，是由地方政府或者监管机构负责组成清算组织，进行特别清算。

（2）司法解散。司法解散是指公司的目的和行为违反法律、公共秩序和善良风俗的，法院可依法要求其解散，或者公司经营出现显著困难、重大损害或董事、股东之间出现僵局时，股东诉请法院解散公司。根据我国的行政和司法体制，当公司的目的和行为违法时，依法律的规定命令其解散的有权机关是工商登记机关或有关行政主管机关，因此，我国的司法解散只有上述第二种情形。

在实践中，有的公司经营严重困难，财务状况恶化，虽未达到破产界限，但继续维持会使股东利益受到更大损失，而因股东之间分歧严重，股东会、董事会又不能作出公司解散清算的决议，导致公司陷入僵局。《公司法》针对这种情形，研究借鉴其他国家的法例，在第183条规定："公司经营管理发生严重困难，继续存续会使股东利益受到重大损失，通过其他途径不能解决的，持有公司全部股东表决权10%以上的股东，可以请求人民法院解散公司。"所谓"公司经营管理严重困难"，是指因股东间或公司管理人员之间的利益冲突和矛盾导致公司的有效运行失灵，股东会或者董事会因对方的拒绝参加会议而无法有效召集，任何一方的提议都不被对方接受和认可，即使能够举行会议也无法通过任何议案，公司的一切事务处于一种瘫痪状态。[1]人民法院在依法受理请求后，应根据公司的实际情况作出是否解散公司的裁决。

（三）公司终止的程序

2006年8月27日，第十届全国人民代表大会常务委员会第二十三次会议审议通过了《中华人民共和国企业破产法》（简称《破产法》），该法于2007年6月1日起施行。该法施行前，公司被依法宣告破产的，一般是按照《民事诉讼法》规定的破产程序办理。而国有独资公司、两个以上国有企业或两个以上国有投资主体设立的有限责任公司、由国有企业或国有投资主体采取发起设立方式设立的股份有限公司等，适用《中华人民共和国企业破产法（试行）》（简称《破产法（试行）》）的规定。该法施行后，所有的企业法人破产都按照《破产法》的规定办理，商业银行、保险公司等破产同时要适用《商业银行法》、《保险法》等的特殊规定。

按照《公司法》的规定，公司在公司章程规定的营业期限届满或者公司章程规定的其他解散事由出现、股东会或者股东大会决议解散、依法被吊销营业执照、责令关闭或者被撤销以及人民法院依股东请求判决解散的情况下而解散的，应当依法组成清算组进行清算。清算结束后办理公司注销登记，缴销公司营业执照，公司即告终止。

---

[1] 安建主编：《中华人民共和国公司法释义》，法律出版社2005年版，第257页。

二、公司清算

(一) 公司清算的概念

公司清算，是指公司依法解散后，对公司资产、债权债务进行清理处分，了结公司债务，并向股东分配剩余财产，以终结公司所有法律关系的法律行为。

公司解散事由出现后进行的清算有两种情形：一是公司财产能够抵偿其债务的，通过非破产清算程序，公司财产抵偿债务分配剩余财产后公司人格终止；二是公司财产不能偿还全部债务时，由债权人或者债务人申请进入破产还债程序，通过破产清算程序终止公司人格。《公司法》将公司破产解散与因其他原因解散加以区分，公司被依法宣告破产的，依照有关企业破产的法律实施破产清算，其他原因的解散则依《公司法》的规定进行清算。

如前所述，公司除因合并或分立而解散外，其他原因引起的解散，均要经过清算程序。公司清算是公司消灭的必经的、法定的程序。清算中公司的权利能力受到限制，公司不得从事与清算无关的积极经营活动，而只能从事与清算有关的活动。经过清算，公司的一切法律关系终结，在办理公司注销登记后，公司即丧失法人资格。

(二) 公司清算的种类

国外公司法上的清算有任意清算和法定清算两种。

任意清算，是指按照公司章程规定或者由股东决定的清算方法进行的清算。任意清算只适用于无限公司、两合公司等人合公司。这是因为人合公司的无限责任股东对公司债务负无限连带责任，即使公司终止后，在法定期限内他们仍须对公司债务负无限连带责任，以此作为对公司债权人的担保，所以法律允许这两类公司采用任意清算程序。法定清算是指按照法律规定的清算程序进行的清算。对于有限责任公司、股份有限公司等公司来说，其股东对公司债权人只负间接有限责任，公司债权人只能对公司而不能对其股东主张权利，如果允许其任意清算，就可能损害债权人的合法权益，清算也难以顺利进行，所以必须按照法律规定的程序进行法定清算。

法定清算一般又分为普通清算和特别清算。普通清算是在正常情况下由公司自行组织进行的清算。特别清算是指进行普通清算存在显著障碍，或公司财产超过公司债务有不实之嫌时，为保障债权人权利不受侵害，由有关部门组织进行的清算。如日本《公司法》第510条规定，法院认为对股份有限公司的清算有显著障碍或资不抵债之嫌疑的，可依债权人、清算人、监事或者股东的申请，对该公司发出特别清算的命令。

我国《公司法》规定的公司类型只有有限责任公司和股份有限公司两种，因此并未规定公司的任意清算。其中的某些规定，带有特别清算的性质。如《公司法》第184条规定，公司"逾期不成立清算组进行清算的，债权人可以申请人民法院指定有关人员组成清算组进行清算。人民法院应当受理该申请，并及时组织清算组进行清算"。这一规定，适用于普通清算难以顺利进行而需要债权人介入、人民法院监督的情形，属于特别清算的措施。但由于《公司法》对人民法院指定有关人员组成清算组后的监督未作进一步规定，因此，《公司法》规定的清算总体上属于普通清算，同时也吸收了国外关于特别清算的某些规定，以保证公司清算的顺利进行。

（三）清算组

清算组是在公司解散后从事清算事务，对公司资产和债权债务进行清理处分，以终结公司的各种权利义务关系的法定临时性执行机构。国外对公司清算组织通常称"清算人"；特别清算时，则通常由法院任命破产管理官员担任"清算官"。

1. 清算组的法律地位。清算组的地位是清算中公司的代表及执行机关，对内执行清算事务，对外代表公司了结债权债务，在清算目的范围内，与解散前公司的机关（董事）具有同等的法律地位，"关于董事之规定，于不违反清算目的之限度，应准用于清算人"。[1]我国《公司法》没有明确规定清算组与公司的关系，但从该法第185条规定的清算组职权来看，其取代公司董事会在清算期间对内处理清算事务、对外代表公司的地位还是相当明确的。

2. 清算组的组成。根据《公司法》的规定，除因公司合并或者分立需要解散的以外，在其他情况下，公司应当在解散事由出现之日起15日内成立清算组，开始清算。有限责任公司的清算组由股东组成，股份有限公司的清算组由董事或者股东大会确定的人员，如从股东、董事以及会计师、审计师、律师等有关专业人员中选任组成。

有限责任公司、股份有限公司逾期不成立清算组进行清算的，债权人可以申请人民法院指定有关人员组成清算组进行清算。人民法院应当受理该申请，并及时组织清算组进行清算。人民法院指定的有关人员可以是公司股东、董事、公司主管部门的代表以及会计师、审计师、律师等专业人员。这一规定，对于避免公司解散后陷入瘫痪状态及资产流失，保证清算及时、顺利进行，维护公司债权人和股东的权益，都有重要意义。

3. 清算组的职权。根据我国《公司法》第185条的规定，清算组在清算期间行使下列职权：

---

[1] 史尚宽：《民法总论》，中国政法大学出版社2000年版，第201页。

（1）清理公司财产，分别编制资产负债表和财产清单。清算组成立后，应立即对公司的一切财产，包括动产、不动产等有形财产和知识产权等无形财产进行清理，登记造册。在实践中，清算组编制的资产负债表和财产清单应提交公司监事会审查，清算终结时应提交公司股东会、股东大会或人民法院确认。

（2）通知、公告债权人。通知、公告债权人，可以使债权人及时向清算组申报债权，也使之得以对公司解散或清算提出异议。

（3）处理与清算有关的、公司未了结的业务。清算中的公司应停止对外营业活动，而对原有未了结的业务，例如公司清算前签订的尚未履行完毕的合同，应当由清算组负责处理，公司应当履行合同规定的义务及享有合同规定的权利。

（4）清缴所欠税款以及清算过程中产生的税款。清算组对公司所欠国家的税款，应加以清理，并依法向国家缴纳。

（5）清理债权、债务。清算组应对公司的债权、债务进行清理登记，收取债权，清偿债务。

（6）处理公司清偿债务后的剩余财产。公司的剩余财产，是指公司的财产在支付清算费用、职工工资和法定补偿金，缴纳公司所欠的税款、社会保险费用，清偿公司债务后余下的财产。公司清偿债务后的剩余财产，应依法在股东之间进行分配。

（7）代表公司参与民事诉讼活动。在清算期间，由清算组代表公司起诉或者应诉，以维护公司的合法权益。

4. 清算组及其成员的义务。清算组及其成员的义务归纳起来有以下四个方面：

（1）遵守法律、法规、公司章程和股东（大）会有关清算的决议，忠于职守，依法履行清算义务，维护公司股东和债权人的合法权益。具体包括：对债权人通知和公告的义务，正确编制资产负债表、财产清单、收支报表等各种账册和清算报告的义务，依法妥善保管、合理作价变卖及分配公司财产的义务等。

（2）在清算期间，只能从事与清算有关的活动。《公司法》第187条第3款规定："清算期间，公司存续，但不得开展与清算无关的经营活动。"

（3）清算组成员不得利用职权收受贿赂或其他非法收入，不得侵占公司财产。

（4）清算组成员因故意或者重大过失给公司或者债权人造成损失的，应当承担损害赔偿的义务和责任。

（四）公司清算的程序

根据《公司法》的规定，公司清算的程序如下：

1. 成立清算组。清算组应当在解散事由出现之日起 15 日内成立。根据《公司登记管理条例》的规定，公司解散依法应当清算的，清算组应当自成立之日起 10 日内将清算组成员、清算组负责人名单向公司登记机关备案。

2. 通知和公告债权人。清算组应当自成立之日起 10 日内通知债权人，并于 60 日内在报纸上公告。债权人应当自接到通知书之日起 30 日内，未接到通知书的自公告之日起 45 日内，向清算组申报其债权。债权人申报债权，应当说明债权的有关事项，并提供证明材料。清算组应当对债权进行登记。在申报债权期间，由于公司的债务还处于不明确状态之中，为了维护公司债务清偿的公平性，在申报债权期限结束之前，清算组不得对债权人进行清偿。

3. 制订清算方案并报股东（大）会或人民法院确认。清算组在清理公司财产、编制资产负债表和财产清单后，应当制订清算方案。清算组制订的清算方案，有限责任公司应当报股东会确认，股份有限公司应当报股东大会确认，人民法院组织清算组进行清算的，应当报人民法院确认。国有独资公司的清算，应报国有资产监督管理机构确认清算方案。

清算组在清理公司财产、编制资产负债表和财产清单后，发现公司财产不足以清偿债务的，应当依法向人民法院申请宣告破产。公司经人民法院裁定宣告破产后，清算组应当将清算事务移交给人民法院，由人民法院按破产程序组织清算。

4. 清偿债务。清算组在其制订的清算方案得到确认后，应以公司财产分别支付清算费用、职工的工资和法定补偿金，缴纳所欠税款、社会保险费用，清偿公司债务。

5. 向股东分配剩余财产。公司清偿债务后的剩余财产，依法分配给股东。有限责任公司按照股东的出资比例分配，股份有限公司按照股东持有的股份比例分配。公司财产在未清偿公司债务之前，不得分配给股东，否则公司及有关人员应承担法律责任。

6. 清算终结。《公司法》规定，公司清算结束后，清算组应当制作清算报告，报股东会、股东大会或者人民法院确认。公司清算组应当自公司清算结束之日起 30 日内向原公司登记机关申请注销登记。

第十一章　违反公司法的责任

第一节　违反公司法的责任概述

一、现代公司法律责任制度的特点

（一）现代公司法律责任制度随着公司制度的发展而逐步完善，经历了由简到繁、责任形式由单一到综合的发展过程

公司作为一种企业及社会组织形式，自其产生至今，已有好几百年，公司法律制度也经历了相当长的历史发展。自发达国家对公司的成立普遍实行准则主义以后，公司法在发展中则存在着两个并行不悖的趋势：一方面，公司日益体现社会成员在经济领域自由结社的性质，法律对其设立及活动的限制越来越少；另一方面，法律对公司的监管要求和违法责任的规定越来越严，如公司犯罪、董事的诚实信用和竞业禁止义务及其责任、公司公示或信息披露的义务及其责任等制度，相继发展起来。总之，随着社会经济的发展，规范公司组织和行为的法律制度日趋完善，公司法律责任制度也相应地得到了发展和完善。

（二）现代公司法律责任制度中的责任形式是多样化及综合性的

在社会化条件下，法的调整日趋专业化和综合化，对任何领域的社会关系均采用各种手段进行调整，行为后果不仅有民事责任，而且包括行政的、刑事的、褒奖的、专业的及社会性的等各种后果或责任形式，这在公司法律关系的法律调整中也不例外。鉴于经济不断向社会化方向发展，现代公司的组织和活动已不仅仅是"市民社会"的私事，公司法已突破私法或民法的范畴，其实体关系的法律后果不再由单一的责任形式组成，而是由民事责任、行政责任和刑事责任等有机结合而成。法律责任形式的综合性，是现代公司法律责任制度的一个重要特点。

（三）现代公司法律责任制度有不同的立法模式

与公司法的不同体例相适应，现代公司法律责任制度在体例上也是多样化

的，并非只是一种模式。如在英美法系国家的公司制定法中，多无专章规定法律责任，且判例在公司违法责任的确认中起着重要和主要的作用；大陆法系国家的公司法律责任制度，则多采取在单行公司法或有关法律的公司部分专设章节规定行政法律责任和刑事法律责任，而将民事法律责任分散规定在有关具体公司制度中的做法，如德国的《股份法》和《有限责任公司法》、日本的《公司法》等，都是如此。我国公司法律责任制度的立法模式则是：有关民事责任主要规定在《公司法》的相关实体制度中；有关行政法律责任主要规定在该法的"法律责任"一章及其他有关法律、法规之中；有关刑事责任，按照我国法学和立法的成见，犯罪和刑罚需由刑法典统一规定，因此，《公司法》将"法律责任"一章各条中有关追究刑事责任的规定合并为一条指示性规定，即"违反本法规定，构成犯罪的，依法追究刑事责任"，使该指示性规定与《刑法》相结合，具体内容主要规定在《刑法》中。这是一种法典主义，它将法的部门划分绝对化，将公司实体关系的权利义务与其刑责人为地分离，实际上反而不利于社会成员知法、守法、执法和司法；况且，修订刑法典要比单行法的制定、改废困难得多，不允许在刑法典之外有任何罪刑法条，势必危及对经济关系的法律调整。

二、承担公司法律责任的主体

按照《公司法》和其他法律、法规的规定，承担公司法律责任的主体主要有以下几类：

（一）公司和股东

公司和股东作为承担公司法律责任的主体，主要是在公司的设立、运行过程中存在违法行为，如公司虚报注册资本、提供虚假证明文件或者采取其他欺诈手段取得公司登记、股东虚假出资等。

（二）董事、监事、高级管理人员和职工

董事、监事、高级管理人员和职工作为承担公司法律责任的主体，主要与他们的职务便利有关，如利用职务侵占公司财产、索取或收受贿赂、牟取非法收入、挪用公司资金等。

（三）中介及服务机构

资产评估机构、验资和验证机构、证券承销机构、证券交易所等中介及服务机构作为承担公司法律责任的主体，主要与其工作性质和地位有关，如中介机构应站在客观、公正的立场上从事中介活动，并向社会提供真实、准确、完整的报告，如果其提供的报告不真实、不准确或者不完整，就应依法承担相应的法律责任；又如证券承销机构、证券交易所等服务机构，应当按照规定的业务准则和规则开展活动，以保证市场经济有序地发展，如果其利用自身优势从事诸如操纵市场、内幕交易等非法活动，就须承担相应的法律责任。

（四）政府管理部门

政府管理部门作为承担公司法律责任的主体，与其所担负的管理职责有关。如果其按照法治的要求履行职责，就能保证社会经济秩序的正常、稳定；如果其违法行政、滥用职权、疏忽懈怠、徇私舞弊，则必然导致社会经济秩序的混乱，必须令其承担相应的法律责任。

以上公司、股东、中介及服务机构、政府管理部门等作为组织或单位，依法须承担公司法律责任的，除其本身承担责任外，也包括对违法行为直接负责的主管人员和其他直接责任人员依法承担一定的民事、行政或刑事责任。但政府管理部门本身，依法只能承担行政责任和民事责任；其有关直接负责的主管人员和其他责任人员，则既可承担行政责任，也可依法被追究刑事责任。

第二节 公司和股东的法律责任

一、公司及有关责任人的法律责任

公司及有关责任人的法律责任，是指公司及其有关责任人员在公司登记、设立、运行、终止过程中没有履行法定义务而应承担的法律后果。按照《公司法》等法律、法规的规定，由公司或其有关责任人员承担的法律责任，可以分为以下几种：

（一）违反公司登记管理制度的行为及其法律责任

公司只有依法设立，才能获得法律的承认和保护。由于公司登记管理属于国家行政管理的范畴，所以公司违反登记管理的行为，主要是行政违法行为，相应的法律责任也主要是行政责任；性质严重的，也可能构成刑事违法行为，依法应承担刑事责任。按照《公司法》、《公司登记管理条例》和《刑法》的规定，公司违反登记管理制度的行为及相应的法律责任有以下几种：

1. 虚报注册资本取得公司登记的法律责任。公司设立时必须依法确定自己的注册资本，并如实向登记机关申报登记。公司在设立登记时虚报注册资本的，必须承担相应的法律责任。根据《公司法》第199条和《公司登记管理条例》第68条的规定，虚报注册资本，取得公司登记的，由公司登记机关责令改正，处以虚报注册资本金额5%以上15%以下的罚款；情节严重的，撤销公司登记或者吊销营业执照。

同时，根据《刑法》第158条"虚报注册资本罪"的规定，申请公司登记使用虚假证明文件或者采取其他欺诈手段虚报注册资本，欺骗公司登记主管部门，取得公司登记，虚报注册资本数额巨大、后果严重或者有其他严重情节的，处3年以下有期徒刑或者拘役，并处或者单处虚报注册资本金额1%以上5%以下罚金。单位犯前款罪的，对单位判处罚金，并对其直接负责的主管人员和其他直接责任人员，处3年以下有期徒刑或者拘役。

2. 提交虚假材料或者采取其他欺诈手段隐瞒重要事实取得公司登记的法律责任。《公司登记管理条例》第20条和第21条分别规定了设立有限责任公司和股份有限公司时应向公司登记机关提交的文件。如果公司在设立登记时提供的这些文件弄虚作假，或者采取其他欺诈手段隐瞒重要事实并取得公司登记的，必须承担相应的法律责任。根据《公司法》第199条和《公司登记管理条例》第69条的规定，提交虚假材料或者采取其他欺诈手段隐瞒重要事实，取得公司登记的，由公司登记机关责令改正，处以5万元以上50万元以下的罚款；情节严重的，撤销公司登记或者吊销营业执照。

3. 未经依法登记冒用公司名义的法律责任。一方面，通过依法设立登记，公司才能取得法人资格，依法获得民事权利能力和民事行为能力；另一方面，通过依法设立登记，国家才得以对公司实行管理，以保证国民经济的协调、稳定和健康发展。因此，未经必要的登记程序而以公司名义进行活动的，行为人应依法承担相应的法律责任。按照《公司法》第211条和《公司登记管理条例》第80条的规定，未依法登记为有限责任公司或者股份有限公司，而冒用有限责任公司或者股份有限公司名义的，或者未依法登记为有限责任公司或者股份有限公司的分公司，而冒用有限责任公司或者股份有限公司的分公司名义的，由公司登记机关责令改正或者予以取缔，可以并处10万元以下的罚款。

4. 外国公司违法设立分支机构的法律责任。外国公司依法可以设立分公司或其他分支机构，从事生产经营活动，但必须就设立分支机构向公司登记机关依法办理登记，领取营业执照。根据《公司法》第213条和《公司登记管理条例》第83条的规定，外国公司违反《公司法》规定，擅自在中国境内设立分支机构的，由公司登记机关责令改正或者关闭，可以并处5万元以上20万元以下的罚款。

5. 公司成立后不正常开展生产经营活动的法律责任。法律允许设立公司的目的，是令其开展生产经营活动，以繁荣经济和发展社会事业。为了方便公司的设立，简化设立手续，《公司法》对公司成立原则上采取准则主义，以便公司迅速地成立及开展活动。同时，《公司法》要求公司成立后，应及时并实际开展活动，按照《公司法》第 212 条第 1 款和《公司登记管理条例》第 72 条的规定，公司成立后无正当理由超过 6 个月未开业的，或者开业后自行停业连续 6 个月以上的，可以由公司登记机关吊销营业执照。

6. 擅自变更登记事项的法律责任。按照《公司法》和《公司登记管理条例》的规定，公司的名称、住所、法定代表人姓名、注册资本、实收资本、公司类型、经营范围、营业期限、有限责任公司股东或者股份有限公司发起人的姓名或者名称，以及认缴和实缴的出资额、出资时间、出资方式等事项，必须在公司登记管理机关进行登记，一经登记即具有法律效力，公司不得擅自变更。《公司法》第 212 条第 2 款和《公司登记管理条例》第 73 条规定，公司登记事项发生变更时，未依法办理有关变更登记的，由公司登记机关责令限期登记；逾期不登记的，处以 1 万元以上 10 万元以下的罚款。其中，变更经营范围涉及法律、行政法规或者国务院决定规定须经批准的项目而未取得批准，擅自从事相关经营活动，情节严重的，吊销营业执照。

7. 其他违反公司登记管理制度的行为的法律责任。根据《公司登记管理条例》第 76 ~ 78 条的规定，公司不按照规定接受年度检验的，由公司登记机关处以 1 万元以上 10 万元以下的罚款，并限期接受年度检验；逾期仍不接受年度检验的，吊销营业执照。年度检验中隐瞒真实情况、弄虚作假的，由公司登记机关处以 1 万元以上 5 万元以下的罚款，并限期改正；情节严重的，吊销营业执照。伪造、涂改、出租、出借、转让营业执照的，由公司登记机关处以 1 万元以上 10 万元以下的罚款；情节严重的，吊销营业执照。未将营业执照置于住所或者营业场所醒目位置的，由公司登记机关责令改正；拒不改正的，处以 1000 元以上 5000 元以下的罚款。

（二）公司运行过程中的违法行为及其法律责任

按照《公司法》和《刑法》的相关规定，公司在运行过程中的违法行为及其法律责任主要有以下几种：

1. 违反规定发行股票或公司债券募集资金的法律责任。为维护社会经济秩序和公众利益，公司在运行过程中，为了扩大生产经营规模或者其他需要而发行股票或者公司债券的，依法必须经法定机关核准，即设立股份有限公司公开发行股票，应当符合《公司法》规定的条件和经国务院批准的国务院证券监督管理机构规定的其他条件，向国务院证券监督管理机构报送募股申请和有关文件。公开发行公司债券，应当符合《证券法》规定的条件，向国务院授权的部门报送有关文件。发行人向法定机关报送的证券发行申请文件，必须真实、准确、完整，未经法定机关核准发行和不符合发行条件、以欺骗手段骗取发行核准的，应当承担相应的法律责任。根据《证券法》第 188、189 条的规定，未经法定机关核准，擅自公开或者变相公开发行证券的，责令停止发行，退还所募资金并加算银行同期存款利息，处以非法所募资金金额 1% 以上 5% 以下的罚款；对擅自公开或者变相公开发行证券设立的公司，由依法履行监督管理职责的机构或者部门会同县级以上地方人民政府予以取缔；对直接负责的主管人员和其他直接责任人员给予警告，并处以 3 万元以上 30 万元以下的罚款。发行人不符合发行条件，以欺骗手段骗取发行核准，尚未发行证券的，处以 30 万元以上 60 万元以下的罚款；已经发行证券的，处以非法所募资金金额 1% 以上 5% 以下的罚款；对直接负责的主管人员和其他直接责任人员处以 3 万元以上 30 万元以下的罚款。

同时，根据《刑法》第 160 条"欺诈发行股票、债券罪"的规定，在招股说明书、认股书、公司、企业债券募集办法中隐瞒重要事实或者编造重大虚假内容，发行股票或者公司、企业债券，数额巨大、后果严重或者有其他严重情节的，处 5 年以下有期徒刑或者拘役，并处或者单处非法募集资金金额 1% 以上 5% 以下罚金。单位犯前款罪的，对单位判处罚金，并对其直接负责的主管人员和其他直接责任人员，处 5 年以下有期徒刑或者拘役。《刑法》第 179 条"擅自发行股票、公司、企业债券罪"规定，未经国家有关主管部门批准，擅自发行股票或者公司、企业债券，数额巨大、后果严重或者有其他严重情节的，处 5 年以下有期徒刑或者拘役，并处或者单处非法募集资金金额 1% 以上 5% 以下罚金。单位犯前款罪的，对单位判处罚金，并对其直接负责的主管人员和其他直接责任人员，处 5 年以下有期徒刑或者拘役。

2. 在法定会计账簿以外另立会计账簿的法律责任。《会计法》第 16 条规定："各单位发生的各项经济业务事项应当在依法设置的会计账簿上统一登记、核算，不得违反本法和国家统一的会计制度的规定私设会计账簿登记、核算。"会计账簿是股东、债权人、公众和政府有关部门对公司实行监督管理的重要依据之一，也是公司年终制作财务会计报告的凭证，必须准确、真实。但是在现实生活中，有些公司为了经营者或职工的局部利益，制作两本会计账簿，对内对外分别使用，牟取个人或小集团的非法利益，破坏财经纪律，干扰了正常的经济秩序。针对这一情况，《公司法》第 172 条第 1 款和第 202 条明确规定，公司违反规定，在法定的会计账簿以外另立会计账簿的，由县级以上人民政府财政部门责令改正，处以 5 万元以上 50 万元以下的罚款。

3. 在向有关主管部门提供的财务会计报告等材料上作虚假记载或者隐瞒重要事实的法律责任。根据《会计法》第 33 条和第 35 条的规定，财政、审计、税务、人民银行、证券监管、保险监管等部门应当依照有关法律、行政法规规定的职责，对有关单位的会计资料实施监督检查。各单位必须依照有关法律、行政法规的规定，接受有关监督检查部门依法实施的监督检查，如实提供会计凭证、会计账簿、财务会计报告和其他会计资料以及有关情况，不得拒绝、隐匿、谎报。根据《公司法》第203条的规定，公司违反上述规定，在依法向有关主管部门提供的财务会计报告等材料上作虚假记载或者隐瞒重要事实的，由有关主管部门对直接负责的主管人员和其他直接责任人员处以3万元以上30万元以下的罚款。《刑法》第161条规定，依法负有信息披露义务的公司、企业向股东和社会公众提供虚假的或者隐瞒重要事实的财务会计报告，或者对依法应当披露的其他重要信息不按照规定披露，严重损害股东或者其他人利益，或者有其他严重情节的，对其直接负责的主管人员和其他直接责任人员，处3年以下有期徒刑或者拘役，并处或者单处2万元以上20万元以下罚金。

4. 不按规定提取法定公积金的法律责任。法定公积金是国家为了保障公司的正常运行而对公司盈余分配提出的法定要求。《公司法》第204条规定，公司不依照《公司法》的规定提取法定公积金的，由县级以上人民政府财政部门责令如数补足应当提取的金额，可以对公司处以20万元以下的罚款。

5. 公司在合并、分立、减少注册资本时，不依法通知或者公告债权人的法律责任。公司合并、分立或减少注册资本时依法通知或公告债权人，对于保护公司债权人的利益意义很大。《公司法》第205条第1款和《公司登记管理条例》第74条规定，在这些情况下，公司不按规定发出通知或者公告的，由公司登记机关责令改正，对公司处以1万元以上10万元以下的罚款。

6. 利用公司名义从事危害国家安全、社会公共利益的严重违法行为的，吊销营业执照。实践中，一些不法分子利用公司外壳进行危害国家安全、社会公共利益的活动，从而逃避有关部门的监管和法律的制裁的现象有所增加，例如通过成立公司洗钱等，对这样的公司必须吊销营业执照，构成犯罪的，应当依法追究刑事责任。

（三）公司终止、清算过程中的违法行为及其法律责任

按照《公司法》的规定，公司及相关责任人在终止、清算过程中的违法行为及其法律责任主要有以下几种：

1. 进行清算时不按规定通知或者公告债权人的法律责任。按照《公司法》第205条第1款和《公司登记管理条例》第74条的规定，公司在进行清算时不依法通知或者公告债权人的，由公司登记机关责令改正，处以1万元以上10万元以下的罚款。

2. 进行清算时隐匿财产的法律责任。按照《公司法》第205条第2款的规定，公司在清算时隐匿财产的违法行为有两种情况：一种是对资产负债表或者财产清单作虚假的记载；另一种是在债务没有清偿之前分配公司的财产。公司在清算时发生这两种情况，损害债权人利益的，由公司登记机关责令改正，对公司处以隐匿财产或者未清偿债务前分配公司财产金额5%以上10%以下的罚款；对直接负责的主管人员和其他直接责任人员处以1万元以上10万元以下的罚款。

同时，根据《刑法》第162条"妨害清算罪"的规定，公司、企业进行清算时，隐匿财产，对资产负债表或者财产清单作虚伪记载或者在未清偿债务前分配公司、企业财产，严重损害债权人或者其他人利益的，对其直接负责的主管人员和其他直接责任人员，处5年以下有期徒刑或者拘役，并处或者单处2万元以上20万元以下罚金。公司、企业通过隐匿财产、承担虚构的债务或者以其他方法转移、处分财产，实施虚假破产，严重损害债权人或者其他人利益的，对其直接负责的主管人员和其他直接责任人员，处5年以下有期徒刑或者拘役，并处或者单处2万元以上20万元以下罚金。

3. 在清算期间开展与清算无关的经营活动的法律责任。根据《公司法》第206条的规定，公司在清算期间开展与清算无关的经营活动的，由公司登记机关予以警告，没收违法所得。

4. 清算组不按规定报送清算报告、报送清算报告隐瞒重要事实或者有重大遗漏的法律责任。公司清算结束后，清算组应当制作清算报告，报送公司登记机关，申请注销公司。这是公司终止、清算程序中的一项法定义务，清算组必须严格履行。清算组不按照规定向公司登记机关报送清算报告，或者报送的清算报告隐瞒重要事实或者有重大遗漏的，即构成违法，按照《公司法》第207条和《公司登记管理条例》第75条的规定，应由公司登记管理机关责令改正。

5. 清算组成员利用职权徇私舞弊、谋取非法收入或者侵占公司财产的，由公司登记机关责令退还公司财产，没收违法所得，并可以处以违法所得1倍以上5倍以下的罚款。

以上为公司及有关责任人违法的行政责任和刑事责任。公司违反《公司法》及相关法律、法规，应当承担民事赔偿责任，如向公众退还所缴股款、认购债券款并加算同期银行存款利息和因其行为损害股东利益而依法应对其赔偿等；同时应承担行政责任或刑事责任，需缴纳罚款或罚金的，其财产不足以支付时，应先承担民事赔偿责任。

二、股东和发起人的法律责任

（一）股东或发起人违反《公司法》的行政责任和刑事责任

1. 虚假出资的法律责任。虚假出资是指公司的股东或者发起人在公司设立时，实际上未交付或者未按期交付出资。按照《公司法》第200条和《公司登记管理条例》第70条的规定，公司的发起人、股东虚假出资，未交付或者未按期交付作为出资的货币或者非货币财产的，由公司登记机关责令改正，处以虚假出资金额5%以上15%以下的罚款。

同时，根据《刑法》第159条"虚假出资罪"的规定，公司发起人、股东违反公司法的规定未交付货币、实物或者未转移财产权，虚假出资数额巨大、后果严重或者有其他严重情节的，处5年以下有期徒刑或者拘役，并处或者单处虚假出资金额2%以上10%以下罚金。单位犯该款罪的，对单位判处罚金，并对其直接负责的主管人员和其他直接责任人员，处5年以下有期徒刑或者拘役。

2. 抽逃出资的法律责任。股东或者发起人在公司成立后不得抽逃出资，是其法定的义务。抽逃出资是指在公司成立之后，公司发起人、股东非法抽回自己的出资，以减少公司的资本总额，其手段可以是各种各样的。这是严重侵蚀公司资本的行为。在实践中，有的股东采取各种方式从公司取回财产，其行为往往具有复杂性、模糊性和隐蔽性等特点。由于公司法没有明确界定抽逃出资的形式，也没有规定抽逃出资的民事责任，就使得哪些行为构成抽逃出资常常难以判断，且难以认定行为人的民事责任。因此最高人民法院《关于适用〈中华人民共和国公司法〉若干问题的规定（三）》中专门对"抽逃出资"作了界定，在此基础上规定了抽逃出资的民事责任。

根据该司法解释，公司成立后，公司、股东或者公司债权人以相关股东的行为符合下列情形之一且损害公司权益为由，请求认定该股东抽逃出资的，人民法院应予支持：①将出资款项转入公司账户验资后又转出；②通过虚构债权债务关系将其出资转出；③制作虚假财务会计报表虚增利润进行分配；④利用关联交易将出资转出；⑤其他未经法定程序将出资抽回的行为。因此，股东抽逃出资，公司或者其他股东请求其向公司返还出资本息，协助抽逃出资的其他股东、董事、高级管理人员或者实际控制人对此承担连带责任的，公司债权人请求抽逃出资的股东在抽逃出资本息范围内对公司债务不能清偿的部分承担补充赔偿责任，请求协助抽逃出资的其他股东、董事、高级管理人员或者实际控制人对此承担连带责任的，人民法院应予支持。抽逃出资的股东已经承担责任，其他债权人提出相同请求的，人民法院不予支持。由于抽逃出资导致的法律后果与未尽出资义务导致的法律后果基本相同,因此,司法解释对抽逃出资的民事责任作了与未尽出资义务的民事责任基本相同的规定,这些内容在出资部分已有叙述。

同时,按照《公司法》第201条和《公司登记管理条例》第71条的规定,公司的发起人、股东在公司成立后,抽逃出资的,由公司登记机关责令改正,处以所抽逃出资金额5%以上15%以下的罚款。而在刑事责任方面,根据《刑法》第159条"抽逃出资罪"的规定,公司发起人、股东违反公司法的规定在公司成立后抽逃其出资,数额巨大、后果严重或者有其他严重情节的,处5年以下有期徒刑或者拘役,并处或者单处虚假出资金额或者抽逃出资金额2%以上10%以下罚金。单位犯该款罪的,对单位判处罚金,并对其直接负责的主管人员和其他直接责任人员,处5年以下有期徒刑或者拘役。

(二)股东和发起人的民事责任

《公司法》对股东或发起人违反该法的民事责任主要作了如下规定:

1. 公司设立时的民事责任。对有限责任公司股东来说,根据《公司法》第28条的规定,有限责任公司的股东如果不按期足额缴纳公司章程中规定的各自所认缴的出资额的,应当向已按期足额缴纳出资的股东承担违约责任。此外,《公司法》第31条规定,有限责任公司成立后,发现作为设立公司出资的非货币财产的实际价额显著低于公司章程所定价额的,应当由交付该出资的股东补足其差额;公司设立时的其他股东承担连带责任。

对股份有限责任公司的发起人来说,根据《公司法》第95条的规定,其在公司不能成立时,对设立行为所产生的债务和费用负连带责任;对认股人已缴纳的股款,负返还股款并加算银行同期存款利息的连带责任。在公司设立过程中,由于发起人的过失致使公司利益受到损害的,发起人还应当对公司承担赔偿责任。

2. 滥用股东权的损害赔偿责任。根据《公司法》第20条的规定,无论是有限责任公司还是股份有限公司的股东,都应当遵守法律、行政法规和公司章程,依法行使股东权利,不得滥用股东权利损害公司或者其他股东的利益。公司股东滥用股东权利给公司或者其他股东造成损失的,应当依法承担赔偿责任。

3. 公司人格否认时的连带责任。根据《公司法》第20条的规定,无论是有限责任公司还是股份有限公司的股东,都不得滥用公司法人独立地位和股东有限责任损害公司债权人的利益。公司股东滥用公司法人独立地位和股东有限责任,逃避债务,严重损害公司债权人利益的,应当对公司债务承担连带责任。

4. 控股股东通过关联交易损害公司利益的赔偿责任。根据《公司法》第21

条的规定，公司的控股股东不得利用其关联关系损害公司利益。违反上述规定给公司造成损失的，应当承担赔偿责任。

第三节 董事、监事、高级管理人员和其他工作人员的法律责任

《公司法》及相关法律、法规，对董事、监事、高级管理人员和其他工作人员规定了一系列义务和相应的责任。如董事、监事、经理或其他工作人员应对公司承担过错损害赔偿责任；不得利用职权或职务索贿、受贿；不得侵占公司财产，不得挪用公司资金；董事、经理不得自营或者为他人经营与其所任职公司同类的营业等。

一、董事、监事、高级管理人员执行职务损害公司利益的赔偿责任

董事、监事、高级管理人员在其职务行为中是公司机关的成员或公司的雇员，在职务或行为中，他们应就自己的过错而给公司造成的损失承担民事赔偿责任。《公司法》第150条对此作了一般规定，即："董事、监事、高级管理人员执行公司职务时违反法律、行政法规或者公司章程的规定，给公司造成损失的，应当承担赔偿责任。"此外，《公司法》第113条还规定，股份有限公司董事会的决议违反法律、行政法规或者公司章程、股东大会决议，致使公司遭受严重损失的，参与决议的董事对公司应当负赔偿责任。

二、董事、监事、高级管理人员通过关联交易损害公司利益的赔偿责任

根据《公司法》第21条的规定，公司的董事、监事、高级管理人员不得利用其关联关系损害公司利益。违反上述规定，给公司造成损失的，应当承担赔偿责任。

三、董事、高级管理人员损害股东利益的法律责任

《公司法》第153条规定，董事、高级管理人员违反法律、行政法规或者公司章程的规定，损害股东利益的，股东可以向人民法院提起诉讼。

四、董事、监事、高级管理人员利用职权收受贿赂、其他非法收入或者侵占公司财产的法律责任

根据《公司法》第148条第2款的规定，董事、监事、高级管理人员不得利用职权收受贿赂或者其他非法收入，不得侵占公司的财产。同时，根据《刑法》第163条"公司、企业人员受贿罪"的规定，公司、企业或者其他单位的工作人员利用职务上的便利，索取他人财物或者非法收受他人财物，为他人谋

取利益，数额较大的，处 5 年以下有期徒刑或者拘役；数额巨大的，处 5 年以上有期徒刑，可以并处没收财产。公司、企业或者其他单位的工作人员在经济往来中，利用职务上的便利，违反国家规定，收受各种名义的回扣、手续费，归个人所有的，依照前款的规定处罚。根据《刑法》第 271 条"职务侵占罪"的规定，公司、企业人员，利用职务上的便利，将本单位财物非法占为己有，数额较大的，处 5 年以下有期徒刑或者拘役；数额巨大的，处 5 年以上有期徒刑，可以并处没收财产。

五、董事、高级管理人员违反忠实义务的法律责任

《公司法》第 149 条列举了公司董事和高级管理人员违反忠实义务的相关行为，他们违反这些义务的，所得收入应当归公司所有。同时，根据《刑法》第 272 条"挪用资金罪"的规定，公司、企业的工作人员，利用职务上的便利，挪用本单位资金归个人使用或者借贷给他人，数额较大、超过 3 个月未还的，或者虽未超过 3 个月，但数额较大、进行营利活动的，或者进行非法活动的，处 3 年以下有期徒刑或者拘役；挪用本单位资金数额巨大的，或者数额较大不退还的，处 3 年以上 10 年以下有期徒刑。

鉴于上市公司的公众性，法律对其董事、监事、高级管理人员忠实义务的要求更高，《刑法》第 169 条专门规定了"背信损害上市公司利益罪"：上市公司的董事、监事、高级管理人员违背对公司的忠实义务，利用职务便利，操纵上市公司从事下列行为之一，致使上市公司利益遭受重大损失的，处 3 年以下有期徒刑或者拘役，并处或者单处罚金；致使上市公司利益遭受特别重大损失的，处 3 年以上 7 年以下有期徒刑，并处罚金：①无偿向其他单位或者个人提供资金、商品、服务或者其他资产的；②以明显不公平的条件，提供或者接受资金、商品、服务或者其他资产的；③向明显不具有清偿能力的单位或者个人提供资金、商品、服务或者其他资产的；④为明显不具有清偿能力的单位或者个人提供担保，或者无正当理由为其他单位或者个人提供担保的；⑤无正当理由放弃债权、承担债务的；⑥采用其他方式损害上市公司利益的。上市公司的控股股东或者实际控制人，指使上市公司董事、监事、高级管理人员实施前款行为的，依照同样的规定处罚；该上市公司的控股股东或者实际控制人是单位的，对单位判处罚金，并对其直接负责的主管人员和其他直接责任人员依照相同的规定处罚。

六、国有公司工作人员违法犯罪行为及其责任

1. 非法经营同类营业罪。《刑法》第 165 条规定，国有公司、企业的董事、经理利用职务便利，自己经营或者为他人经营与其所任职公司、企业同类的营

业，获取非法利益，数额巨大的，处 3 年以下有期徒刑或者拘役，并处或者单处罚金；数额特别巨大的，处 3 年以上 7 年以下有期徒刑，并处罚金。

2. 为亲友非法牟利罪。《刑法》第 166 条规定，国有公司、企业的工作人员，利用职务便利，有下列情形之一，使国家利益遭受重大损失的，处 3 年以下有期徒刑或者拘役，并处或者单处罚金；致使国家利益遭受特别重大损失的，处 3 年以上 7 年以下有期徒刑，并处罚金：①将本单位的盈利业务交由自己的亲友进行经营的；②以明显高于市场的价格向自己的亲友经营管理的单位采购商品或者以明显低于市场的价格向自己的亲友经营管理的单位销售商品的；③向自己的亲友经营管理的单位采购不合格商品的。

3. 签订、履行合同失职被骗罪。《刑法》第 167 条规定，国有公司、企业直接负责的主管人员，在签订、履行合同过程中，因严重不负责任被诈骗，致使国家利益遭受重大损失的，处 3 年以下有期徒刑或者拘役；致使国家利益遭受特别重大损失的，处 3 年以上 7 年以下有期徒刑。

4. 失职、滥用职权、徇私舞弊造成破产或严重损失罪。《刑法》第 168 条规定，国有公司、企业的工作人员，由于严重不负责任或者滥用职权，造成国有公司、企业破产或者严重损失，致使国家利益遭受重大损失的，处 3 年以下有期徒刑或者拘役；致使国家利益遭受特别重大损失的，处 3 年以上 7 年以下有期徒刑。国有公司、企业的工作人员徇私舞弊犯该罪的，从重处罚。

5. 徇私舞弊低价折股、出售国有资产罪。《刑法》第 169 条规定，国有公司、企业的主管人员，徇私舞弊，将国有资产低价折股或者低价出售，致使国家利益遭受重大损失的，处 3 年以下有期徒刑或者拘役；致使国家利益遭受特别重大损失的，处 3 年以上 7 年以下有期徒刑。

第四节　资产评估、验资、验证机构的法律责任

资产评估机构是专门从事财产评定和估算业务的机构或组织。按照《公司法》的规定，有限责任公司的股东和股份有限公司的发起人以实物、知识产权、土地使用权等作为出资的非货币财产应当评估作价，核实财产出资，不得高估或者低估作价；同时，公司在合并、分立或者终止时，也需要对现有的资产进行核实。因此，资产评估机构对股东或发起人的出资以及公司资产的评估结果，对公司的设立、合并、分立或者终止有着重大的影响，它能直接影响公司是否成立及公司在合并、分立或者终止过程中的债权债务和财产处理。

验资、验证机构是指专门从事企业会计报表审查、资本验证以及其他审计、会计咨询、会计服务业务的机构或组织。按照《公司法》的规定，设立公司必须向公司登记管理机关提交包括验资证明在内的多种文件。目前，我国的法定验资、验证机构主要是会计师事务所，按照《中华人民共和国注册会计师法》的规定，会计师执行审计业务，必须按照执业准则、规则确定的工作程序出具报告，其报告具有法定的证明效力。验资、验证机构的验资、验证或审计报告，对公司是否成立、公司经营状况的确认、公司盈余的分配及股东和债权人的利益，亦有直接影响。

提供真实、准确、完整的评估报告和证明文件，是资产评估、验资、验证机构的法定义务，也是其职业道德的基本要求。为了防止其提供不真实、不客观的报告或证明文件，加强其责任，《公司法》规定了资产评估、验资、验证机构应承担的法律责任。

资产评估、验资、验证机构受委托进行评估活动，除因违反委托合同须承担相应的违约责任外，《公司法》针对其违法行为主要是违反真实性、客观性的特点，在"法律责任"一章中规定了它们的三种违法责任。

一、提供虚假证明文件的法律责任

提供虚假证明文件，是指资产评估、验资、验证机构故意作出虚假的评估报告，向有关方面提供虚假证明文件，致使其不能真实地反映委托人的财产状况。资产评估、验资、验证机构提供虚假的评估报告和证明文件，违背了职业道德，对委托人和社会都有重大影响，是一种严重的违法行为。按照《公司法》第208条第1款的规定，承担资产评估、验资或者验证的机构提供虚假材料的，由公司登记机关没收违法所得，处以违法所得1倍以上5倍以下的罚款，并可以由有关主管部门依法责令该机构停业，吊销直接责任人员的资格证书，吊销营业执照。同时，根据《刑法》第229条"中介组织人员提供虚假证明文件罪"的规定，承担资产评估、验资、验证、会计、审计、法律服务等职责的中介组织的人员故意提供虚假证明文件，情节严重的，处5年以下有期徒刑或者拘役，并处罚金。前款规定的人员，索取他人财物或者非法收受他人财物，犯前款罪的，处5年以上10年以下有期徒刑，并处罚金。

二、提供有重大遗漏的报告的法律责任

提供有重大遗漏的报告，是指资产评估、验资、验证机构因自身的过失，在评估、验资、验证或审计中疏漏、懈怠，致使其提供的报告存在重大遗漏，不能客观地反映委托人的财产或经营状况。这种行为虽属过失行为，但对委托人和社会也会产生不良影响，依法应承担相应的法律责任。按照《公司法》第

208 条第 2 款的规定，承担资产评估、验资或者验证的机构因过失提供有重大遗漏的报告的，由公司登记机关责令改正，情节较重的，处以所得收入 1 倍以上 5 倍以下的罚款，并可以由有关主管部门依法责令该机构停业，吊销直接责任人员的资格证书，吊销营业执照。同时，根据《刑法》第 229 条"中介组织人员出具证明文件重大失实罪"的规定，承担资产评估、验资、验证、会计、审计、法律服务等职责的中介组织的人员，严重不负责任，出具的证明文件有重大失实，造成严重后果的，处 3 年以下有期徒刑或者拘役，并处或者单处罚金。

三、因评估报告不实给债权人造成损害的赔偿责任

《公司法》第 208 条第 3 款规定，承担资产评估、验资或者验证的机构因其出具的评估结果、验资或者验证证明不实，给公司债权人造成损失的，除能够证明自己没有过错的外，在其评估或者证明不实的金额范围内承担赔偿责任。根据该条的规定，在关于承担资产评估、验资或者验证的机构是否承担民事责任的诉讼中，遭受损失的债权人只需证明自己因为信任中介机构提供的不实的评估结果、验资或者验证证明，从而遭受了损失即可，不需要证明承担资产评估、验资或者验证的机构是否存在过失。相反，承担资产评估、验资或者验证的机构只有证明自己在提供评估结果、验资或者验证证明时没有过错，才能免除责任。同时，承担资产评估、验资或者验证的机构因其评估报告不实给公司债权人造成损失而承担的赔偿责任是有限度的，其只在评估或者证明不实的金额范围内承担赔偿责任，而不是对因此而造成的所有损失都承担赔偿责任。

第五节　政府管理部门的法律责任

一、公司登记机关的法律责任

在公司设立实行准则主义的情况下，公司登记机关的作用和责任显得尤为重要。为了防止公司登记机关滥用职权，对不符合条件的公司登记申请准予登记，《公司法》对公司登记机关的违法行为及其法律责任作了规定。

公司登记机关的违法行为，主要是对不符合规定条件的登记申请予以登记，或者对符合规定条件的登记申请不予登记。《公司法》和《公司登记管理条例》对各种公司登记的条件作了明确的规定，并规定了申请登记时须提交的文件，公司登记机关必须严格按照《公司法》规定的条件进行审核，对符合条件的申请予以登记，对不符合条件的申请不得予以登记。依《公司法》第 209 条的规

定，公司登记机关对不符合本法规定条件的登记申请予以登记，或者对符合本法规定条件的登记申请不予登记的，对直接负责的主管人员和其他直接责任人员，依法给予行政处分。

同时，《公司登记管理条例》第4条第3款明确规定，公司登记机关依法履行职责，不受非法干预。所以，包括公司登记机关的上级部门在内的各种机关和组织，均不得非法干涉公司登记机关依法履行职责。《公司法》第210条规定，公司登记机关的上级部门强令公司登记机关对不符合本法规定条件的登记申请予以登记，或者对符合本法规定条件的登记申请不予登记的，或者对违法登记进行包庇的，对直接负责的主管人员和其他直接责任人员依法给予行政处分。

同时，根据《刑法》第403条"滥用管理公司职权罪"的规定，国家有关主管部门的国家机关工作人员，徇私舞弊，滥用职权，对不符合法律规定条件的公司设立、登记申请予以批准或者登记，致使公共财产、国家和人民利益遭受重大损失的，处5年以下有期徒刑或者拘役。上级部门强令登记机关及其工作人员实施前款行为的，对其直接负责的主管人员，依照前款的规定处罚。

二、证券管理机关的法律责任

按照《公司法》和《证券法》的规定，国务院证券监督管理机构和国务院授权的部门负责对公司股份募集、股票上市和债券发行的审批。根据《证券法》第227条的规定，国务院证券监督管理机构或者国务院授权的部门，对不符合本法规定的发行证券、设立证券公司等申请予以核准、批准的，对其直接负责的主管人员和其他直接责任人员，依法给予行政处分。

同时，根据《刑法》第403条"滥用管理证券职权罪"的规定，国家有关主管部门的国家机关工作人员，徇私舞弊，滥用职权，对不符合法律规定条件的股票、债券发行、上市申请，予以批准或者登记，致使公共财产、国家和人民利益遭受重大损失的，处5年以下有期徒刑或者拘役。